致敬校庆70周年

新形势下管科类人才培养探索与创新

—— 重庆工商大学管理科学与工程学院实践

XINXINGSHI XIA GUANKELEI RENCAI PEIYANG TANSUO YU CHUANGXIN

—— CHONGQING GONGSHANG DAXUE GUANLI KEXUE YU GONGCHENG XUEYUAN SHIJIAN

黄钟仪　邓德敏　主编

西南财经大学出版社
Southwestern University of Finance & Economics Press

中国·成都

图书在版编目(CIP)数据

新形势下管科类人才培养探索与创新:重庆工商大学管理科学与工程学院实践/黄钟仪,邓德敏主编.—成都:西南财经大学出版社,2022.6

ISBN 978-7-5504-5332-6

Ⅰ.①新… Ⅱ.①黄…②邓… Ⅲ.①管理学—人才培养—研究—高等学校 Ⅳ.①C93

中国版本图书馆 CIP 数据核字(2022)第 087968 号

新形势下管科类人才培养探索与创新——重庆工商大学管理科学与工程学院实践

黄钟仪　邓德敏　主编

策划编辑:李特军

责任编辑:李特军

助理编辑:陆昱臻

责任校对:陈何真璐

封面设计:张姗姗

责任印制:朱曼丽

出版发行	西南财经大学出版社(四川省成都市光华村街 55 号)
网　　址	http://cbs.swufe.edu.cn
电子邮件	bookcj@ swufe.edu.cn
邮政编码	610074
电　　话	028-87353785
照　　排	四川胜翔数码印务设计有限公司
印　　刷	郫县犀浦印刷厂
成品尺寸	185mm×260mm
印　　张	16.5
字　　数	385 千字
版　　次	2022 年 6 月第 1 版
印　　次	2022 年 6 月第 1 次印刷
书　　号	ISBN 978-7-5504-5332-6
定　　价	78.00 元

前　言

创新驱动激发高质量发展，我国正向着全面建成社会主义现代化强国的奋斗目标迈进。在这一过程中，人才是关键要素，人才的多样化需求使社会对教育的多样化需求也显得更为迫切，对于教师以及教学的要求越来越高。特别是面对创新发展、高质量发展推进的产业转型升级带来的能力需求，各行各业需要大量具有相当专业知识、理论视野和能力水平均衡发展的复合型创新型人才。重庆工商大学作为一所具有经济学、管理学、文学、工学、法学、理学、艺术学等学科的高水平财经类应用研究型大学，积极做答时代对高校提出的命题，以"双一流"国家战略为引领，瞄准学科发展国际前沿，以"大商科+新工科"的商工融合创新发展为驱动，着力培养具有创新精神和实践能力的应用型复合型高素质专门人才，为国家的创新发展和高质量发展战略贡献智慧和力量。

重庆工商大学管理科学与工程学院设有信息管理与信息系统、工程管理、物流管理、电子商务4个专业，切实落实和实施"双一流"和"双万计划"，扎实推进专业建设。经过十多年的建设，截至目前，信息管理与信息系统获批市级特色专业，工程管理和电子商务获批市级一流专业，物流管理获批国家级一流专业。回应时代的呼声、国家的号召，遵循人才成长的规律，学院积极推进"以学生为中心"、"教—训—赛"共轴、"校—地—企"协同的着力于能力成长的人才培养模式，着力推进真实情景驱动的问题导向的教学范式。通过一二三四五课堂协同，校地企生态共育，问题驱动式、任务导向式、项目导向式、行动式学习等教学模式，打造使命导向的教师成长机制和平台，切实扎根大地，以培养能够综合运用系统科学、管理科学、数学、经济学、行为科学以及工程方法，并能结合信息技术研究解决社会、经济、工程等方面的管理问题的高素质应用型复合型高级专门人才，促进学生多维成长。

基于以上设计，学院鼓励全体教师积极开展本科人才培养的改革和探索。为了总结经验，进一步清晰下一步教育教学改革的思路，我们对前期的探索与改革进行了总结，选编了教学范式研究、课程思政教学设计、课程教学范式与方法、数字经济+大数据+新文科教学探讨等四个方面36篇教改论文。这36篇论文来自我院

30 多位教师的总结，既有宏观层面的人才培养机制的探索与实践，又有微观层面的课程的具体设计；既有对传统教学模式的思考，又有对线上线下教学模式的考量；既有对商科学生课程思政教育方面的研究，又有结合专业课程对人才培养路径的思考。这些研究成果既是长期以来管理科学与工程学院教师们在智能商科人才培养、教学质量改革的思考与探索的总结，也是教师们对于教学改革的展望与尝试。希望本书能对学校教师的教学有所启发与借鉴，更希望本书的出版，能够进一步推进管理科学与工程学院教师在人才培养中的探索与创新。

本书是国家一流专业"物流管理"、重庆市一流专业"工程管理"、重庆市一流专业"电子商务"、重庆市一流专业"工程管理"、重庆市大数据智能化特色专业信息管理与信息系统专业的部分教学改革与探索建设成果。本书的部分论文得到了重庆市教育教学改革研究项目、重庆工商大学教育教学改革项目、重庆工商大学课程改革项目的支持。在本书的出版过程中，得到了西南财经大学出版社的大力支持，管理科学与工程学院教务办胡恋老师进行了收集整理、沟通协调和核稿工作，在此一并表示感谢。

以此书致谢管理科学与工程重点学科、智能商务学科群的支持！

也谨以此书致敬学校七十年校庆，祝学校人才培养事业蒸蒸日上！

编者于启智楼

2022 年 5 月

目　录

教学范式研究

课程思政教学设计

课程教学范式与方法

数字经济+大数据+新文科教学探讨

教学范式研究

构建校地企三维生态系统，
"教—赛—训—创"
协同培养创新创业人才的探索与实践[①]

黄钟仪

（重庆工商大学管理科学与工程学院，重庆，400067）

摘　要：本文首先梳理了创新创业人才培养的历史沿革，分析了既有校地企协同培养创新创业人才实践中存在的问题，然后重点介绍和分析了重庆工商大学特别是工商管理类、管理科学与工程类学院及有关专业积极构建校地企协同的三维生态系统，通过"教—赛—训—创"协同培养创新创业人才的探索和实践。

关键词：校地企；生态系统协同；创新创业人才；培养模式

创新创业人才培养是推进创业型经济发展和实施创新驱动发展战略的重要举措，并在国家的大力推动和高校的积极努力下得到了很大的发展。由于不同院校在所处区域经济发展程度、自身办学特点、教育资源丰富程度和专业培养特点等方面具有一定差异，所开展的创新创业人才培养模式也不尽相同。有的以创业课程、实践实习实训教育为主，有的以各类学科赛事和学生活动为依托，有的则大力推进高校学生创业园或科技园的建设。在推进创新创业人才的过程中，企业和政府扮演着重要的角色，但现有的研究以及实践更多考虑了企业的作用，忽视了政府的角色担当。本文首先梳理了创新创业人才培养的历史沿革，分析了既有校地企协同培养创新创业人才中存在的问题，然后重点介绍和分析了重庆工商大学特别是工商管理类、管理科学与工程类学院及有关专业积极构建校地企协同的三维生态系统，通过"教—赛—训—创"协同培养创新创业人才的探索和实践。

一、创新创业人才培养的历史沿革和重要意义

20 世纪中期以前，无论是培养通才还是专门人才，其目的都主要是为特定的工作岗位培养人才。随着第二次世界大战结束和大批退伍军人走进大学校园，为了

---

① **基金项目**：重庆工商大学校级重点教改项目"构建校地企三维生态系统协同共育创新创业人才培养模式的探索与实践"（项目号：2017103）。

应对经济恢复和就业岗位不足的挑战，美国高等学校的人才培养目标从就业教育向创业教育转移。1998 年联合国教科文组织在法国巴黎召开的首届世界高等教育大会所通过的《21 世纪高等教育宣言：展望与行动》所说的那样，"高等教育应该主要关心培养创业技能和主动精神；毕业生将愈来愈不再仅仅是求职者，而首先将成为工作岗位的创造者"。创业教育的提出和发展基于两个基本的理念。一是创业精神和创业能力是可以通过接受教育获得的，通过创新创业教育可以培养创业人才。二是个人创业在创造就业机会、推动经济发展方面发挥着重要的作用（刘宝存，2010）。大学有责任提供适宜的条件把学生的创新创业精神和能力激发出来，使他们都成为创新创业人才。

国外只是提出了创业教育的概念。创新是创业的基础，创业与创新之间有着密不可分的联系。在世纪之交，知识经济也崭露头角，而知识经济是以知识、信息和技术为基础的经济，是以创新和创业为灵魂的经济。正如经济合作与发展组织在2001 年发表的研究报告《新经济：超越假设》所指出的，创业、创新、信息与通信技术和人力资本是未来竞争力增强和财富增长的四大驱动力。在联合国教科文组织、经济合作与发展组织和欧盟等国际组织的推动下，大力推进创新创业教育成为一种世界性的教育改革趋势。

我国高校的创新创业教育起源于教育部 2002 年确定 9 所高校作为创业教育试点院校；2008 年，教育部设立了 100 个创新与创业教育类人才培养模式创新实验区①。总体而言，创新教育与创业教育是在两个不同系统进行的（王占仁，2015）。创新教育主要停留在课堂的系统知识传授，目的在于引导教学改革，而创业教育则集中在课外实践活动的实践素质培养，目的是促进就业；课堂教学由教务部门管理老师，课外活动则是由团委、学生处管学生。在经过多年的实践探索之后，2010年，教育部下发《关于大力推进高等学校创新创业教育和大学生自主创业工作的意见》，将创新教育与创业教育相结合，提出了"创新创业教育"的表述（李家华、卢旭东，2020）。文件提出"在高等学校中大力推进创新创业教育……创新创业教育要面向全体学生，融入人才培养全过程。要在专业教育基础上，以转变教育思想、更新教育观念为先导，以提升学生的社会责任感、创新精神、创业意识和创业能力为核心，以改革人才培养模式和课程体系为重点，大力推进高等学校创新创业教育工作，不断提高人才培养质量"。并且提出"把创新创业教育有效纳入专业教育和文化素质教育教学计划和学分体系，建立多层次、立体化的创新创业教育课程体系"。之后，教育部建立了高教司、科技司、学生司、就业指导中心四个司局的联动机制，形成了创新创业教育、创业基地建设、创业政策支持、创业服务"四位一体、整体推进"的格局。2010 年成为向全国高校全面推行创新创业教育的元年（刘宝存，2010）。

---

① 教育部、财政部关于批准 2008 年度人才培养模式创新实验区建设项目的通知［EB/OL］.（2014-10-21）［2021-11-10］.http://www.moe.gov.cn/s78/A08/s7056/201410/t20141021_180346.html.

2012 年 8 月，教育部印发《普通本科学校创业教育教学基本要求（试行）》①，通过顶层设计整体规划创新创业教育，推动高校创新创业教育的科学化、制度化、规范化建设。党的十八大明确提出"实施创新驱动的发展战略"，创新创业教育作为深化高等教育教学改革，培养学生创新精神和实践能力的重要途径，被突出强调出来。2014 年夏季，中国总理李克强在达沃斯论坛上提出，要在中国大地上形成"大众创业"浪潮和"万众创新"态势②，后又在 2014 年 11 月 12 日首届世界互联网大会③、2014 年 12 月 4 日国务院常务会议④和 2015 年《政府工作报告》⑤ 等场合频频阐释"大众创业""万众创新"双创关键词。2015 年 5 月，国务院颁行《关于深化高等学校创新创业教育改革的实施意见》⑥ 中，站在实施创新驱动发展战略、促进高校毕业生更高质量创业就业的高度，明确了深化高等学校创新创业教育改革的指导思想、基本原则、总体目标，并提出了主要任务和措施，为中国创新创业教育注入了独特的精神内涵。中国本土的创新创业教育，成为面向全体学生的"广谱式"教育（王洪才，2021），创新创业人才的培养，融入了国家战略视角。创新创业教育是更好地推进高等教育自身的改革，提高教育教学质量的重要途径；创新创业人才培养是推进创业型经济发展和创新型国家建设的重要举措。因此，创新创业人才培养，对于促进我国高等学校的人才培养模式改革，促进我国经济发展方式的转变和创新型国家的建设，都具有深刻的现实意义和长远的战略意义。

二、传统的创新创业人才培养存在的问题

总体来看，传统创新创业人才培养中存在的问题主要包括以下几个方面：

（1）企业参与高校创新创业人才培养的深度、广度不足。首先，虽然很多高校都建立了大量的实习基地，但由于企业所能提供的实习岗位有限，学生由于企业政策等各种规定无法全面深度参与企业运作过程。同时，在大量校企合作项目中，学生都主要以外围观察者的身份参与，对企业信息的获取、分析非常表面化，未能有效了解企业，也因此往往无法对企业存在的问题和现象展开深入分析，导致对创新能力的训练效果有限。其次，无论是支持和参与各类学科竞赛，还是共建实训基

---

① 国务院办公厅关于深化高等学校创新创业教育改革的实施意见［EB/OL］.（2010−05−13）［2021−11−10］.http：//www.gov.cn/zhengce/content/2015−05/13/content_9740.htm.

② 李克强出席第八届夏季达沃斯论坛开幕式并发表致辞［EB/OL］.（2014−09−10）［2021−11−10］.http：//www.gov.cn/guowuyuan/2014−09/10/content_2748667.htm.

③ 李克强同世界互联网大会中外代表座谈时强调促进互联网共享共治、推动大众创业万众创新［EB/OL］.（2014−11−12）［2021−11−10］.http：//media.people.com.cn/n/2014/1121/c40606−26065302.html.

④ 沈忠浩.改革提速让万众创新"红火起来"［EB/OL］.（2014−12−04）［2021−11−10］.http：//www.gov.cn/zhengce/2014/12/04/content_2786622.htm.

⑤ 李克强.政府工作报告［EB/OL］.（2015−03−05）［2021−11−10］.http：//www.gov.cn/guowuyuan/2015−03/16/content_2835101.htm.

⑥ 国务院办公厅关于深化高等学校创新创业教育改革的实施意见［EB/OL］.（2015−05−13）［2021−11−10］.http：//www.gov.cn/zhengce/content/2015−05/13/content_9740.htm.

地等合作形式，整体来说，目前的校企合作中双方互动的频率较低，合作单调而分散，缺乏高频率的深度合作模式。最后，现有的校企共建合作模式单一，企业的参与大多都集中在人才培养的最后阶段，在早期的培养方案设计、课程改革等方面参与不足。

（2）地方政府在参与创新创业人才培养中的作用被忽视。 在创新创业教育概念形成过程中，虽然政府发挥了主导作用（王洪才，2016）。但从各地的实践来看，地方政府作为地方创新创业人才培育生态系统建设的重要推动者，其作用未能得到充分的发挥。地方政府是区域社会经济社会发展的管理和服务部门，是地方创新创业事业的政策制定者，一方面其自身的管理和组织能力需要不断创新，另一方面提升其公共管理和经济管理的有效性需要创新创业能力。在当前的转型升级阶段，政府不仅是创新创业人才政策制定者，还是创新创业人才培养的推动者，比如"互联网+"大赛的推动、孵化基地、众创空间建设的推动，工业园区、产业园区建设等创新创业人才培养平台的建设，政府都发挥了不可替代的主导作用。地方政府既是创新人才流向的目标地，也是组织创新活动的实验所。强化政府在创新创业人才培养中的作用将成为推动校地企三方全方位深度合作的强心剂。

（3）教师在校地企合作中的积极性不高，驱动力不足。 尽管高校是创新创业人才培养的实施主体，但参与者主要是高校管理者，而非广大的专业课教师。传统教师评价和晋升体系导致教师重科研、轻教学；重课堂讲授，轻实训、竞赛以及学生科研指导等"教室外"人才培养环节；重视通过网络收集数据、运用电脑和实验进行"职称科研"，但扎根大地意愿不强，实践不足，教学和科研缺乏"问题意识"。这样会导致：一方面教师对创新创业的实践缺乏感悟，另一方面，传统的基于学科的人才培养和科学研究存在着严重的"教"与"学"、"教"与"研"、"教"与"用"、"研"与"学"、"研"与"用"两张皮现象。因此，由于教师的缺位，通过校地企合作塑造使命感和培养创新创业能力缺乏实施主体，学校及政府亟需解决制度、政策不配套、不系统的问题。

总体来看，我们认为，上述问题背后的关键在于现有的校地企合作模式过于简单，未能有效构建校地企三方紧密连接、多方协同、互惠互利的良性循环的生态系统。在现有的生态系统中，校地企三方地位作用不明，各方主体的互动和协同缺乏有效的活动和载体。重庆工商大学也面临着类似的问题，虽然我们有大量的企业和政府合作伙伴，也构建了丰富的实验实践课程、创业项目和校企合作基地，但如何将这些分散的活动整合为协同有序且互惠共赢的创新创业人才培养系统仍是我们在思考的重要课题。基于这一认识，接下来本文将从校地企三维生态系统的视角出发，深入分析校地企三方在创新创业人才培养过程中的功能和角色，探索三者在这一过程中的协同互动，并以重庆工商大学为例总结校地企协同共育创新创业人才的模式和实践。

三、重庆工商大学的探索与实践

创新创业人才的培养是一个系统工程，涉及专业人才培养全过程的系统工作。

重庆工商大学遵循人才成长"情景激活、知行合一"的特征，着力建设"校—地—企"三维协同的生态系统，"教—赛—训—创"协同培养创新创业人才。

（一）转变传统的"以学科知识"为中心的教学模式，打造"校—地—企"协同的能力锻造生态系统。

（1）政府层面。 与贵州省遵义市，重庆市南川区、南岸区等地方政府签订全面联合办学协议；同时基于重庆市大城市带大农村，相关区县如彭水、秀山、綦江等和学校一道，建立"专业扶贫示范基地"，建立产业园区"任务框"，提供真实任务作为竞赛项目、作业项目以及研究项目。整合专业学习、社会实践和志愿服务，协同知识探究、能力培养和价值引领，利用周末和寒暑假，开展助农实践活动，为重庆贫困地区企业和农户搭建公益桥，利用专业助力脱贫攻坚和乡村振兴。提供师资挂职岗，在提升园区的现代运营水平同时培养人才，助推学校科研成果转化。

（2）企业层面。 开办人才培养的企业定制班。主动与学校签订合作办学、学生实习、实训、实践协议，在高层次人才培养、培训、科研项目、技术攻关、区域经济等方面展开深度合作，初步开展企业定制班，推行学院教师与企业高管联合培养人才模式以及开展基于真实项目、问题、任务的企业实训项目。设立奖学金：如2010年开始重庆云日产业集团设立的"云日人力资源奖学金"；2011年开始重庆瑞达资产评估房地产土地估价有限公司设立的重庆瑞达奖学金；2012年由重庆南方集团有限公司、云南康恒投资有限公司、华康装饰重庆有限公司共同捐资成立的森林光彩教育基金；2015年重庆阿润食品有限公司为"绝味杯"第三届管理案例大赛提供全程支持；2016年猪八戒网、中联信息、乡村基等公司主动设立教授移动课堂，以及京东方、顺丰、加加林等设立的企业暑期特色班。

（3）学校层面。 构建了财经特色鲜明的多学科多专业创新创业支撑体系；探索产学研用一体化的开放式人才培养模式；通过培养、聘请等多种方式、多级层面、多种类型的师资交融，建立了我校学生创新创业能力培养的师资体系；设立专门的学生创新创业基金，鼓励研究生产出高水平、标志性科研成果。同时加大资助学生参加国际、国内重要的学科竞赛，设立创新创业访学交流基金，创办学生创新创业论坛，建立学生创新创业能力培养体系建设基金等；成立创业学院，统筹学校创新创业教育与实践（见图1）。

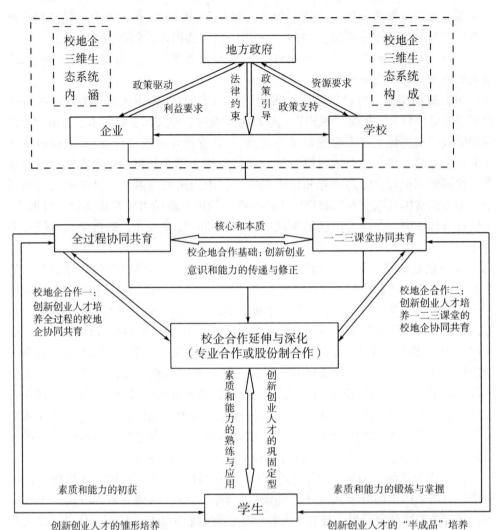

图1 "校—地—企"协同共育创新创业人才培养模式的探索与实践

（二）扩展传统的以教室为中心的"教室"课堂形态，打造"教—赛—训—创"共轴的任务情境课堂，推动有使命的学习，积极探索课堂教学与创新创业相融合的教学创新。

（1）**教**：在传统的第一课堂（教室课堂）之外，不断打造创业资源和平台，不断丰富创新创业实践实验教学体系。**建立了创业论坛**，吸引了重庆市内外近百位知名企业家来到活动现场为广大学生的就业和创业支招，极大地提升了学院师生的创新创业视野，提高了学院的知名度；**建立了咨询服务中心**，借助人才资源和学科优势，客观理性的分析研究当前重庆经济社会发展进程中所面临的新情况和新问题，为重庆各级政府、行业协会等提供咨询服务工作；**依托科研平台**，将"政产学研"即政府机构、企业、高等院校、科研机构四个主体的有机地结合起来；**构建了学生实践中心**，以信息共享、人才共享为方式，在校学生社会兼职活动监督和引导工作；**成立了培训服务中心**，为企业提供高端管理培训、行业内培训和职业资格培训。

（2）**赛**：竞赛课堂。基于真实任务和项目情景，形成了院、校、国家级的竞赛体系。以真实任务项目参加国家级的学科竞赛，以真实任务为主，推进竞赛"全覆盖"。除了"挑战杯""新生命杯管理咨询大赛"，还有"绝味杯"管理案例大赛、"Peak Time"竞赛、"企业 ERP 应用技能"大赛、"踏瑞杯"和"精创杯"知识应用技能大赛、BIM 应用技能比赛、物流大赛等专业特色赛事，以综合性项目促进学生的创新创业能力提升。

（3）**训**：基于"问题导向式"教育理念（黄钟仪，2011），设立四种情境训练课堂。①**导师课堂**。探索和实践"本科生团队导师制模式"。②**仿真课堂**。建设在线开放的模拟实验室，学生可随时随地进入实训系统开展模拟演练。③**区县课堂**。建有武隆、石柱、荣昌、彭水、秀山等 20 多个"情景式"任务基地，推动"行动学习"。④**企业移动课堂**。在企业以及产业园区设置挂牌移动课堂基地，将课堂开到企业去。基于问题导向、项目导向、任务导向，由企业高管和专业教师共同指导学生开展"行动学习"，由此推进了超越学科知识学习的有使命的学习。

（4）**创**：积极引导各专业学生投身于创业创新的浪潮中。开设创业类选修系列课程；设立创新创业学分（2 学分），引导学生开展各类创新创业活动；设立创新创业基金，鼓励研究生产出高水平、标志性科研成果；设立创新创业访学交流基金，资助学生参加国际、国内重要的学科竞赛；创办学生创新创业论坛，邀请企业家开坛立论；成立创业学院，统筹学校创新创业教育与实践；大力打造和推进"创业大赛"、电子商务"三创"大赛、"互联网+"创新创业大赛等全国性赛事的参与规模、层次和水平。

（三）突破传统的重"课堂教学"和"职称学术"的教师评估体系，建立扎根大地立德树人的制度，培养有使命的教师和有使命的学生。

（1）**教师挂职**。建立教师到政府与企业挂职机制，派出教师到企业以及区县相关部门挂职，甚至担任驻村第一书记，利用专业知识为企业解决问题、为农村脱贫和乡村振兴提供智力支持，开展教学案例库建设、研究项目库建设，开展任务导向的"研—教—学"一体式学生指导，提升以专业为社会服务的使命情怀和能力。

（2）**设立教师创新实践教学科研分**。基于学生创新创业学分，制定教师实训实践等指导活动冲抵教学科研分制度，把老师从埋头于课堂教学和学术科研中吸引出来，为教师积极投入和持续投入学生能力培养的活动提供制度保障。

（3）**多措并举建立使命驱动机制**。将人才培养各环节纳入现有的教师考核和晋升体系；设立优秀教学指导奖；与企业、园区、政府联合设立项目组，通过研究真问题，激发使命感，提升研究的价值和意义；将真实任务纳入教学素材。教师与优秀学生结对子，将教师科研项目转化为学科竞赛、实训教学、学生科研项目，将研究内容改编作为课堂、实训、竞赛的内容，促进教与学、教与研、教与用、研与学、研与用的融合；基于问题导向组建跨专业、跨单位的教、学、研协同团队，实现不同学科和单位之间的协同以及"教学研用"的协同。通过以上举措，不断强化教师时代使命感，提升教师的创新创业教育能力，同时也有利于深化学生的使命担当精神，提高复合型创新创业能力。

创新驱动发展战略急需创新创业人才，我们的理念是积极回应国家对创新创业

人才培养的迫切需求，突破传统的"课堂教室""学科知识"教学对能力培养的限制，多措并举建立校地企深度融合的创新创业生态系统，基于问题导向式、项目导向式的真实或者模拟任务，基于"情景激发"学生强烈的使命感，"教—赛—训—创"协同，不断优化创新创业人才培养的模式、路径与方法，为培养引领未来的创业创新人才做出贡献。

参考文献：

［1］黄钟仪. 问题导向的教学模式在管理类课程教学中的有效实施［J］. 重庆工商大学学报（社会科学版），2011，28（5）：151-156.

［2］李家华，卢旭东. 把创新创业教育融入高校人才培养体系［J］. 中国高等教育，2020（12）：9-11.

［3］刘宝存. 确立创新创业教育理念培养创新精神和实践能力［J］. 中国高等教育，2010（12）：12-15.

［4］王洪才. 创新创业教育必须树立的四个理念［J］. 中国高等教育，2016（21）：13-15.

［5］王洪才. 创新创业能力培养：作为高质量高等教育的核心内涵［J］. 江苏高教，2021（11）：21-27.

［6］王占仁. 创新创业教育的历史由来与释义［J］. 创新与创业教育，2015，6（4）：1-6.

校地企跨界协同，打造碳中和急需紧缺人才微专业①

代春艳，黄钟仪

（重庆工商大学管理科学与工程学院，重庆，400067）

摘　要：高校加快"碳中和"人才培养，是"双碳"目标下国家社会新需求与责任担当。本文通过分析微专业建设的特点与碳中和人才培养需求，指出微专业建设能够快速响应国家社会对碳中和交叉融合性人才的迫切需求，而校地企跨界协同是碳中和急需紧缺人才微专业建设的有效途径，并进一步提出了重庆工商大学校地企协同打造碳中和人才微专业课程的实践探索方案。

关键词：碳中和；校地企；协同

一、高校加快"碳中和"人才培养，是"双碳"目标下国家社会新需求与责任担当

我国力争 2030 年前实现碳达峰、2060 年前实现碳中和，是党中央经过深思熟虑做出的重大战略决策，事关中华民族永续发展和构建人类命运共同体[1]。推动实现"双碳"目标是一项庞大而复杂的系统工程，是一场广泛而深刻的社会经济系统性变革，其不仅给我们带来了科技革命、产业变革、构建绿色低碳经济体系的机遇，也带来了发展模式转变、产业结构转型、能源结构调整、技术创新升级等多重挑战[2]。

人才是第一资源，只有涵养人才蓄水池，才能汇聚实现"双碳"目标原动力。目前，我国亟须加快构建具有全球竞争力的人才制度体系，加快高素质、专业化"碳中和"创新高层次人才队伍建设，特别是绿色科学技术创新、绿色技术应用、绿色经济管理、绿色发展智库等人才队伍建设，从而为我国低碳转型发展和实现"碳中和"国家自主贡献目标提供人才保障、专业支撑。立足新发展阶段、贯彻新发展理念、构建新发展格局，扎扎实实做好"碳中和"人才培养不仅意义重大，

①　**基金项目**：重庆工商大学教育教学改革与研究项目"构建校地企三维生态协同共育创新创业人才培养模式的探索与实践"（项目号：201703）；重庆工商大学教育教学改革与研究项目"基于工商管理特色学科群的创业创新人才培养模式研究与实践"（项目号：201504）。

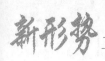

而且迫在眉睫。

高校既是人才的蓄水池、聚集地，又是科技创新的前沿阵地、主要力量，承担着为党育人、为国育才的神圣使命。人力资源和社会保障部等2021年3月新增了碳排放管理员的新职业。2021年7月，教育部制定了《高等学校碳中和科技创新行动计划》，鼓励高校与科研院所、骨干企业联合设立碳中和专业技术人才培养项目，协同培养各领域各行业高层次碳中和创新人才。在国家社会新需求与责任担当下，高校应该主动作为，认真分析双碳背景下，国家、社会、产业对碳达峰、碳中和人才需求，探索创新国家紧需"碳中和"人才的培养模式，为经济社会转型发展提供强有力人才智力支撑。

二、微专业建设能够快速响应国家社会对碳中和交叉融合性人才的迫切需求

"碳中和"人才是复合型、创新型专业技术人才，包括技术研发与技术应用的新工科人才，也包括碳核算、碳交易、碳金融、碳排放与碳资源管理，国际气候变化谈判，"碳中和"政策与立法、执法和相关法律服务等的新文科人才。无论是"碳中和"新工科人才，还是"碳中和"新文科人才，都需要进行学科交叉、专业复合、思维系统、能力多元的培养。

微专业建设是学校基于学科综合优势，主动适应新技术、新业态、新模式、新产业的需求，加快布局未来战略必争领域的人才培养的具体举措，是为构建新型跨学科专业组织模式、促进学科专业交叉融合和产学研用协同发展而实施的多样化办学模式探索。采用微专业建设，能够快速响应社会经济转型升级下对碳中和专业人才的迫切需求，能有效解决大学专业划分过细、口径过窄及培养周期过长的问题，能加强本科与研究生阶段培养衔接，提升专业培养与就业职业发展需求之间的匹配度。微专业建设有助于碳中和交叉融合性人才的培养。

三、校地企跨界协同是碳中和急需紧缺人才微专业建设的有效途径

随着碳达峰、碳中和"1+N"体系的出台，国家和地方发改委、生态环境部（局）、经信委、交通部（局）、住建部（委）、能源部（局）等不同部委，能源、工业、建筑、交通等重点领域，煤炭、电力、钢铁、水泥等重点行业，园区、社区、城市等不同区域都需要有不同类型的碳中和人才提供支撑。因此碳中和涉及的专业学科非常广泛，需要多学科、跨领域的人才。如碳金融涉及金融专业，碳会计涉及会计专业，碳立法涉及法学专业，碳定价涉及经济、金融专业，碳监测和碳核查涉及计量和审计专业等。目前，我国碳中和人才主要分布于新能源企业、试点的履约企业、第三方机构、碳排放交易所、部分金融机构和高校等。随着"双碳"目标对各行业影响的深入，碳中和人才缺口随之出现。根据猎聘大数据，新能源行业新增碳中和人才需求2020年呈现持续增长态势，同比增长3.56%；就行业收入情况来看，自2018年起，新能源行业中高端碳中和人才平均年薪连续三年呈现显

著增长，2018 年为 13.18 万元，2019 年 13.86 万元，2020 年则突破 14 万元，达到 14.37 万元。将来碳资产管理部门会像财务部门、环保部门一样成为企业的基本部门。多位专家从其他岗位类比推算，未来 5~10 年我国"双碳"人才保守需求在百万人，此后还会持续增长。仅依靠学校自有资源与师资进行"碳中和"微专业建设还非常不够。校地企跨界协同，是碳中和急需紧缺人才微专业建设的有效途径。

四、重庆工商大学校地企协同打造碳中和人才微专业课程的实践探索

一是在校级层面成立"碳中和"微专业行动计划领导小组，科学制定战略发展路径，明确时间表、路线图。组织教务处、科研处、学生处等重点部门和管理科学与工程学院、工商管理学院、环境工程学院、人工智能学院、财政金融学院、会计学院等重点院系科学制订不同类型的碳中和微专业建设方案，强化各单位工作协同，积极稳妥、有力有序推进各项工作。抓住重庆工商大学经管财经特色与信息化、大数据与环境的优势学科，全面加强碳中和急需紧缺人才和高层次创新人才培养，重点打造"碳管理""碳金融""碳会计""碳工程"等微专业的建设。

二是建立校地企协同建设碳中和微专业的举措。学校和院系积极与重庆市发改委、重庆市生态环境局、重庆市经信委等主管部门加强沟通对接，积极与企业和行业协会交流，认真分析"双碳"人才需求。鼓励推进碳中和微专业课程开发团队、教学团队、实验基地的建设和打造。学校和院系设立专项，鼓励先行先试，构建微专业（1+1+1+M+N）模式，通过一个微专业项目由一个交叉学科团队牵头建设，结合微专业课程，至少与一家企事业单位、一个行业主管部门、一个行业协会合作，重点打造 M 门有影响力微专业课程，立足地方发展和企业需求，定向培养 N 批次碳中和人才。

三是建立校地企协同进行碳中和微专业人才培养的长效合作机制，在基础管理、运行管理、保障管理、协调管理方面建立健全各项制度，实现微专业建设的可持续发展。例如重庆工商大学管理科学与工程学院已经与中创碳投、重庆 922 碳工厂签署战略合作协议，为碳资产管理等微专业的建设与人才培养的合作奠定了基础。

参考文献：

［1］教育部. 教育部关于印发《高等学校碳中和科技创新行动计划》的通知［EB/OL］.（2021－07－29）［2021－11－27］. http：//www. gov. cn/zhengce/zhengceku/2021－07－29/content_5628172. htm.

［2］中国证券网. 生态环境部部长黄润秋：实现碳达峰、碳中和是一场广泛而深刻的经济社会系统性变革［EB/OL］.（2021－09－06）［2021－11－27］. https：//baijiahao. baidu. com/s？id=16957534962400 69643&wfr=spider&for=pc.

生存与发展

——对管科类学生培养理念的思考①

徐世伟

（重庆工商大学管理科学与工程学院，重庆，400067）

摘　要：本文分析了当代大学生面临的社会环境，发现人才培养方式与现实需求存在错位，学科思维和能力需求存在差异；提出在管科类专业学生的人才培养过程中要注重因材施教并分层培养，强调培养技术硬能力以提升就业竞争力，并且要注重对学生独立思考和分析能力的培养。

关键词：管科类学生；培养方式；能力导向；竞争力

一、当代大学生面临的社会环境

当代大学生在成长过程中，面临的社会环境和过去迥然不同。过去，生产力发展水平不足，长期处于短缺经济时代，谋生成为社会群体的主流意识。社会发展到今天，生产力高度发达，几乎所有领域都处于过剩经济时代，当代社会只需要占人口比例很少的劳动者从事直接的生产活动。在这种社会大环境下，一方面，传统领域的岗位需求逐步减少，全社会需要创造新的需求和就业机会；另一方面，大量的新生代劳动者面临着如何匹配社会的工作岗位需求的问题，并且这已经成为一个棘手的难题。

正是因为如上两方面的因素，缺乏工作经验和社会阅历的大学毕业生在就业竞争中就处于一个尴尬的境地，初始就业岗位的薪酬回报也很低。而当代社会的家庭结构中，父母加一名子女的三人家庭占比很大，子女推迟就业给家庭带来的经济压力不大。这些原因客观上导致了年轻一代会留下更多的时间待在校园这个象牙塔内，上大学成了标配，大学毕业后，不少人会花费几年时间考研或考公。正因为如此，2022届大学毕业生预计达1 076万人，而2022年研究生入学考试报考人数就达457万人（两个数据来源于教育部官网），通过国家公务员报考资格审查的人数

①　**基金项目**：重庆市高等教育教学改革研究一般项目"新文科创新创业能力培养的极客路径研究与实践"（项目号：213194）。**作者简介**：徐世伟（1965—），男，重庆铜梁人，重庆工商大学管理科学与工程学院教授，硕士生导师，重庆市高校中青年骨干教师，主要从事企业信息化管理、公司治理与社会责任以及高等教育研究。

超过 212 万人（数据来源于国家公务员官网）。虽然考研和考公的报名者其中不乏往届考生，但这一系列数据说明了年轻一代大学生选择继续读书或进入体制内成为主流意识。

那么作为高等教育的从业者，面临当下的社会现实，该如何培养我们的学生，使之更好地适应现实社会的需求，这是值得我们不断思考的问题。

二、学科导向与能力导向的选择

如何适应社会环境的变化？作为高等教育的从业者，本文仅从学校学科发展和学生能力提升方面进行讨论。

（一）培养方式与现实需求的错位

培养目标的表述和现实有较大的落差。几十年前，高等教育还属于精英教育，而 1998 年大学扩招之后，大学教育就成为事实上的普及性教育。以管理类专业为例，在培养方案的表述中，其通常被描述为"培养具有创新能力的复合型的高层次管理人才"。不排除今后在学生中会产生这样的人才，但对多数学生来说，经过四年左右的大学教育，他们只是人才的雏形，有的毕业生具有较大潜质，有的可能就适合做一般性的事务性工作。但是若把培养方案写实，表述为本专业培养企事业组织的基层管理人员，可能各方面都不接受这个现实[1]。

（二）学科思维和能力需求的差异

2021 年 12 月，国务院学位委员会下发了关于对《博士、硕士学位授予和人才培养学科专业目录》及其管理办法征求意见的函，其目的是落实中央关于深化新时代高等教育学科专业体系改革的决策部署。学科专业目录调整，也是为适应社会经济和科学技术发展的应对策略，以更好地培养新时代所需要的建设人才。

站在高等教育从业者的视角，其工作性质导致的思维定式，容易更多地从学科体系的完备性和规范性思考问题，或者为获得更多的资源从而促进本学院本学科的自身发展而更多地从学科建设的视角考虑问题。

不过，在校学生中，除了少数人会攻读硕士、博士，甚至未来从事高等教育工作外，多数人会在本科毕业后离开学校而进入社会。这些毕业生进入社会后，需要的是适应社会的能力，包括学习能力、创新思维、专业素养和人际沟通能力等，也就是问题解决的能力。就笔者观察，学科思维和学生应该获得的能力需求之间是有差异的，这种差异客观上导致了高等教育并没有完全提供受教育者所需要的东西。

三、对管科学生培养理念的思考

如何培养满足社会需要并适合学生自身发展的人才？笔者站在高等教育的从业者的角度，对学生特别是管科学生培养理念有如下思考。

（一）因材施教，分层培养

曾经有一位国内一流大学管理学院的院长在私下聊天中感慨："我们的学生高考成绩在众多考生中出类拔萃，甚至闪烁着耀眼的光芒，但他们考入我院后，如果

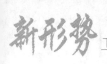

今后不打算继续攻读研究生，我们开设的课程对他们没有太大的帮助。"

作为从事高等教育的资深专家，在私下的聊天中不加掩饰，更能呈现其真实的观点。这种观点体现了两重含义：首先，985高校的本科人才培养就是为求学者继续攻读研究生奠定基础；其次，不同的课程设置，导致不同的教学效果，如果不考虑受众的需求，或者受教育者不适合按照这种方式去培养，教学效果会大打折扣。

重庆工商大学作为一所发展中的主要为地方社会经济发展培养建设人才的财经类高校，虽然学校的社会影响力越来越大，但目前所培养的大多数本科生毕业后不再继续攻读硕士、博士研究生，多数学生毕业后就进入社会各领域就业。按照我校学生整体特点，本科人才培养方案应和985高校的人才培养方案不同，一定要具有自身的特点。作为管理科学与工程学科下的本科专业，在人才培养方案的设置中，还是应该偏重实践和应用，以贯彻因材施教、分层培养的原则。

（二）培养技术硬能力，提升就业竞争力

知识分为显性知识和隐性知识，年轻的大学生思维敏捷，身体协调性好，对显性知识以及技术技能等方面的学习更有优势。而隐性知识的学习，更需要社会阅历和工作历练为基础，这恰恰是年轻学生欠缺的方面，特别是在思想层面，他们和社会阅历丰富者相比更显不足。正是因为在校大学生的这些特点，学校在人才培养中要注重对显性知识尤其是技术技能的培养。

以信息管理与信息系统本科专业为例，我们考察了开设这个专业的不少高校的人才培养情况，虽然不少高校信管专业学生的就业和专业的相关度不高，并且就业质量以及薪酬水平差强人意，但是重庆邮电大学经济管理学院开设了工商管理、信息管理与信息系统、电子商务、会计学、市场营销、经济学、工程管理、物流管理、邮政工程、金融工程等10个本科专业，其中信息管理与信息系统专业的就业率、就业质量、薪酬水平以及学生满意度等方面在其10个本科专业中排名均为第一。之所以重庆邮电大学信管专业学生的整体就业质量较高，是因为在该专业人才培养过程中，非常强调培养学生的技术能力，并且在多年前就组建了学生工作室，由专业老师吸纳部分有潜质的学生进入工作室，以社会需求和完成项目为引领，研习最新的编程工具，并且工作室经过多年运行之后，已经毕业进入互联网一线企业的校友还和学生工作室保持联系，把最新的需求资讯传递回学生工作室。目前，在校学生已完全自主管理工作室，工作室运行已形成良性循环。

重庆工商大学信管专业等管科类专业的人才培养方式，应该借鉴友邻学校好的人才培养方式及办学经验。注重培养学生的技术硬能力，以提升管科专业学生的就业竞争力。为培养适应社会需要的高水平应用型管理专门人才，应力求从制度层面保证学生应用能力和实践能力的培养[2]。

（三）注重独立思考和分析能力的培养

受过高等教育的年轻一代，当他们走向社会时，在校学习的很多知识都遗忘了，而且在学校学习的不少知识往往会滞后于现实的社会发展，那么学校学习的价值所在？

爱因斯坦曾经说："Education is what remains after one has forgotten everything he learned in school"，即"所谓教育就是一个人遗忘了所学的一切之后还剩下的东

西",这可以较好地解释读大学的意义。那么,爱因斯坦谈到的遗忘了所学的一切之后还剩下的东西包括什么呢?遗忘知识之后,剩下的东西至少应该包含:独立思考和分析的能力,具有批判性思维的能力,对已有的知识、对权威敢于质疑的勇气。同学们获得独立思考和分析问题的能力,具有批判性思维的意识,才算是真正读了大学。具有独立思考和分析问题的能力,可以让一个人从容面对工作和生活,才知道面对困难该怎么去做。学会独立思考和分析,是一个人创新和创造能力的基础,也是大学教育的精髓所在。

参考文献:

[1] 徐世伟. 不要假装读大学 [M]. 成都:西南财经大学出版社,2018.

[2] 徐世伟,李挺. 校企合作背景下实习教学的机制创新与实践:以重庆工商大学管理类专业为例 [J]. 教育与教学研究,2010,24(7):4.

基于线上线下相结合教学模式的教学改革

龚　英　周愉峰

（重庆工商大学管理科学与工程学院，重庆，400067）

摘　要：应国家实行教学改革，提高教学质量的要求，"供应链管理"课程在原有基础之上进行教学方式的改革，老师进行网课录制，学生使用学习通 app 在网上进行网课观看，同时与线下教学相结合，取得了不错的效果。

关键词：线上线下；教学模式；教学改革

自中华人民共和国成立以来，国家高度重视教育教学，提出了教育教学改革的相关内容。进入 21 世纪，在网络科技、信息化高速发展的新时代下，教学改革呈现出新的面貌，多样化的教学方式不断涌现。教学改革在某种程度上说是对教师创新教学方式，以获得更好的教学效果的要求与考验。自 2018 年开始，为响应教学改革的要求，笔者对所任教的"供应链管理"课程的教学方式在原有基础之上进行了优化创新，目前已取得了不错的效果。此篇文章将以此对教学改革相关内容进行分析。

一、教学改革的相关背景

2019 年，教育部发布了《教育部关于深化本科教育教学改革 全面提高人才培养质量的意见》（以下简称《意见》）。《意见》指出：要把思想政治教育贯穿人才培养全过程。坚持把立德树人成效作为检验高校一切工作的根本标准，用习近平新时代中国特色社会主义思想铸魂育人，加快构建高校思想政治工作体系，推动形成"三全育人"工作格局。除思政课程外，其他课程中也应加入课程思政的内容。

同时，《意见》还指出：要全面提高课程建设质量。立足经济社会发展需求和人才培养目标，优化公共课、专业基础课和专业课比例结构，加强课程体系整体设计，提高课程建设规划性、系统性、避免随意化、碎片化，坚决杜绝因人设课。实施国家级和省级一流课程建设"双万计划"，着力打造一大批具有高阶性、创新性和挑战度的线下、线上、线上线下混合、虚拟仿真和社会实践"金课"。积极发展"互联网+教育"、探索智能教育新形态，推动课堂教学革命。严格课堂教学管理，严守教学纪律，确保课程教学质量。

二、"供应链管理"课程现状

（一）"供应链管理"课程简介

"供应链管理"课程，是通过教学使学生掌握供应链管理的概念、思想、方法和决策思路，为学生学习其他专业课和在工作岗位上的实际运用打下基础的一门课程。本课程全面系统地介绍了供应链管理的相关理论和实践的基本内涵及发展演进过程。"供应链管理"是物流管理专业的一门专业核心课。其能够让学生在学习本门课程之后，较为系统地掌握供应链相关的知识内容，构建起物流管理等相关专业学生的专业知识框架。

该课程适合物流管理专业、管理类专业以及工业工程专业的本科生、专科生学习；适合从事该领域工作的实际工作者学习；同时适合想学习供应链课程的其他非专业人士学习。

（二）"供应链管理"课程及存在的问题

1. 教学模式依旧单一

"供应链管理"课程的教学在很大程度上仍然固守传统的教学方式，部分教师并没有意识到如今互联网的发展给教学带来的优势，一定程度上忽略了教学方法改革，仍然沿用传统的教学模式，教学方式单一，对多媒体技术运用较少。课堂教学主要还是以理论讲授为主，模式枯燥，学生抬头率不高、上课心不在焉的现象十分普遍[1]。课程的教与学基本上局限于课堂，学习的拓展性不够。同时在这种传统的"灌输式"教学模式中，学生在学习中遇到困难时，首先想到的是请教老师进行解决，而不是自己想办法去解决问题，这种情况也造成了学生的自主能力较差，责任感也不强。

2. 网络课堂的利用率不高

有些教师虽然也利用网络教学平台开展了一些线上教学活动，如微课、慕课等，但由于对信息化教学的内涵理解得不够全面，片面地认为信息化教学就是将课程知识放到网上，忽视了教师的主导作用。网络课堂和线上教学与线下课堂没有实现有机结合，教学效果与教学目标出现严重偏差，学生对网络课堂和线上资源的利用率不高，"刷课"现象普遍存在，网络课堂和线上资源的实效性未能得到较好的体现。另外，对网络课堂和线上教学的监管空缺较大。由于学生的自制力较差，他们在线上学习时，很容易受到游戏、网购、追剧等其他因素的干扰，学习效果大打折扣。

3. 实践教学没有得到充分开展

作为一门具有较强实操性要求的学科，实践教学是"供应链管理"课程中的一个重要环节。然而，"供应链管理"课程的实践教学并没有得到充分开展。实践教学与课程内容融合的深度不够。前后衔接不连贯，这便造成了学生在理论与实践上的脱节。由于缺乏必要的实践条件，教学过程中只能把时间主要集中在理论教学上，实践教学基本上只能算是走过场，难以达到应有的实践教学效果。而理论教学失去了实践教学的支撑，成了无源之水，无本之木，造成理论教学与实践教学脱节

现象严重。

4. 学生的主体地位没有得到凸显

在信息化时代，学生追求富含新意、多样灵活的学习方式，期待丰富生动的教学内容和独具特色的教学形式。"供应链管理"课程教学应该随着学生对学习追求的变化而变化。然而，在当前的"供应链管理"教学中，仍然以教师讲课为中心，学生在教学中的主体地位没有得到充分体现，这使得学生的主观能动性和创造性不能有效发挥。有些教师虽然已经改变了教学理念，但教学流程和教学方法不够灵活，学生仍然处于被动学习的状态，学生的主体地位还须进一步体现。课堂教学活动固化，师生交流难以实现。学生被动地接受知识，思维几乎处于沉睡状态，创造性得不到激发，学习热情降低。

三、"供应链管理"课程教学改革

（一）主要措施

1. 丰富创新教学模式

在当前教学模式较为单一的背景之下，"供应链管理"课程积极创新教学模式，采用线上网课与线下教学相结合的方式展开教学。在线上网课方面，通过超星学习通 app，组织我校物流管理系多名专业教师进行网课录制。在这一部分，每位教师积极备课，认真录课，课程内容丰富全面，共设十个章节，分别围绕供应链概述、供应链结构、流程分析、战略匹配、供应链合作关系、逆向物流与逆向供应链、供应链网络优化、网络分析、供应链绩效评价与激励机制，供应链管理新模式与新方法等内容进行讲述，学生课下可以通过手机重复观看。并且老师将相关讲义、课件及课外拓展资料等上传至学习平台，供学生课下复习参考；在线下教学方面，结合网课的相关内容进行讲解与拓展，加深学生对于相关概念的理解，同时在线下课堂中，利用学习通 app 与学生进行签到、随机点名、课堂讨论、课堂习题练习等互动，丰富教学模式，提升学生的兴趣。

2. 加强对网络资源的开发利用

在当前这个网络快速发展的时代，网络共享资源为教育教学提供了丰富的教学素材。大学生与网络的接触很多，通过网络平台，学生可以获取各种信息资源，师生之间的交流也更加方便直接。网络资源和网络技术平台的有效利用，为"供应链管理"课程信息化教学创新提供了有力支撑[2]。引导学生正确使用网络资源，利用网络查询相关供应链管理的拓展资料，积极组织学生正确、合理、高效地运用网络先进技术，突破教学时间与空间的约束。教师也可以对网络中完整的、有代表性的教学资源加以收集、整理，并通过网络教学平台加以整合，在课堂教学中形成一个多元化网络教学平台资料库。通过网络平台延伸教学范围，利用网络优势，将网络课堂与传统课堂相衔接，将线上教学与线下教学相结合，全面开展"供应链管理"课程的教学活动。借助尔雅网络学习平台，与学生多渠道互动沟通，动态化掌握和分析学生的知识掌握情况，以解决"供应链管理"课程现存的实效性不够、学生参与度不高、互动性不强等问题。结合课程内容，积极开展与学生的互动,最大限度地挖掘学生潜能,培养学生的综合素质。

3. 加强课程实践教学

在教学过程中,根据每周的学习情况,发布相关的小组或个人学习任务,其中包含相关实践任务或知名企业实际案例分析,使学生通过实践以及对相关知名企业的供应链实际案例分析,更好地将课本中的理论与实际的情况相结合,以对课程有更好的理解与认识。

4. 翻转课堂,凸显学生主体地位

在线下教学中,实行翻转课堂,对学生进行学习小组分组,给各个小组分配任务,安排学生对课本的相关内容进行自主学习、制作 PPT 及写讲义,并且在课堂上让学生对相应的内容进行讲解,以使学生对课本的内容有更好的理解。之后老师对学生讲课进行点评,以凸显学生在课程学习中的主体地位。

(二) 使用的教学软件——学习通 app 的特点

学习通是国内一款基于神经系统原理打造的知识传播与管理分享平台。它利用超星 20 余年来积累的海量的图书、期刊、报纸、视频等原创资源,集知识管理、课程学习、专题创作为一体,为读者提供一站式学习与工作环境。学习通为所有用户构建了一个网上虚拟的交互空间,或者说一个虚拟的网上学校。具有以下特点:

1. 操作简单,师生互动便携

学习通软件使用方便,操作简单。教师通过学习通创建教学班级,可以实现学习资料推送、通知公告、建立讨论区等班级在线管理。学生可以通过扫码加入固定的教学班级,这样可以收到教师推送的学习资料、班级通知等;上课时,教师可以利用学习通进行签到、随机点名、发布随堂练习等进行师生互动,学生则可以在手机端的讨论区将上课未听懂的内容提出,方便教师课后了解学生的学习反馈;老师会实时发布上课的课件至"资料"文件夹中,学生可以反复调阅及复习。学习通可以方便实现课前推送、实时答题、多屏互动及学生数据分析等学习方式,且集课件制作、课件推送、自动任务提醒功能为一体,可帮助教师和学生通过互联网实现师生互动。

2. 丰富互动形式,及时反馈教学效果,信息统计全面

学习通可发布的习题的题型多样,包括单选、多选、投票及主观题。教师可以设置答题时间,可以在课前或课中将题目推送给学生,学生在规定的时间内完成答题,点击提交即可。教师可以实时查看答题的情况,课中可以将答题结果推送到屏幕上,便于讲评。课后,教师进入后台管理平台,发布相关的课后讨论、期中期末测试以及教学效果调查问卷,并且老师能够看到学生的课后讨论、试卷答题以及教学效果调查情况。教师可以将这些数据导出,通过对统计信息的分析,能够精准掌握学生的学习情况和课程的教学效果。

(三) 学习通在"供应链管理"课程中的运用

网络课程中的所有资源将通过学习通 app 中设置的班级进行发布,学生会在学习通 app 中观看网络课程的相关内容,并且可以进行多次观看,以达到对课程更好的理解。

在线下课程的教学中,老师首先会使用学习通 app 在每节课前一天发布第二天

课程学习内容的相关预习讨论题目，使学生在课程开始之前对第二天学习的课程有初步的了解，以便于学生对老师讲解内容有更好的理解。其次，老师会利用学习通 app 在每节课前对学生进行签到，以保证每个学生都按时到达课堂。在课中老师会采用随机点名以及抢答等形式让学生回答老师提出的相关问题，同时也会发布相关的多选、单选以及讨论题目，学生通过学习通 app 进行作答，以保证学生的参与度和活跃度。在课后，老师会每周通过学习通 app，发布相关的讨论题目，让学生积极参与讨论，并且在期中期末发布两次考试检测学生的学习成果；同时，发布调查问卷，用以获得学生对老师教学效果的反馈；在课下，同学们可以通过学习通 app 发布相关的问题，其他同学也可以积极参与到讨论当中，增强学生的自主学习能力。

四、教学改革目前已取得的效果

自 2018 年开始使用学习通 app 进行线上网课与线下教学相结合的教学方式以来，"供应链管理"课程的网络课选课人数将近 1 000 人次，授课视频共 55 个，授课总时长达到 550 分钟，参与讨论回帖的次数超过 2 000 次，总体而言，目前已取得不错的效果，并且选课人数将随着时间的推移而不断增加。

从学生的反馈情况来看，教学方式改革之后，同学们上课以及对"供应链管理"课程的热情明显增加，学生参与度有了明显的提高，同时，学生对于知识点的掌握也更为扎实，考试平均成绩有所提升。

由此可见，"供应链管理"课程的教学方式改革目前已取得阶段性的效果，之后会在此基础之上，继续进行探索和创新，以发掘更好的教学方式。

参考文献：

[1] 陈曦. 线上线下有机结合的"大学生心理健康教育"课程教学改革分析 [J]. 华东纸业，2021，52（2），126-128.

普通高校农村籍贫困生社会融合
与综合能力关系研究
——以重庆市普通高校为例

向为民[1]　文旭初[2]　梁桂保[1]①

（1. 重庆工商大学管理科学与工程学院，重庆 400067；
2. 重庆工商大学工商管理学院，重庆 400067）

摘　要： 普通高校农村籍贫困生综合能力提升对脱贫攻坚取得全面胜利、解决发展不平衡不充分问题、实现人的全面发展和全体人民共同富裕具有重要意义。本文通过问卷调查，基于中介效应模型，考察普通高校农村籍贫困生的家庭经济条件、社会融合与综合能力之间的关系。研究结果表明：普通高校农村籍贫困生家庭经济条件对其综合能力提升具有显著正向影响；社会融合在家庭经济条件与综合能力之间发挥部分中介效应。从表现形式来看，较好的家庭条件以及较高的社会融合度让普通高校农村籍贫困生综合能力更强。根据家庭经济条件与社会融合对综合能力的促进效应，学校应通过"活动参与"提高农村籍贫困生的成就感、满足感，在团队协作中帮助其与同学建立良好的关系，提升农村籍贫困生的社会融合度；政府应利用大数据识别贫困生，保证贫困生认定的准确性与隐秘性；社会应逐渐增加对教育的资助资金；个人应做到在接触农村籍贫困生时不区别对待。

关键词： 农村籍贫困生；社会融合；综合能力

《2020 年中国学生资助发展报告》显示，2020 年全国发放国家助学贷款 506.43 万人，发放金额 378.12 亿元，同比增长 6.53% 和 9.26%[1]，发放助学贷款人数创历史新高。我国虽然全面建成小康社会取得了决定性胜利，但仍须密切关注脱贫生返贫问题。2020 上半年，我国大学生失业率创同期新高，全国 20～24 岁大

①　**基金项目：** 教育部人文社会科学研究一般项目"人口、产业与城乡协同下三峡库区乡村振兴动力重构研究"（项目号：20YJA630040）；重庆市教育科学"十三五"规划重点课题"基于'扶贫综合体'平台的农村籍贫困生培育路径研究"（项目号：2019-GX-116）；重庆市社会科学规划重点项目"人口、产业与城乡协同下重庆乡村振兴动力研究"（项目号：2019ZDGL06）。**作者简介：** 向为民，女，重庆人，重庆工商大学管理科学与工程学院教授，硕士生导师，博士，主要从事思想政治教育研究；文旭初，男，四川成都人，重庆工商大学工商管理学院硕士生，主要从事思想政治教育研究；梁桂保，男，广西桂林人，重庆工商大学管理科学与工程学院副教授，硕士生导师，博士，主要从事高等教育管理研究。

专及以上人员的失业率达到 19.3%[2]。综合素养低、心理素质较弱、专业素养不强等问题[3]使贫困生的就业形势更为严峻，导致其家庭脱贫困难。能力是农村籍贫困生脱贫的重点，但现有研究都集中在其单一能力上。就业考察的是个人的综合能力，综合能力强的农村籍贫困生更容易就业，也更有可能脱贫。一方面，经济条件影响贫困生的综合能力；另一方面，由于农村籍贫困生出生、生长在农村，因此社会融合是大多农村籍贫困生进城读书必然经历的过程，对贫困生的各方面影响较大，较差的社会融合可能会影响其综合能力。因此，本文探索家庭经济条件、社会融合与综合能力之间的关系。

一、文献综述

最早的贫困定义由 Orshansky 在 20 世纪 60 年代提出，主要是基于满足基本生活需要和最低生活水平而提出的[4]。这种定义由于不能反映家庭的实际收入和贫困户的偏好而受到一些经济学家的批评。20 世纪 80 年代末，部分学者发现收入差异会削弱贫困家庭脱离贫困的能力，使得贫困家庭不能获得等于或大于贫困线的净年收入流。因此 1990 年的《世界发展报告》在传统的基于收入的贫困定义中加入了能力因素[4]。本文所使用的精神贫困概念是指价值观、文化观、道德取向与主流社会偏差所带来的心理问题[5]。社会融合是指移民和本地居民相互对文化适应的过程[6]，精神贫困会引起社会融合问题。综合能力是学业能力、就业能力、人际交往能力与其他能力的集合。

（一）贫困生的物质贫困与精神贫困

贫困生是指家庭经济条件难以支付其在校期间学习和生活基本费用的大学生，其弱势家庭经济条件导致其同时存在物质贫困与精神贫困。Orshansky[4]最早于 1969 年提出被美国统计机构采纳的贫困标准：家庭收入低于美国农业部食品计划所包含食物费用的 3 倍即为贫困家庭。2011 年，中央将农民人均年收入 2 300 元作为新的国家扶贫标准。我国属于中等偏上收入国家，根据世界银行 2018 年修订的最新贫困标准，我国贫困标准为每人每天支出 5.5 美元①。因此本文将家庭人均年收入低于 13 000 元的家庭识别为贫困家庭，并且选取收入状况作为考察家庭经济条件的维度。贫困生是指整个家庭所能筹集到的资金难以支付其在校期间学习和生活基本费用的大学生[7]。家庭结构对贫困大学生学业能力有显著影响，Nonoyama-Tarumi 认为离婚所引发的家庭环境短期集中变化会造成较差的学业表现[8]，父母中任何一方的缺失，都会影响子女的学业能力、素质发展[9]以及总体发展[10]。在具体表现上，与完整家庭相比，单亲母亲家庭的贫困生学业成绩平均将高出 0.5~2 分，而单亲父亲家庭的贫困生学业成绩平均显著降低 3 分左右[11]。因此，本文选取家庭结构作为问卷中家庭经济条件的维度。

国内对精神贫困尚未形成一个统一而明确的定义。刘欣从西方文化语境出发，认为精神贫困是指道德品性、价值取向、文化和社会规范、知识素养、思维模式等

---

① 数据来源于世界银行发布的 2018 年《东亚太平洋地区经济半年报》。

方面的偏差与不足[5]。农村籍贫困生进入大学学习后，经济条件的弱势地位，加上乡—城流动造成的文化对冲与经济文化劣势，易引发精神贫困[12][13]。现有研究中对精神贫困的研究较少，主要集中在贫困户而非贫困生，如张露露发现从精神需求入手能够增强贫困村民精神脱贫的内生发展动力[14]。对于贫困生，汪青松认为不仅要从物质层面给予贫困生外在的直接脱困，更要注重构建激发机制，促进其能力的成长[15]。贫困生精神贫困相关的研究未深入考察农村籍贫困生的成长环境，从社会融合的角度探究农村籍贫困生的精神贫困不仅能构建激发机制，还能深入考察其成长环境。

（二）农村籍贫困生的社会融合

社会融合具有多种理论来源，如 1782 年海克特的"熔炉论"[16]、1915 年霍勒斯·卡伦的多元论[17]与涂尔干从社会团结机制的变化中推演出来的整合论[18]。西方社会融合关注点主要集于移民与种族问题，而进城务工的农民工与政策性移民则是我国社会融合的主要研究对象。我国学者根据这一特点提出的"城市适应"概念是我国大多社会融合研究的出发点，其本质属于一种从农村生活到城市生活的"现代性融合"[19]，这与农村籍贫困生进城学习的状况相似。

社会融合是指移民和本地居民相互适应和渗透，相互分享各自的文化、情感、记忆和经历的过程[6]。社会融合分为经济融合与非经济融合，经济融合是社会融合的前提和基础，非经济融合则是社会融合的深化，包括文化融入、心理认同与身份认同[20]。社会融合相关研究主要集中于农民工，王青和刘烁发现进城农民工的社会融合对多维贫困的贡献率较高[21]。武汉大学易地扶贫搬迁后续扶持研究课题组认为，帮助易地扶贫搬迁贫困人口完成社会融合，是实现易地扶贫搬迁贫困人口脱贫致富的关键之一[22]。成前和李月认为，社会融合在一定程度上可以提高流动女性的就业水平[23]。从社会融合的结构来看，经济融合通常发生在先，经济收入与住房状况的差距会使农民工对自身社会地位认知产生分化，导致农民工之间的经济融合具有差异[24-26]。因此，本文将住房条件纳入问卷的社会融合题项。非经济融合滞后发生，农村籍贫困生进城学习与农民工进城打工有相似的特征，应存在类似的社会融合问题。农村籍贫困生从踏入城市起便面临社会融合的两难抉择，即保留原有文化、心理，维持"农村人"标签，这意味着心理上与同学的疏远与排斥[27]，不利于其在城市里生活发展；或放弃"农村人"标签，接受城市主流文化与习惯，降低社会融合难度，这有利于贫困生脱贫。许多贫困生维持"农村人"的标签是导致其能力相对较差的原因之一。

（三）贫困生综合能力

学界对贫困生综合能力并没有统一的定义，本文整合现有对贫困生能力的研究，将贫困生综合能力归纳为学业能力、就业能力、人际交往能力与其他能力，从以上 4 个维度的相关文献中抽取题目，考察普通高校农村籍贫困生的综合能力。

国内外的研究发现，弱势群体的学业能力显著低于非弱势群体的学业能力。在美国，弱势群体在科学与数学课程中表现不佳[28]；父母的社会经济地位显著影响其子女的学业成绩[29]。而在我国，弱势群体多为贫困生。王小虎等发现，高水平大学中专项计划学生的高考成绩及大学学分显著低于非专项计划学生[30]。李洁和欧蒙采用分位数回归方法，发现贫困生家庭收入对贫困生智育成绩具有影响[31]。对于学习的过程与经历，研究型大学的贫困生与非贫困生在学业参与过程以及整体学习经历满意度等方面均存在显著性差异，经济水平的差异在一定程度上反映家庭经济资本通过"显性"和"隐性"的方式影响教育公平[32]。物质贫困通过"显性"的方式直接影响贫困生综合能力，精神贫困也通过社会融合以"隐性"的方式间接影响其综合能力。近年来，学者对贫困生就业能力关注度持续上升。就业能力的概念在1909年首次由Beveridge提出[33]，先后形成了位置冲突理论与过程模型等不同的理论观点[34]。王新俊与孙百才整合国外近30年就业能力概念的演变，指出大学生就业能力不仅指大学生初次就业所需的能力和个人特质，还是大学生参与社会生活所需的能力和个人特质[35]。张皓运用因子分析法，探索并检验了高校家庭经济困难学生就业胜任力的结构与内容[36]。本文选取上文中职业适应维度的协作能力作为问卷中考查学生就业能力的题项。贫困生就业能力中的社会实践能力、求职能力[37]、实习经验[38]、就业方法[39]显著低于非贫困生。本文选取上文中社会适应能力与组织协调能力作为问卷中调查学生就业能力的题项。

经济条件显著影响大学生的人际交往能力。冯宗侠抽样调查了500名北京理工大学学生，发现人际交往能力受经济条件的影响极其显著，贫困生的人际交往能力远低于非贫困生的人际交往能力[40]。周垚和沈红发现学生资助能显著提高贫困生的人际交往能力，其中学生贷款对贫困生人际交往能力的提高程度最大[41]。本研究问卷中人际交往能力题项部分参考《大学生心理诊断》[42]中大学生人际关系综合诊断表，对大学生交谈、交际与交友、接人待物3个方面进行考察。

一些能力具有较为广泛的适用性，本文将其归纳为其他能力。信息获取能力应用场景较为广泛，张晓红等认为完善信息获取能力能提高创业成功率[43]。另外，拥有较强的信息素养能帮助提高学习效率[44]与就业质量[45]。抗压能力的应用场景也较为广泛，直接影响着个人的整体素质[46]。因此，本文将信息获取能力与抗压能力单独作为一个维度的能力进行考察。

家庭经济条件差异导致贫困生存在物质贫困与精神贫困，因此有学者提出不能仅从经济上资助贫困生，更应该从"德育"、精神引导等精神层面帮助贫困生提高能力，但鲜有文献提及通过社会融合进行精神贫困救助。社会融合是指移民和本地居民相互适应和渗透的过程，综合能力则是学业能力、就业能力、人际交往能力与其他能力的集合。良好的社会融合度可缓解贫困生精神贫困，增强学业能力，提升就业水平，顺畅人际交往，进而提高综合能力，有助于贫困生在严峻经济形势下脱贫。考虑到物质贫困直接影响贫困生学业能力、就业能力、人际交往能力与其他能力，农村籍贫困生的精神贫困可能以社会融合的形式出现，农村籍贫困生进入城市后的文化固守会导致其社会融合较差，而较差的社会融合将导致农村籍贫困生在心理上与同学的疏远，可能会引起社交等能力的不足。因此，家庭经济条件对综合能力的影响可能有一部分是通过社会融合造成的，或者家庭条件对综合能力进行影响时，会受到社会融合的影响。基于以上分析，本文认为社会融合在家庭经济条件与综合能力之间可能存在中介效应或调节效应。

现有文献鲜有提及贫困生的学校级别、社会融合与综合能力。在教育水平与家庭教育环境较差的农村，贫困生更多进入普通高校而非"985工程""211工程"等高水平研究型大学。相较于城市籍大学生，生活环境改变导致农村籍大学生存在更多的社会融合问题。已有关于贫困生能力的研究主要集中于单项指标，缺乏对综合指标的研究。本文通过揭示普通高校农村籍贫困生家庭经济条件与社会融合对综合能力的影响，提高农村籍贫困生的社会融合度，探讨其同时实现经济与精神脱贫的路径。

二、研究设计

（一）调查工具的选取与样本概况

在调查工具上，本问卷参考了3个方面的文献。一是国内外学者高度关注和认同的"研究型大学本科生就读经历调查"（Student Experience in Research University，SERU）问卷，结合中国高校实际情况选取其中的核心问题和部分独立模块；二是社会融合维度参考文献中提出的社会融合影响因素，包括《住房状况、社会地位与农民工的城市身份认同——基于社会融合调查数据的实证分析》[26]与《人力资本与流动人口的社会融入》[47]等文献，自行设置题项，考察贫困生社会融合度；三是依据《研究型大学贫困生与非贫困生的学习经历差异分析》[32]等文献中贫困生能力题项对大学生综合能力进行考察。

选取重庆普通高校本科生作为调查对象，在2020年7月16日与2021年6月10日分别进行问卷发放。同时考虑到此时段学生在校课程已完成，大一学生也进行了较长时间的大学学习，因此选取大一至大四所有年级学生进行调查。问卷涉及10个关于大学生的家庭经济条件的题项、9个关于社会融合的题项和17个关于综合能力的题项。剔除未认真作答与答题时间过长或过短的问卷，最终共收集问卷672份，有效问卷率为88.67%。样本有效性分析发现，样本基本信息与已有研究较为相似，但农村籍学生比例较大，可能是因为样本量较小或是同群效应引起，但农村籍学生比例较大不影响研究的进行。本文在重庆普通高校校内与学校企业随机发放问卷，可能存在家庭经济条件相对较差的农村籍学生更愿意填写有偿问卷的效应。

（二）数据处理

家庭经济条件题项采用2点量表与6点量表；社会融合题项采用2点量表；综合能力部分采用6点量表，依次为"很差""差""较差""较强""强""很强"。使用累加法得到各因子得分，再使用Mplus软件对其进行中介效应检验。样本基本信息如表1所示。

表1　样本基本信息

类别		样本数	占比/%
户籍来源	农村籍	380	56.5
	城市籍	292	43.5

表1（续）

类别		样本数	占比/%
农村籍贫困生	是	217	57.4
	否	163	42.6
是否在重庆市中心城区有固定居住场所（包括租房，不包括学校宿舍）	是	156	71.9
	否	61	28.1
请问您认为自己的习惯、文化、心理属于城市习惯、城市文化、城市心理还是农村习惯、农村文化、农村心理	城市	151	69.6
	农村	66	30.4
是否有过实习经历	是	126	58.1
	否	91	41.9

（三）变量界定与维度构成

本研究调查对象为普通高校农村籍贫困生，涉及 3 个基本变量，家庭经济条件（X）、社会融合（M）与综合能力（Y）。家庭经济条件是家庭劳动所得报酬或其他经济收入和生活消费支出情况[5]；社会融合是指移民和本地居民相互适应和渗透的过程[19]；综合能力是学业能力、就业能力、人际交往能力与其他能力的集合。

根据教育部和财政部的相关规定，"家庭经济困难学生是指学生本人及其家庭所能筹集到的资金，难以支付其在校期间的学习和生活基本费用的学生"[5]。本文根据世界银行 2018 年修订的最新贫困标准，将家庭人均年收入低于 13 000 元，同时月生活费低于 750 元的学生认定为贫困生。问卷内容主要包含三部分，测量大学生家庭经济条件的 10 个题项；测量贫困生的社会融合程度的 9 个题项；测量大学生综合能力的 17 个题项。其中，综合能力主要从以下 4 个维度考察：学业能力、就业能力、人际交往能力与其他能力。

选出样本中的农村籍大学生，再根据家庭人均年收入与生活费情况筛选出农村籍贫困生，共得到 217 份样本。对考察家庭经济条件的 10 个题项使用探索性因子分析方法进行分析，KMO 值为 0.723，巴特利特球形度检验显著，说明数据样本适合进行探索性因子分析。继续对其做方差最大化正交旋转，反复剔除在各个因子维度上负荷都不高的题项，将剩余 6 个题项划分为两个因子：收入状况（因子1）与家庭结构（因子2）。这两个因子的特征根都大于 1，能解释 55.026% 的总体情况。检验内部信度可知，Cronhach's Alpha 系数为 0.713，说明用以上两个因子来测量家庭经济条件具有良好的内部信度。分析结果见表2。

表2 家庭经济条件的维度划分及内部信度

因子	题项数	题项示例	特征根	解释方差/%	Cronhach's α
收入状况	4	家庭年收入	2.620	37.429	0.713
家庭结构	2	是否是单亲家庭	1.232	17.597	

对 9 个衡量农村籍大学生社会融合程度题项的所有样本数据进行因子分析，KMO 值为 0.792，且巴特利特球形度检验显著，显示数据样本适合进行探索性因子

分析。随后对 9 个测量农村籍大学生社会融合程度的题项做方差最大化正交旋转，反复剔除在各个因子维度上负荷都不高的题项，将剩余 8 个题项划分为两个因子，分别为文化融入（因子 1）和经济融入（因子 2）。这两个因子的特征根都大于 1，能解释 52.007% 的总体情况。社会融合部分的 Cronhach's Alpha 系数为 0.732，说明此部分内部信度较好，用以上两个因子来测量社会融合具有一定的可靠性。分析结果见表 3。

表 3　社会融合的维度划分及内部信度

因子	题项数	题项示例	特征根	解释方差/%	Cronhach's α
文化融入	5	请问您自己家乡的某些文化或习俗是否与城市的文化或习俗有冲突	2.949	36.857	0.732
经济融入	3	家庭主要劳动成员是否有稳定的职业或收入	1.212	15.150	

最后，对衡量大学生综合能力 17 个题项的所有样本数据作因子分析，KMO 值为 0.823，表明数据样本适合进行探索性因子分析。对其中测量大学生综合能力的 17 个题项做方差最大化正交旋转。反复剔除在各个因子维度上负荷都不高的题项，将剩余 11 个题项将其划分为 4 个因子，分别为学业能力（因子 1）、就业能力（因子 2）、人际交往能力（因子 3）、其他能力（因子 4）。结果发现，这 4 个因子的特征根都大于 1，能解释 62.695% 的总体情况。检验内部信度，Cronhach's Alpha 系数为 0.758，说明用以上 4 个因子来测量综合能力具有一定的可靠性。分析结果见表 4。

表 4　综合能力的维度划分及内部信度

因子	题项数	题项示例	特征根	解释方差/%	Cronhach's α
学业能力	4	是否通过英语四六级	3.659	33.259	
就业能力	3	参加过几次社会实践	1.145	10.407	
人际交往能力	2	你认为你的人际交往能力如何	1.081	9.823	0.758
其他能力	2	你的学习中出现过因为信息收集不完善而导致落后于别人吗	1.013	9.206	

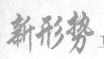

三、模型确立与实证结果

(一) 模型确立

已有研究认为物质贫困直接影响贫困生诸多能力，由家庭条件造成的精神贫困则会影响农村籍贫困生的社会融合[14]，而社会融合能提升就业水平[23]，是脱贫致富的关键之一[22]。因此，家庭经济条件对综合能力的影响可能有一部分是通过社会融合造成的，或家庭条件对综合能力进行影响时，会受到社会融合的影响。综上，本文认为社会融合在家庭经济条件与综合能力之间可能存在中介效应或调节效应。

首先建立如下模型对调节效应进行验证：

将家庭经济条件设为自变量 X，社会融合程度设为调节变量 M，综合能力设为因变量 Y。a、b、c 为参数，e 为残差，假设 Y 与 X 有如下关系：

$$Y = aX + bM + cXM + e$$

经过结构方程的回归验证，c 系数不显著，说明 M 的调节效应不显著。

下面验证中介效应，将家庭经济条件设为自变量 X，社会融合程度设为中介变量 M，综合能力设为因变量 Y，a、b、c、c' 为参数，e 为残差，构建如下模型：

$$Y = cX + e$$
$$M = aX + e$$
$$Y = c'X + bM + e$$

使用 Mplus 软件，对农村籍学生的家庭经济条件与综合能力之间关系中的中介效应进行检验，检验结果显示中介效应显著，变量关系如图 1 所示。

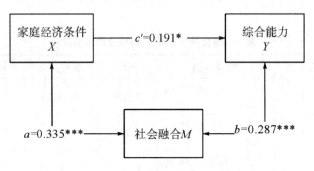

图 1 变量关系图

(二) 普通高校农村籍贫困生社会融合的中介效应

筛选出问卷中普通高校农村籍贫困生样本，选取 Mplus 软件检验社会融合在家庭经济条件与综合能力之间的中介效应进行检验。结果显示，观测数据与假设模型拟合良好（$\chi^2/df = 2.227$，$CFI = 0.988$，$TFI = 0.980$，$RMSEA = 0.036$，$SRMR = 0.034$）。对简单中介模型进行检验，家庭经济条件能够正向预测社会融合（$r = 0.335$，$p < 0.001$），家庭经济条件能够正向预测综合能力（$r = 0.191$，$p < 0.05$），社会融合能够正向预测综合能力（$r = 0.287$，$p < 0.01$）。这说明普通高校农村籍贫

困生家庭经济条件越好，其社会融合水平会越高，进而会提高他的综合能力。

此外，采用 Bootstrap 法进行中介效应检验（见表5），根据95%的置信区间是否包含0来检验显著性。社会融合在家庭经济条件与综合能力的中介效应95%区间为［0.206，0.517］，上下限均不包含0，表明社会融合的中介效应显著，中介效果量为33.33%。因此，社会融合在家庭经济条件与综合能力之间起中介作用。

表5　总效应、直接效应及中介效应分解表

	效应值	95%置信区间	相对效应值/%
中介效应	0.096	［0.206，0.517］	33.33
直接效应	0.192	［0.051，0.392］	66.67
总效应	0.288	［0.002，0.362］	

（三）分样本稳健性检验

为保证结果的稳定，分样本改用 SPSS Process 软件[48]，将各维度因子累加得到家庭经济条件、社会融合、综合能力综合得分，对中介效应进行检验。以家庭经济条件得分29为界，将样本分为较高收入农村籍贫困生与较低收入农村籍贫困生，其中较高收入农村籍贫困生样本115个，较低收入农村籍贫困生样本102个，分别进行中介效应检验，结果如表6、表7所示。其中较低收入贫困生样本的中介效应与直接效应的 Boot CI 上下限分别为［0.007 3，0.126 3］与［0.004 6，0.766 4］，上下限均在同一侧，不包括0。较高收入贫困生样本的中介效应与直接效应的 Boot CI 上下限分别为［0.008 0，0.387 2］与［0.014 3，0.563 6］，上下限均在同一侧，不包括0，因此中介效应依旧显著。

表6　较低收入贫困生样本总效应、直接效应及中介效应分解表

	效应值	Boot 标准误	Boot CI 下限	Boot CI 上限	相对效应值/%
中介效应	0.158 0	0.055 6	0.007 3	0.126 3	33.33
直接效应	0.316 1	0.194 7	0.004 6	0.766 4	66.67
总效应	0.474 1	0.186 7	0.033 8	0.782 8	

表7　较高收入贫困生样本总效应、直接效应及中介效应分解表

	效应值	Boot 标准误	Boot CI 下限	Boot CI 上限	相对效应值/%
中介效应	0.073 5	0.096 6	0.008 0	0.387 2	34.77
直接效应	0.137 9	0.223 1	0.014 3	0.563 6	65.23
总效应	0.211 4	0.146 9	0.035 3	0.856 3	

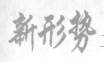

四、结论与建议

（一）结论

通过中介模型检验发现，在普通高校农村籍贫困生中，家庭经济条件的直接效应值达到 0.192，证明家庭经济条件对普通高校农村籍贫困生的综合能力具有显著促进作用，家庭经济条件相对较好的贫困生综合能力更强。社会融合在家庭经济条件与综合能力间存在显著的部分中介效应，中介效应值为 0.096，说明提升普通高校农村籍贫困生的社会融合会增强其综合能力。家庭经济条件相对较好、社会融合较好的贫困生综合能力更强，并且这种影响不仅是通过家庭经济条件的"显性"影响，也通过社会融合的中介效应"隐性"影响农村籍贫困生的综合能力。关于"显性"影响，贫困生更可能因为缺少家庭在经济上的支持而放弃学术深造或忽视一些机会。另外，农村籍贫困生无法通过社会关系网络获取更好的工作机会，只能通过公开的信息渠道寻找就业机会。关于"隐性"影响，更少的实习机会与精神压力造成就业能力与学业能力较差；文化与习惯的不适应，使其心理上与同学疏远、排斥，导致其人际交往能力的不足；家庭的压力与乡村的信息闭塞，可能会使其抗压能力与信息获取能力较差。因此，提高农村籍贫困生社会融合度能够解决被忽略的诸多城乡差异带来的问题，提升农村籍贫困生能力，实现减贫脱贫。

（二）建议

因为家庭经济条件直接效应值高达 0.192，所以即使在不干预贫困生心理状态的情况下，货币形式的经济资助也能够提升其个人综合能力。关于社会融合，一方面，贫困生的自卑、敏感、封闭等负面心理特征会更加明显；另一方面，农村籍贫困生在进入高校学习之前的各方面都与城市差异较大。农村籍贫困生本身家庭经济条件上的劣势，加上不同的生活方式，在很大程度上造成农村籍贫困生的独来独往、缺少与同学的沟通、遇到困难不求助，导致其社会融合困难。根据以上分析，提出以下建议。

高校的经济救助与社会融合救助应同时进行。在原有经济资助的基础上，学校应以非公开形式，根据政府提供的贫困生名单，针对性开设就业与实践培训课，在保护贫困生隐私的同时，帮助贫困生提升就业与其他能力。就社会融合救助，学校应通过"活动参与"推动贫困生进行社会融合，促进贫困生的综合能力发展，最终实现减贫脱贫。"活动参与"不仅能使贫困生获得成就感、满足感，还在团队协作中帮助其建立与同学的良好关系，达到贫困生社会融合度增加、能力增强的效果。据此，贫困生的经济与社会融合在"活动参与"过程中同时获得资助，更愿意进行下一次的"活动参与"，以此形成良性循环。此外，学校还可以为不同贫困生设立额外激励基金，成立贫困生协助小组，针对贫困生的兴趣爱好建立相应的激励计划。

在经济救助方面，政府应利用大数据与人工智能技术准确识别贫困生，协助高校开展救助。大数据与人工智能技术使认定与审查环节的精确性、透明性与隐秘性同时得到提升。政府资助机构应构建一套贫困生认定与审核体系，在大数据的帮助下，快速、有效地识别真正的贫困生，并保证贫困生的隐私得到保护。社会融合方面，政府应根据社会融合4个维度，构建农村籍贫困生社会融合评价体系，明确农村籍贫困生的社会融合水平与4个维度"短板"，将数据共享针对地促进贫困生的社会融合，提升贫困生综合能力。社会应为贫困生提供更多岗位，并逐渐增加社会资金对教育的资助。引导企业增强社会责任感，降低贫困生实习与就业门槛，鼓励贫困生勤工俭学。引导在校的非贫困生同等对待贫困生同学，不应抱着同情的姿态与贫困生相处，减少贫困生心理压力，促进其更好地进行社会融合和综合能力提升。

参考文献：

［1］2020年中国学生资助发展报告［EB/OL］.（2021-9-16）［2021-11-02］.http://www.moe.gov.cn/s78/A01/s4561/jgfwzx_zcwj/202109/t20210916_563598.html.

［2］国家统计局新闻发言人就2020年上半年国民经济运行情况答记者问［EB/OL］（2020-08-14）［2021-11-02］.http://www.stats.gov.cn/tjsj/sjjd/202007/t20200716_1776345.html.

［3］蒋君毅.家庭经济困难大学生就业能力现状及提升路径［J］.教育与职业.2016，（24）：63-65.

［4］蔡荣鑫.国外贫困理论发展述评［J］.经济学家.2000，（2）：85-90.

［5］刘欣.致贫原因、贫困表征与干预后果：西方贫困研究脉络中的"精神贫困"问题［J］.中国农业大学学报（社会科学版），2019，36（6）：96-103.

［6］韦吉锋，高锋，江思义.精准扶贫背景下高校农村贫困生精神引导探析［J］.广西大学学报（哲学社会科学版），2018，40（2）：120-124.

［7］教育部财政部关于认真做好高等学校家庭经济困难学生认定工作的指导意见［EB/OL］.（2007-07-03）［2021-09-05］.http://edu.people.com.cn/GB/kejiao/230/2239/3143/5942871.html.

［8］NONOYAMA-TARUMI Y. Educational achievement of children from single-mother and single-father families：the case of Japan.［J］.Journal of marriage & family，2017，79（4）：915-931.

［9］GATELY D, SCHWEBEL A I. Favorable outcomes in children after parental divorce［J］.Journal of divorce & remarriage，1993，18（3）：57-78.

［10］DOWNEY D B. The school performance of children from single-mother and single-father families：economic or interpersonal deprivation？［J］.Journal of family issues，1994，15（1）：129-147.

［11］李洁，欧蒙.精准扶贫视野下核心家庭结构与贫困大学生学业能力：基于MMWS模型的多截面分析［J］.统计与信息论坛.2019，34（2）：97-104.

［12］胡尚峰.家庭文化资本对大学新生心理健康的影响研究［J］.中国特殊教育.2016，（9）：78-83.

［13］REID M J, MOORE J L. College readiness and academic preparation for postsecondary education: oral histories of first-generation urban college students ［J］. Urban education, 2008, 43 (2): 240-261.

［14］张露露. 精准扶贫中的精神脱贫: "八星励志"的耀州实践模式 ［J］. 西北农林科技大学学报 (社会科学版), 2019, 19 (3): 69-77.

［15］汪青松. 精神富裕视域中的高校贫困生扶助机制研究 ［J］. 教育与职业, 2014 (9): 63-64.

［16］DE CREVECOEUR J H S J. Letters from an American farmer and sketches of eighteenth-century America ［M］. London: Penguin Books, 1981: 38-46.

［17］ALBA R D, V Nee. Remaking the American mainstream: assimilation and contemporary immigration ［M］. Boston: Harvard University Press. 2003: 384.

［18］李明欢. "多元文化"论争世纪回眸 ［J］. 社会学研究, 2001 (3): 99-105.

［19］丁宇, 姜丹. 社会融合的理论类型和政策实践原则 ［J］. 学习与实践, 2019 (3): 73-83.

［20］张文宏, 雷开春. 城市新移民社会融合的结构、现状与影响因素分析 ［J］. 社会学研究. 2008, (5): 117-141, 245.

［21］王青, 刘烁. 进城农民工多维贫困测度及不平等程度分析: 基于社会融合视角 ［J］. 数量经济技术经济研究, 2020, 37 (1): 83-101.

［22］武汉大学易地扶贫搬迁后续扶持研究课题组. 易地扶贫搬迁的基本特征与后续扶持的路径选择 ［J］. 中国农村经济, 2020 (12): 88-102.

［23］成前, 李月. 社会融合对流动女性就业的影响研究 ［J］. 人口与发展, 2019, 25 (6): 28-37.

［24］杨菊华. 从隔离、选择融入融合: 流动人口社会融入问题的理论思考 ［J］. 人口研究. 2009, 33 (1): 17-29.

［25］黄敦平, 王高攀. 社会融合对农民工市民化意愿影响的实证分析: 基于2016年中国流动人口动态监测调查 ［J］. 西北人口, 2021, 42 (3): 12-22.

［26］祝仲坤, 冷晨昕. 住房状况、社会地位与农民工的城市身份认同: 基于社会融合调查数据的实证分析 ［J］. 中国农村观察. 2018, (1): 96-110.

［27］余秀兰. 从被动融入主动整合: 农村籍大学生的城市适应 ［J］. 高等教育研究, 2010, 31 (8): 91-99.

［28］BANERJEE P A. A systematic review of factors linked to poor academic performance of disadvantaged students in science and maths in schools ［J］. Cogent Education, 2016, 3 (1): 1178441.

［29］SMART J C, PASCARELLA E T. Socioeconomic achievements of former college students ［J］. Journal of higher education, 1986, 57 (5): 529-549.

［30］王小虎, 潘昆峰, 吴秋翔. 高水平大学农村和贫困地区专项计划学生的学业表现研究: 以A大学为例 ［J］. 国家教育行政学院学报. 2017 (5): 66-75.

［31］李洁, 欧蒙. 贫困的代际传递: 贫困程度与学业成绩 ［J］. 财经科学, 2018, 34 (9): 107-119.

［32］熊静，余秀兰. 研究型大学贫困生与非贫困生的学习经历差异分析［J］. 高等教育研究. 2015，36（2）：46-55.

［33］MCQUAIDR W, LINDSAY C. The concept of employability［J］. Urban studies, 2005（2）：197-219.

［34］康廷虎，王耀，肖付平. 基于国际视野的大学生就业能力理论建构与培养路径［J］. 甘肃社会科学，2013（1）：234-238.

［35］王新俊. 孙百才. 近30年来国外大学生就业能力研究现状及进展［J］. 教育与经济，2018（5）：57-64, 72.

［36］张皓. 高校家庭经济困难学生就业胜任力研究［J］. 东北大学学报（社会科学版），2014，16（5）：486-491.

［37］程利娜，董开莎. 贫困大学生就业能力研究：以地方本科高校为例［J］. 西安交通大学学报：社会科学版. 2016，36（3）：95-99.

［38］王树智，闫广芬. 心理资本视角下高职院校贫困生就业能力影响研究［J］. 职业技术教育，2019，40（15）：28-33.

［39］董晓绒. 新形势下提升高校贫困生就业能力的新思路［J］. 中国成人教育，2016（14）：73-75.

［40］冯宗侠. 大学生人际交往能力现状调查研究［J］. 北京理工大学学报（社会科学版），2004（4）：57-59.

［41］周垚，沈红. 学生资助有助于贫困大学生的人际交往能力发展吗：基于"2016全国本科生能力测评"的实证研究［J］. 教育与经济，2019，（2）：88-96.

［42］郑日昌. 大学生心理诊断［M］. 济南：山东教育出版社，1999：339-340.

［43］张晓红，张秀娥，王超. 创业信息获取研究［J］. 图书馆学研究，2018（17）：84-86, 79.

［44］张倩苇. 信息素养与信息素养教育［J］. 电化教育研究，2001（2）：9-14.

［45］文炯. 大学生信息素养水平与就业能力的相关性研究［J］. 图书馆学研究，2013（5）：24-28.

［46］兰丽. 实践教学模式在现代心理课程中的应用研究：评《如何成为一个抗压的人》［J］. 林产工业，2020，57（1）：108.

［47］杨菊华，张娇娇. 人力资本与流动人口的社会融入［J］. 人口研究. 2016，40（4）：3-20.

［48］HAYES A F. Introduction to mediation, moderation, and conditional process analysis：a regression-based approach［M］New York：Guilford Publications, 2017：78-112.

管理科学与工程硕士研究生科研
创新能力培养模式改革研究[①]

周继祥　邱晗光

（重庆工商大学管理科学与工程学院，重庆，400067）

摘　要： 随着研究生招生规模的不断扩大，传统的管理科学与工程硕士研究生科研创新能力培养模式受到了巨大挑战。管理科学与工程硕士研究生培养质量不断下滑，主要表现为研究生培养在一定程度上超出了培养单位现有的教学资源承载能力、对研究生培养质量的要求聚焦在发表论文数量等方面、研究生教育的"严进宽出"、课程内容前沿知识涉及少、缺乏学术氛围等。在对科研创新能力的内涵进行界定的基础上，本文提出了加强学术交流、加强数据素养教育、强化科研创新能力的培养模式设计以及科研创新能力培养模式实施的监督与保障机制，以期为提高重庆工商大学管理科学与工程硕士研究生科研创新能力提供决策依据。

关键词： 管理科学与工程；研究生；科研创新能力；培养模式

1. 引言

习近平在2018年全国教育大会上强调："要深化教育体制改革，着重培养创新型、复合型、应用型人才。"《国家中长期教育改革和发展纲要（2010—2020年）》中明确指出，适应国家和社会发展需要，深化教育教学改革，创新教育教学方法，探索多种培养方式，形成各类人才辈出、拔尖创新人才不断涌现的局面，教育部将"深化人才培养模式改革"列为2013年以来的工作要点之一。《重庆市中长期城乡教育改革和发展规划纲要（2010—2020）》也指出，创新人才培养方式是改革人才培养制度的重要手段。不断探索研究生的科研创新能力培养方式是国家和重庆市教育改革的重点。

管理科学与工程是我国管理学门类中唯一按一级学科招生的学科，管理科学与工程专业的设置为培养经济发展相关领域的管理和研究人才做出了较大的贡献。然而，近年来，随着研究生招生规模的不断扩大以及研究生学制改革，传统的管理科

① **基金项目：** 重庆市研究生教育教学改革研究项目（项目号：yjg203094）；重庆工商大学教育教学改革与研究项目（2020304）；重庆工商大学2018年课程改革建设项目（物料管理及ERP应用）。

学与工程硕士研究生科研创新能力培养模式受到了巨大挑战。

研究生培养质量下滑的现象引起了社会各界的广泛关注，主要表现为：①研究生培养在一定程度上超出了培养单位现有的教学资源承载能力，结构性矛盾日益突出，降低了研究生培养质量。②对研究生培养质量的要求逐渐以课程学分、发表论文的数量、毕业论文答辩结果等作为评价指标，忽略了科学合理的引导、启发，忽略了培养研究生的创新意识和创新能力。③研究生教育大多采用"严进宽出"的原则，导致部分学生进入研究生学习阶段后变得散漫、懈怠，导师和研究生降低了对毕业论文的质量要求；同时，受市场逐利取向的影响，导师和研究生也都存在不同程度的投入不足的现象，使得研究生培养无法达到预期的培养目标。④在研究生创新教育过程中，课程内容存在着创新性不强、前沿知识涉及较少，不能满足研究生创新能力培养要求等局限。⑤研究生培养过程中缺乏浓厚的学术氛围、有效的创新激励机制和手段，缺少科研平台和科研经费，不利于研究生科研创新能力的培养，也很难满足经济发展、科技创新对创新型人才的需求。

因此，如何把握经济社会发展需要，有效结合高校的实际情况，探索研究生科研创新能力培养方法，改革研究生培养模式，加强研究生科研创新能力的培养，提高研究生培养质量，更好地满足经济建设、社会发展、科技进步、创新型国家建设对该类研究生不断增长的需求，成了管理科学与工程硕士研究生培养模式改革的重要问题之一。

2. 科研创新能力相关研究综述

（1）科研创新能力的内涵

吴昕芸等（2018）认为，科研创新能力通常包括科研人员的知识结构、专业知识水平、研发经历、科研设备、研发经验、创新精神、经济实力等基本因素。尹振东等（2014）指出，研究生科研创新能力是指研究生有目的、有计划地依托自身素质，有效利用各种创新资源，在科学研究实践中表现出的创新文化认同能力、创新人格塑造能力、创新资源利用能力、创新成果产出能力和创新成果转化能力等。王斌等（2010）指出实践能力、操作能力和科研能力，是研究生培养的三大基本能力。付世新（2010）认为，研究生创新教育是指在研究生培养过程中始终贯以提高研究生创新意识、创新精神、创新能力和创新思维为主要目标的教育。研究生教育为知识创新、技术创新等提供动力。科研创新能力的概念是在创新意识、创新精神、创新能力、科研能力等概念的基础上提出的。科研创新能力是基本科研能力、综合科研能力、科研创新能力三个层次中的最高层次。科研创新能力培养的主观因素包括科研创新意识、科研创新精神、科研创新思维等；客观因素包括科研创新知识、科研创新理论、科研创新方法、科研创新技能、科研创新环境等。而研究生教育对知识创新和技术创新都起到了关键性作用。这些都是研究生教育过程中的重要内容。

（2）科研创新能力培养模式的相关研究

彭明祥（2006）认为，培养研究生创新能力的关键是要进行多种形式的科研活动。李祖超（2017）通过研究提出了科研实践活动影响理工科研究生创新能力

的理论路径模型，并通过调研数据验证了该模型假设的各条路径的成立情况。郭卉等（2014）通过对华中科技大学 900 名理工科大学生进行关于参与科研情况和创新素质的问卷调查后提出了参与科研实践能极大促进大学生创新素质的发展。尹世平等（2019）认为，科研实践活动有助于硕士研究生完成高质量论文和形成良好的团队创新能力，也是培养研究生创新意识和创新能力的有效途径。李峻等（2013）深入比较了美国、德国、日本和中国的研究生创新能力培养方式，认为我国研究生培养要更加注重导师的作用，要重视研究生的独立自主能力，强化课堂教学对创新能力和启发性思维的培养，拓宽学生的知识面并促进学科知识的交叉发展。李杰（2014）归纳了德国、英国、美国和日本等发达国家的研究生培养模式及其现状和特点，指出我国应更加积极引导学生，通过营造良好的学术创新环境，培育优秀的科研创新群体。张凯伟（2016）指出目前研究生普遍存在创新意识不强、创新能力不足等问题。Whitelock 和 Faulkner（2008）研究表明，高挑战性的科研环境能够激发研究生创新动机。Lanser（2000）认为导师和研究生应该加强创新思考和研究等方面的合作。李中国和皮国萃（2015）提出研究生创新能力培养思路包括注重通过研讨、交流与合作培养学生的学术独立性和创造性。Yarnell（2003）研究指出，高校及其教师给予研究生相应的科学项目研究机会能提高研究生的科研创新能力。

（3）科研创新能力培养模式改革的相关研究

叶俊等（2018）利用问卷调查和针对性的深度访谈发现，影响研究生科研创新能力的关键因素包括研究动机、环境、制度、科研经费以及导师等。姜兆华等（2016）以哈尔滨工业大学化学学科界面化学类课程改革为例，以化工类人才培养为目标，深入探讨了化学类研究生启发科研思路的课堂教学形式。魏怡（2015）开展了以工程案例为引导的基于素质和创新能力培养的研究生教学模式。宋之帅（2014）根据工科高校的实际情况，通过深入的理论分析，研究了工科高校创新教育的组织模式和运行机制，提出了"五位一体"的创新教育模式。孙瑛等（2018）指出了传统的课堂模式、学徒模式和"课程+论文培养模式"的不足，提出了依托校企联合协同中心加强对工程研究生创新能力训练的新型培养模式。刘晔（2014）指出我国目前的研究生创新能力培养机制中普遍存在创新意识缺乏的问题，认为研究生培养机制改革应着重开展研究方法论培养，从系统工程角度开展研究生培养机制改革等工作。张小珍（2016）对提高工科研究生的创新能力进行了有益的探讨。王宏巍和尚凯（2018）提出健全制度与管理体制、完善教育培养过程、营造良好的科研氛围来提高研究生的科研创新能力。

（4）研究述评

科研创新能力培养是管理科学与工程硕士研究生教学改革的重要发展趋势。既有研究分别从科研创新能力的内涵、培养途径、培养模式改革等方面提出了一些方法、模式等。研究表明：新形势下，管理科学与工程硕士研究生的定位、规模、质量等发生了较大变化，对科研培养、科学研究等提出了新的挑战，传统的单一的、非系统性的培养模式已经不能很好地完成研究生科研创新能力培养的目标，培养模式改革势在必行。

3. 管理科学与工程硕士研究生科研创新能力提升策略

（1）加强学术交流，提高学术沙龙质量

学术交流可以启迪思维，促进不同学者间的学术思想碰撞，有利于学者开阔视野和思维创新。目前，重庆工商大学管理科学与工程硕士研究生参加国际国内学术会议的机会较少，然而我们可以有效利用学校、学院开展的学术沙龙。研究生学术沙龙作为培养人才的平等互动交流平台，对学生个性塑造、思维发展、能力提升等方面具有重要作用。学术沙龙作为正规教学外的补充，在其开展过程中，师生间、学生与学生之间可以开放、平等、包容地交流与沟通，能对研究生创新能力的培养发挥重要作用。因此，在组织学术沙龙时，组织者应提前将报告人所要做的报告内容告知所有参与者，以便参与者提前熟悉报告内容，在报告过程中以及报告结束时，可以有效地与报告人进行交流。

（2）加强数据素养教育，提高科研成果含金量

管理科学与工程硕士研究生的科研创新能力既可以通过选取的研究选题、思路、方法、视角等方面体现，也可以通过发表学术论文的质量、申报的研究课题数量、获得的专利数量、获奖数量等进行衡量。目前，管理科学与工程专业硕士研究生学术论文的写作大都采用了定量分析的方法，然而由于其未进行过系统的数据素养培训，在写作过程中或多或少存在方法运用、数据采集等方面的问题。对管理科学与工程硕士研究生强化数据素养教育，可以提高其科研成果的质量，进一步增强其科研创新信心，提高科研创新能力。

（3）强化科研创新能力的培养模式设计

设计基于多因素的管理科学与工程硕士研究生科研创新能力培养模式。具体表现为：通过调整培养方案改变研究生知识结构，加强学生对科研创新必要知识、方法、软件等工具的掌握；通过课程教学范式改革、文献阅读等方式培养研究生的科研创新意识；通过科研训练、参加学科竞赛等方式加强学生科研创新思维与方法的锻炼；通过学术交流、参与科研项目、撰写学术论文、培养科研氛围等方式培养学生科研创新与科研实践的能力。通过上述培养模式的改革，解决研究生在知识结构与学习能力、科研创新意识与发现问题能力、科研创新思维和方法、科研创新实践等方面存在的问题。

（4）科研创新能力培养模式实施的监督与保障机制

为确保上述培养模式改革的有效实施，研究并提出一套监督与保障机制（如政策、资金、科研平台、师资队伍等），对科研创新能力的培养目标、培养内容、执行过程进行评价，对实施全过程进行监督与评价，形成系统、完整的培养体系。

4. 结语

管理科学与工程硕士研究生招生规模迅速增加，对传统的管理科学与工程硕士研究生科研创新能力培养模式提出了巨大的挑战，学校、学院势必要积极进行培养

模式改革,进一步提高现有科研活动的质量,加大对科研方法、学术交流等方面的投入,有强化培养模式改革的监督与保障机制,以更好地培养研究生的科研创新能力。

参考文献:

[1] 吴昕芸,郭照冰,任团伟,朱晓东. 高校专业硕士工程实践与科研创新能力培养研究 [J]. 科学管理研究,2018,36(5):101-104.

[2] 李祖超,张丽. 科研实践培养理工科研究生创新能力的路径探索-基于结构方程模型的分析 [J]. 高等教育研究,2014,35(11):60-67.

[3] 尹世平,王菲,吕恒林,周淑春. 基于科研实践探讨研究生创新能力的培养机制 [J]. 教育教学论坛,2019(4):106-107.

[4] 叶俊,陈春,贾明洋,朱丽芳,郭佩佩. 浙江省高校研究生创新能力的现状及影响因素分析 [J]. 价值工程,2018,37(29):279-280.

[5] 李中国,皮国萃. 加拿大研究生培养模式及其对学生创新能力的培养机制 [J]. 科技管理研究,2015,(3):76-80.

[6] 孙瑛,程文韬,朱文琼,等. 基于校企联合协同中心的机械工程研究生培养模式创新研究 [J]. 教育教学论坛,2018(16):31-33.

[7] 王宏巍,尚凯. 反思与提升:高校文科硕士研究生科研能力培养探究 [J]. 继续教育研究,2018(11):104-109.

[8] 刘云. 学术沙龙对研究生科研创新能力影响研究 [D]. 南昌:南昌大学,2021.

基于全球视角的疫情时代高等教育
线上线下混合教育现状综述

肖　艳

（重庆工商大学管理科学与工程学院，重庆，400067）

摘　要：新冠肺炎疫情影响并改变了所有教育部门，特别是大学，并带来了"混合式学习"教育的新阶段。本文通过谷歌学术搜索到近三年发表的关于"混合教育、新冠和高等教育"的英文论文47篇，并从发表时间、所在国家、关键词、研究方法、研究结论、使用的网络平台及相关专业等方面进行了归纳分析。本文有助于高校站在全球视角了解疫情时代不同国家和地区的高校在网络教学和混合教学方面所做的实践和经验，有助于国内高校及教师对教学方法和内容进行反思。

关键词：新冠肺炎疫情；高等教育；网络教学；翻转课堂

一、引言

2019年突如其来的新型冠状病毒大暴发给全球高等教育带来了巨大的挑战，很多大学校园关闭或者封闭管理，从面对面的线下教学转向线上教学。线上教学虽然缺乏面对面教学的一些优势，如互动效果好、学生自觉性高等，但线上教学也有着线下教学无法比拟的优势，如不受时空限制、课程资源更丰富、考核方式更灵活且能留下记录等。在新冠肺炎疫情日趋常态化之后，越来越多的高校尝到了线上教学的甜头，一些教师也从不接受到接受，因此，很多高校的一些课程实行线上线下混合教学的方式。

与此同时，2019年至今，关于疫情期间线上线下混合教学的研究也不胜枚举，在2021年达到了峰值。作者通过Google scholar（谷歌学术）设置了搜索条件：①必须是英文文章；②必须是peer-reviewed杂志（经过同行审议的）或者毕业论文；③关键词必须部分或者全部包含blended learning，covid，higher education（混合式学习、新冠和高等教育）；④发表时间在2019—2022年；⑤必须涉及不同国家教育体系的经验。设置以上搜索条件后，得出如下结果：关于混合教学和高等教育的研究一直比较热门，因新冠肺炎疫情2019年年底暴发，所以2019年兼含三个关键词的论文数量为0，此后两年分别为5篇和8篇。但是包含混合式学习、新冠和高等教育部分关键词的论文数量在2020年就有了很大的突破，2021年更是达到

20 000多篇（见表1）。

表1　近三年关于混合教育、新冠和高等教育的研究论文统计　　单位：篇

	2019 年	2020 年	2021 年	2022 年
blended learning 或 covid 或 higher education	1 640	15 900	26 100	1 580
blended learning, covid 以及 higher education	0	5	8	1

注：经谷歌学术查询后统计而来。

本文主要关注的是疫情期间全球范围内高校网络教学、线上线下混合教学以及一些有代表性的教学策略实施的现状以及经验教训，为了使研究范围更广泛和更具多样性，更有意义，因此将文献查阅范围扩大到疫情期间网络教学策略相关的文章。经过初步筛查，本文在兼顾"混合教育、新冠和高等教育"这三个关键词的同时，考虑学科的多样性，还增加了2019年以前发表的3篇文章，涉及商业统计和管理科学、卫生专业。因此，本文共详细研究了47篇文献。

二、疫情期间全球范围内高校网络教学综述

经过详细的文献阅读和归纳，现将收集到的47篇代表性的文章总结如下。每篇文章包括作者、发表时间、所在国家、关键词、研究方法、研究结论、使用的网络平台及相关专业共8个分析指标。

（一）文献来源国家/地域

从研究对象所在的区域来看，其比较分散，大的区域有全球范围、欧洲、美洲、亚洲等，共涉及31个国家和地区，以美国为研究对象的文献最多，其次是全球范围内和印度（见图1）。

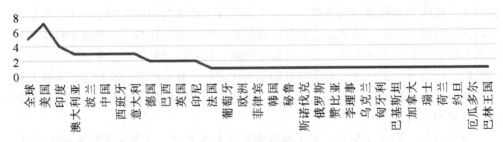

图1　文献来源

（二）研究方法

从研究方法来看，绝大部分学者采用的是问卷调查的方法来收集一手数据和资料，并通过一些统计软件对问卷结果进行归纳分析。其次是案例分析法和文献综述或文献归纳，访谈或者专家访谈也较为常用。通过对比近三年的文献发现，Meta-analysis（用统计的概念与方法，去收集、整理与分析之前学者专家针对某个主题所做的众多实证研究，希望能够找出该问题或所关切的变量之间的明确关系模式）这种方法可弥补传统的文献综述的不足，因而得到了广泛的应用，颇受学者和出版

物的青睐（见图2）。

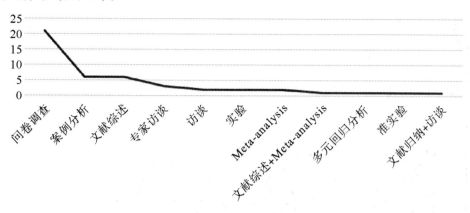

图2 研究方法

（三）在线教学采用的网络平台

从网络教学使用的平台或者软件来看，大部分欧美国家采用的是 Blackboard 或者 Google Class 系统，并且使用 Zoom 或者 Microsoft Teams 进行网络教学；亚洲一些国家则比较多地使用 MOOCs 平台。此外，很多高校也会允许学生通过社交媒体如 Facebook、WhatsApp、Snapchat、Twitter、Instagram 等开展讨论。

（四）研究专业

文献涉及的专业比较广泛，有包括建筑、工程、土木工程、化学、动物生理学、生物、医学、计算机等自然科学类专业；也有管理、管理科学、心理学、新闻传播学、经济学、商业统计、教育学等在内的社会科学及商科专业；还有一些文献未明确具体专业或调研对象，涉及多个专业多个学科，研究高等教育普遍存在的网络教育问题。

表2为47篇高等教育网络教学研究综述。

表 2 高等教育网络教学研究综述

序号	作者	时间	国家	关键词	研究方法	研究结论	网络平台	涉及专业
1	Finlay M J, et al.	2022	英国	higher education teaching; COVID-19; student perception; blended learning; virtual learning	问卷调查	本研究旨在探索在新冠肺炎疫情期间，体育和运动科学本科生对虚拟和混合学习方法的经验和感知。研究结果明显表明，体育和运动专业学生倾向于混合式学习；尽管有社交距离限制，但他们还是喜欢面对面教学。研究结果可帮助学校更好地设计学习材料，对线上线下教学均有参考价值	Blackboard	体育和运动科学
2	Agarkov G A, et al.	2021	俄罗斯	applicants' expectations; quality in higher education; online learning; blended learning; traditional learning; determinant factors of applicants' attitudes towards learning formats; digitalization of education; COVID-19	问卷调查	衡量高等教育质量的一个关键因素是对高等教育形式的看法。该研究是在俄罗斯的大学向混合式学习模式过渡的背景下，探索影响学生向网络学习性的因素。研究结果表明，学生对网络学习和混合学习的积极态度逐渐增加。对 2021 年数据进行因子分析，结果在线支持在线和混合学习的人群主要包括那些希望获得硕士学位以及申请俄罗斯公立大学的男性，以及那些追求未来职业自我实现的女性。她们根据自己对未来职业选择的个人倾向来选择专业。研究结果有助于发展关于混合式学习向混合式模式转型的科学理念，对俄罗斯大学向混合式学习模式转型的教育过程设计具有一定的参考价值	—	未限定

表2（续）

序号	作者	时间	国家	关键词	研究方法	研究结论	网络平台	涉及专业
3	Ngoma J, et al.	2021	赞比亚	blended learning; information communication Technology; E – learning; Traditional learning	问卷调查	本研究考察了赞比亚大学（UNZA）混合教学和学习的有效性。调查发现，相当多的受访者对混合教学有所了解，认为混合式学习是一种有效的教与学模式，相比完全在线学习，他们更喜欢混合教学或完全面对面的课程，特别是在学生选择混合式学习可行的情况下，让学生选择混合式学习；同时，培训教师和学生认为使用混合教学工具	—	未限定
4	Roy S, et al.	2021	印度	learning management systems; covid – 19; national education policy; educational experience	案例分析	疫情防控管理为重塑印度高等教育提供了动力，教育机构必须在学习管理系统（LMS）的支持下，巩固疫情防控管理期间的成果，并向 BL 模式过渡。政府应通过提供一个集中的 LMS 来支持这一倡议。各企业应将未使用的企业社会责任资金用于支援教育政策中的信息通信技术（ICT）。所有利益相关方必须共同努力，按照国家教育政策《2020 年国家教育政策》的设想，将国家转变为数字化赋权社会和知识经济社会	learning management systems（LMSs）	未限定

表2（续）

序号	作者	时间	国家	关键词	研究方法	研究结论	网络平台	涉及专业
5	de Melo P, et al.	2021	巴西、葡萄牙、法国、德国和波兰	blended learning; higher education; COVID-19	访谈	本研究旨在了解在新冠肺炎疫情期间，教授和学生在教学中采用混合学习的挑战和益处。该研究提供了一个框架建议，为混合学习用户、教授和学生提供最佳体验。来自巴西、葡萄牙、法国、德国和波兰这5个国家的13名教授和14名学生参与了这项研究。混合学习的挑战成分为教学挑战和环境挑战。技术挑战变得更容易，增加了群体活动，师生更加专注于这种教学模式。在BL教与学的过程中，教授与学生对该模式的预选与准备是促成功的一个因素	Blackboard; EProif; Google; Meet; Moodle; VLE; Whatsapp; Zoom	包括建筑、工程和管理、教育学在内的多学科
6	Kalaichelvi R, et al.	2021	巴林	effective blended learning; students; teachers; higher education, post COVID-19	问卷调查	本研究以问卷调查的方式，研究直接指导、国际沟通交流、同伴辅导、游戏式学习、精通混式学习、技术整合情和虚拟学习平台这8个变量对新冠肺炎疫情有效性的影响。研究结果显示8个自变量与有效混合学习之间存在正相关关系。因此，高等教育机构需要关注这8个变量，以提高混合学习的有效性	Zoom; Cisco WebEx meetings; Schoology; BigblueButton; Blackboard	未限定

表2(续)

序号	作者	时间	国家	关键词	研究方法	研究结论	网络平台	涉及专业
7	Adarkwah M A, et al.	2021	全球	millennials; blended learning; online learning; higher education; COVID-19	文献综述	该综述认为，混合学习是缓解"充满挑战"的在线学习的一种方式。混合学习被定位为一个"游戏式学习改变者"，帮助挣扎中的高等教育实现可持续发展目标。然而，综述也指出了在高等教育中开展混合式学习时需要考虑的一些因素，它需要行政人员、教职员工、学生和家长的集体努力。学生的满意度与参与度得到高度重视。本研究对教育研究人员、学习者、教育工作者和政策制定者具有一定的参考意义	Facebook; Whatsapp; Snapchat; Twitter; Instagram	未限定
8	Huth M A, Meyer B, et al.	2021	欧洲	blended learning; higher education; CO-VID-19	文献综述	欧洲高等教育机构是否打算在新冠肺炎疫情结束后永久性地将教学转变为更数字化的形式，目前还缺乏全面的研究。本文回顾了42个关于新冠肺炎疫情期间数字学习的论文，并就未来继续实施混合学习模式提出了假设。向数字教学转变在很大程度上受制于数字教学内在的结构和体制缺陷，新冠肺炎疫情暴露了这些缺陷，并为教学改革提供了一个独特的机会。数字教学是否会继续存在于高等教育中甚至改变现有的教学方式，还有待观察	—	未限定

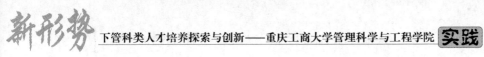
表2（续）

序号	作者	时间	国家	关键词	研究方法	研究结论	网络平台	涉及专业
9	Lorico D S, Lapitan, et al.	2021	菲律宾	online learning; blended learning; flipped learning; active learning	问卷调查	本文介绍了DLPCA策略，它是一个由5部分组成的混合学习策略，即发现、学习、实践、协作和评估（DLPCA）。在DLPCA中，教学的异步部分是通过在YouTube上播放预先录制的讲座视频来实现的，让学生按照自己的节奏学习和进步。教学的同步部分使用Zoom或谷歌Meet等视频会议平台来进行。基于三个指标：学生的学习经验、经验分析和成绩；教师观察和教师的教与学；学生的学习DLPCA对学生有积极性的影响和教师对教学的挑战包括互联网连接的稳定性和教师还必须找到提高学生主动效率的方法，并在在线课程中保持学生的兴趣和参与度	Blackboard learning management system (LMS); Youtube	化学工程
10	Giuseppe Varvara, et al.	2021	意大利	dentistry; education; COVID-19; public health; pandemic	问卷调查	这项研究旨在确定大学生对"网络学习"方法的认知。研究选取一所大学牙科学院的从一年级到六年级的353名学生。学生对新方法以及教师付出的努力表示了极大的肯定。然而，缺乏实践方面的训练是新课程结构面临的一个重要问题	Microsoftteams	牙科
11	Michael Noetel, et al.	2021	全球	multimedia; online learning; instructional design; cognitive load; active learning	文献综述	研究表明，与面对面教学相比，视频会议可能更有利于师生互动，比其他许多教学方法更能帮助学生学习。视频可以让学生根据自己的其他任务进行学习，而目以让学生在线上教学中获得的依赖度更低。如何确保学生在线上教学中获得的社会和科技支持是世界各地大学面临的一个关键挑战	—	多学科

表2（续）

序号	作者	时间	国家	关键词	研究方法	研究结论	网络平台	涉及专业
12	Arsad Bahri, et al.	2021	印尼	blended learning; problem-based learning; reading questioning answering; flip classroom; self-regulated learning	问卷调查	本文研究了在动物生理学课程中，采用基于 Moodle 的教案、评价量表和电子学习媒体等形式，结合 PBLRQA 策略的混合式学习工具。PBLRQA 是一种融合了问题学习（problem-based learning, PBL）和阅读问答（reading question answer, RQA）的创新学习策略。研究结果表明，混合学习是一种有效、实用的学习方式，能够促进学生的自主学习	Moodle	动物生理学
13	Nizwardi Jalinus, et al.	2021	印尼	blended learning; vocational; HOTS; 4C	问卷调查	本研究旨在探讨职业教育的混合式学习模式、感知和精神运动测试。结果表明：混合学习模式是离散式线学习和在线学习相结合的模式，多媒体素材（文本、图像和视频）等使混合式学习模式能够更好地应用于教学中	Informatics engineering education study	职业教育
14	Kyungmee Lee, et al.	2021	韩国，中国	COVID-19; distance learning; student satisfaction; student resilience; East Asia	问卷调查	为了调查疫情期间大学生对在线学习和教学的看法，2020 年夏季学期（6 月至 8 月），作者在两所大学进行了一项学生课程满意度调查，调查结果显示，学生的适应能力比人们预期的要强	Moodle；Microsoftteams	多学科

表2（续）

序号	作者	时间	国家	关键词	研究方法	研究结论	网络平台	涉及专业
15	Marcos García Alberti, et al.	2021	西班牙、秘鲁	COVID-19; online learning; education; evaluation	问卷调查	本研究分析了西班牙两所大学和秘鲁所教授的6门课程，阐述了土木工程学院的教学思路和评价方法，提出了一些思考之前课程的对比。在面授课程学习阶段表现良好的学生在远程学习阶段表现也较好，而表现较差的学生在远程学习阶段受影响更大。基础学科的退课率明显高于技术模块课程的退课率。考虑如何制定支持和辅导学生的政策，从而提高学生的学习效率。适应远程教育；需要投入精力准备大量的在线教学新材料，部分大学教育机构缺乏数字化能力，部分教师应对远程教学评估的准备和科技使用方面的培训	Blackboardcollaborate; Microsoft teams; Zoom	土木工程
16	Petra Poláková, Blanka Klímová, et al.	2021	斯洛伐克	distance learning; online learning; coronavirus disease	问卷调查	本研究的主要目的是探讨学生对使用的技术设备，了解学生对远程学习的感受，并确保在新冠肺炎疫情期间有更好的学习条件。研究结果显示，大部分学生都来自某职业中等职业旅游与餐饮专业学校。学生可以独立完成作业，不需要别人的帮助。学生虽然要别人喜欢不同的教学方法，虽然在线课程在线是他们的首选。如果教师和学生都熟悉这种新的学习环境并愿意合作，远程在线课程是一种不错在线教学方法	Zoom	旅游和烹饪

表2（续）

序号	作者	时间	国家	关键词	研究方法	研究结论	网络平台	涉及专业
17	Michal, Michalina, et al.	2021	波兰	COVID - 19; e-learning; knowledge; online learning; pandemic; skills	问卷调查	本研究表明网络学习是一种很有价值的医学教学方法。受访者认为电子学习在增加知识方面是有效的，并被高度接受。然而，重要的是，不要只关注理论知识，也要关注临床和社会技能。在线学习不仅应该能够使用该材料并获得反馈，学生更应地在课程中实施在线学习需要一个深思熟虑的策略和一个更积极的方法。与传统课堂相比，学生在网络课堂上那么不活跃	—	医科
18	Saleh Al - Salman, Ahmad Haider, et al.	2021	约旦	COVID-19; higher education; online learning; Jordan; attitudes; university students	问卷调查	网络学习除了受学生的经济和心理状况和评估影响外，还受到技术条件、教学和评估的质量等不同因素的影响。学生们认为人文艺术课程比自然科学课程更适合在线教学。与选修医学、牙科和工程等高技术学科的学生相比，选修艺术和人文学科的学生需频繁互动，似乎并不影响学习效果。前者需要动手示范、实践和密集和整体心理的关键因素。此外，对学生学业成绩学习评估和在线内容和评价的方法也会影响学生对在线课程的选择。作者呼吁教师和学生对在线学习平台的基础设施，为学生和教师提供足够的培训，同时帮助学生确保数字电子学习工具的安全，加强学生的社会咨询和心理咨询服务	LMS; Moodle; Blackboard	多学科

表2(续)

序号	作者	时间	国家	关键词	研究方法	研究结论	网络平台	涉及专业
19	Tejedor, et al.	2021	西班牙、意大利厄瓜多尔	COVID-19; education; university; resources; evaluation; open innovation	问卷调查+比较研究	师生的线上交流通常比面对面的交流的时间要短，缺乏创新。线上教学方式也和线下教学没有区别，同时要求拥有更大媒体资源。学生们认为虚拟教育的适应能力。就平台而言，Zoom 和 Teams 是学生们最看重的，而老师们则选择使用其他形式的考核来代替校园平台。学生赞成用 Zoom 和大学虚拟校园平台，而大部分教师仍然认为考试是必不可少的	Zoom; Teams; the virtual campus	新闻传播学
20	Jiaqi Yin, Tiong-Thye Goh, et al.	2021	中国	chatbot; learning performance; learning motivation; micro-learning	准实验	本研究探讨基于聊天机器人的微型学习系统对学生学习动机和表现的影响。研究表明，学生有足够的能力在基于聊天机器人的学习环境中独立学习。此外，以感知选择和价值作为内在动机的因子，聊天机器人学习组。对于初始感知选择高的学生，基于聊天机器人的后续选择进一步增强了他们的学习动机；而对于初始感知选择低的学生，传统课堂更适合帮助他们的后续选择动机。这些研究结论可以帮助教师将基于聊天机器人的学习方法融入课堂中	chatbot system	计算机基础
21	Tino Endres, et al.	2021	德国	self-regulated learning; learning strategies training; testing effect in the classroom; adaptive computer-based learning	实验	为了让学生开始大学生涯时就改变他们的学习行为，作者开发了一个基于计算机的自适应学习环境，以训练学生良好的学习习惯。获取关于这种学习策略追求这三个主要目标：获取关于这些学习策略的陈述性和条理性知识，巩固这些知识，并在实践中应用这些学习策略	—	心理学

表2(续)

序号	作者	时间	国家	关键词	研究方法	研究结论	网络平台	涉及专业
22	Heidi E. Brown, et al.	2021	美国	education; epidemiology; evidence-based instructional practices; instructional teams; teaching; undergraduate education	案例分析	以事实证明为基础的协作教学实践提高了学生的学习成果。本文以一个教学团队的教学方法为案例,调查学生的满意度。结果表明,学生对本课程配备的教学课程评价持积极态度(80.4%的学生对本课程评价持积极态度较高,而前一届为76.1%)。随着学生和教师越来越熟悉基于事实的教学实践,学生学习效果会有较大改善	—	公共卫生课程
23	Johannes C Cronje, et al.	2020	美国	Fourthindustrial revolution (4IR); blended learning; Covid-19; learning policy; higher education	文献归纳+访谈	混合式学习高等教育产生了全方位的影响,传统的物理教学环境可能过时。大部分的现有的教学政策不得不做出调整,一部分政策可能不得不完全重写,转向一个新的可持续后疫情时代的高等教育系统。远程教学需要放宽规则和政策,对教学政策进行深入的修订,以适应混合学习在新冠肺炎疫情背景下的高等教育	Zoom; Skype; Googlemeets; Microsoft teams	未限定
24	Francesco Floris, et al.	2020	意大利	blended learning; digital learning environment; distance teaching; higher education; online teaching	问卷调查	本文分析了新冠肺炎疫情时期教学方法的改进以及向混合学习模式过渡的效果。结果显示,一些数字化学习方法论发生了重要变化。关于数字化学习环境,作者使用研究数据分析,有以及定性研究描述了课程的颠覆性模式,有助于了解影响在线教学的有利及不利因素,以便能够重新认识后疫情时代的高等教育	DMBHS; SU-ISS	多学科

表2（续）

序号	作者	时间	国家	关键词	研究方法	研究结论	网络平台	涉及专业
25	Rebecca Petronzi, et al.	2020	英国	COVID-19; blended learning; online teaching; student experience; active learning	文献综述	本论文旨在探讨与教学和学习理论有关的混合方法的相关文献，并提出在线和校园混合式的设想，将校园、即时性和异步学习经验结合起来。研究表明，混合式教学法具有一系列优势，例如，更深入的学习，更大的灵活性，更高的参与度和自主学习。高校在决定使用混合教学时，必须考虑各个学科的性质	MOOCs	多学科
26	Ana Carolina Carius, et al.	2020	巴西	cyber university; network education; blended learning; higher education	文献综述	本文从网络教育、混合学习和网络大学3个方面分析了疫情后的高等教育的相关文献。分析的5篇文献中，有4篇指出Zoom平台是教师和研究人员之间接触的重要平台介，学生和社会互动产生了一种新的知识传播和构建形式。基于本科生和研究生的自主选择权，为了同时满足更多的学生和更少基础设施支出的可能性，作者提出以下问题：高等教育未来将发生何种改变？正在设计的新模式能否为所有人提供接入服务？高等教育是否在向混合式学习转变，尽管大学在努力建立网络空间，但由Wellman（2005）定义的网络空间的概念远远超出了可能实施的范围，有机的社会架构是网络大学作为网络空间生存的必要条件	Googlemeet; Microsoft teams; Zoom	多学科

表2（续）

序号	作者	时间	国家	关键词	研究方法	研究结论	网络平台	涉及专业
27	Andrzej Oz adowicz, et al.	2020	波兰	e-learning; distance learning; blended learning; flipped classroom; engineering higher education; COVID-19 pandemic; building automation	案例分析	本文提出了一种改进的混合式学习方法，并介绍了在某工科院校建筑自动化工程师教育中引入混合式学习方法的案例。作者在新冠疫情防控期间，提出了这种改进方法的新组织结构，并讨论了主动远程学习过程学习的工具和方法	Moodle; UPEL	建筑自动化
28	Pinaki Chakraborty, et al.	2020	印度	assessment, content delivery; COVID-19; educational technology; health effects; interaction; online education; social effects	问卷调查	本文通过对大学的本科生进行调查，试图了解他们在新冠肺炎疫情期间对在线教育的看法。研究者特别感兴趣的是学生们对在线教育的授课内容和互动以及在线教育的健康和社会影响的看法。学生们认为线下教学（65.9%）与MOOCs（39.9%）相比，在线教育学习效果更好。教授们的在线教育水平有所提高（68.1%），学生认为在线教育很有用（77.9%）。然而，学生们觉得在线教育压力很大，影响了他们的健康和社交生活	MOOCs; google class-room; Google Meet; Prezi; Onenote	多学科
29	Bruggemana, et al.	2020	比利时	blended learning; expert interviews; higher education; teacher attributes; teacher change	专家访谈	本研究旨在探讨促进或阻碍混合式学习实施的教师因素。专家认为，采用混合式学习的关键因素是教师为中心：以教学为中心；以学生为中心的教学信念；改变教学方式；大胆尝试（失败）；能够接受技术方式；能够批判和自省；教师混合式学习的采用以下四个特质阻碍了教师混合式教学之上：坚持以教师为中心的教学理念；对混合式学习看待不明确的意愿；拒绝尝试；其他任务置于教学于上。帮助教师克服对技术的焦虑是发展在线技术与学习的能力的先决条件	—	多学科

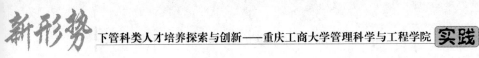

表2（续）

序号	作者	时间	国家	关键词	研究方法	研究结论	网络平台	涉及专业
30	Ya V Shuhailo, et al.	2020	乌克兰	problem-based learning (PBL); project-based learning	实验	本文介绍了基于问题的学习方法（PBL）和基于项目的学习方法（PJBL）在培养未来轻工工程师中的应用。作者研究了这些方法在以专业为导向的学科教学中的案例，为两个专业学科提供了项目设计的案例，目的是培养学生的创造性思维和解决问题的能力，独立工作和团队合作能力。该方法的有效性体现在学生的创新能力的形成，团队合作的动机和经验的增加。作者研究了4个不同入学年份的学生群体学习风格的工科科学生倾向于采用主动的、视觉的、感觉的和循序渐进的学习方式。然而，项目教学法并非普遍适用于不同学习偏好的学生	—	纺织工程和设计
31	Pooja Pafhania, Dr. Adit Gupta, et al.	2020	印度	Googleclassroom; WEBLEI. teacher education; collaborative learning; higher education; web-based learning environments	问卷调查	本研究对网络学习环境量表（WEBLEI）和谷歌课堂学习评价进行了调查。数据分析表明，学生可以很容易地接触到学习资源，并且通过电子方式与同学交流，可以自主决定什么时候学习并且目标明确。他们可以定期访问网络资源，主动和教师沟通，体验到一种满足感和成就感。对谷歌课堂评价的调查得到的反馈显示，教师能够给予学生更好的个人关注，他们认为在这样的课堂中有群体融入感，他们认为这是一种有效的学习媒介	Googleclassroom; WEBLEI	教育学

表2（续）

序号	作者	时间	国家	关键词	研究方法	研究结论	网络平台	涉及专业
32	Yassine Ismaili	2020	匈牙利	evaluation; e-learning; distance learning; student attitudes; education	案例分析	本研究旨在评估学生使用 Microsoftteams 和 Zoom 新平台的初始体验以及远程学习对学生的满意度和态度的影响。作者采用量化方法，通过社会科学统计软件包处理和分析了学生对电子学习的态度和他们使用技术平台的机会，以及在线课程和态度的满意度。尽管传统课堂似乎不可或缺，但大多数学生对参加远程学习课程的积极极态度表明，高等教育机构的电子学习平台在未来具有巨大的潜力	Zoom; Teams	多学科
33	Ryan Hoult, et al.	2020	澳大利亚	engineering education; engineering profession; colleges and universities; internet	问卷调查	本文研究了在墨尔本大学的两门工程学科中引入翻转课堂的有效性和定量结果。尽管参加翻转课堂和传统课堂的学生的学习绩分布没有明显的变化，但翻转课堂更受学生欢迎，而且可以提高学习内容的有效性。从问卷调查中表现好的学生，调查表明，在问卷调查中表现好的学生，课程表现也很好。翻转课堂如果能以学生为中心，促进学生的主动学习，可以为大学阶段的学生提供更好的学习效果	YouTube	工程

表2（续）

序号	作者	时间	国家	关键词	研究方法	研究结论	网络平台	涉及专业
34	Khan, et al.	2020	印度	students' perception; e-learning; COVID-19; traditional classroom learning	问卷调查	本研究通过在线问卷收集了来自印度德里首都地区（NCT）的184名大学生的问卷。研究结果显示，学生对在线学习有积极的认知，更自由，有舒适和灵活的学习材料丰富，已经成为一种加强学习的新方法。社交媒体可以进一步提高学习效率。研究表明，网络学习技术使信息学习更容易；应采取必要措施提高在线学习质量，帮助学生在新冠肺炎疫情期间更好地学习。这项研究的结果将有助于教育机构和政策制定者以更好的方式将在线学习过程提高到一个新的水平	MOOCs	多学科
35	Marlena L. Minkos, et al.	2020	美国	academic intervention; COVID-19; multitiered systems of support; social-emotional intervention; trauma-informed	文献综述	虽然新冠肺炎疫情带来了相当多的挑战，但也给高等教育提供了反思和进步的机会。常规教育将必须适应这种前所未有的变化，并提供更密集的社会性、行为和学术支持。此外，更多的学生可能需要一系列有针对性的支持，以充分满足学生增长的社交情感和学习需求。教育者可以利用这段时间来有效地解决和建立现有的系统和实践，以更有效地解决需要继续发展现出灵活性、适应性和个人压力。应对他们自己的个人压力。如果学校能成功地利用这段时间来加强学生各种需求相关的技能和实践，将可能有助于一种可行的方式来缩小学生间的成绩差距	—	多学科

表2（续）

序号	作者	时间	国家	关键词	研究方法	研究结论	网络平台	涉及专业
36	George Orlov, et al.	2020	美国	COVID-19; pedagogy; student learning	问卷调查	通过对美国4所R1院校教授的7门经济学课程的研究发现，与2019年春季和秋季相比，学生在2020年春季的总体表现要差得多。教师经验和课程教学对改善学习的潜在负面影响方面发挥了重要作用。当教师有在线教学经验，并且在远程教学中不进行互动时，学生的分数要低得多。推广学生积极参与的教学方法，如使用小组活动和项目式教学，在减轻学生成绩降低等负面影响方面发挥了重要作用	Zoom	经济学
37	Samreen Mahmood, et al.	2020	巴基斯坦	Covid-19; higher education; instructional strategies; online teaching; pandemic	案例分析	本案例研究基于巴基斯坦出大学网络教育，提供了一些工具：第一，保持慢声说话、练习发音功能、共享课堂。第二，教师应该开发互动式的网络课堂，共享课程材料。为了克服网络问题，应该与通信行业进行合作。第三，教师应该提高学生的学习能力，并得到反馈。第四，教师应该更加批判性、实践性和创造性地思考。第五，教师应该提供灵活的教学和评估政策。第六，除此之外，还包括分配助教员、在线录制课程、分配助教等。研究建议，高等教育委员会应该与电信行业合作，克服互联网相关的问题。其他教学策略包括评估和评估相关反馈。提供该有助于发展中国家实施和制定远程学习战略	—	未限定

新形势下管科类人才培养探索与创新——重庆工商大学管理科学与工程学院实践

表2（续）

序号	作者	时间	国家	关键词	研究方法	研究结论	网络平台	涉及专业
38	Chrysi Rapanta, et al.	2020	瑞士、澳大利亚、西班牙和加拿大	online teaching; emergency situation; Covid-19; higher education; pedagogical content knowledge; instructional design	专家访谈	本文通过提供一些关于在线学习相关的专家见解，帮助那些没有在线学习经验的大学教师更好地适应网络教学。研究结果指出，教师应结合社交媒体和学生认知评估设计具有特征的学习活动，并调整工具以适应新机构未来要求。对于世界各地的高等教育机构来说，在线教学是任何时候都要比各有竞争力。但不是唯一的一部分。大学现在比以往任何时候都更重视教师专业发展，以使他们在任何情况下更新有效的教学方法	Zoom	多学科
39	Kun Wang, et al.	2020	中国	dental education; dental schools; massive open online courses; nationwide-questionnaire; online teaching	问卷调查	本研究旨在调查中国42所牙科院校新冠肺炎疫情期间本科在线教学现状，并为如何运用在线学习策略改善和发展牙科教育提供更好的思路。与理论实践课程相比，大多数牙科学校开设的专业实践课程较少。在不同牙科学校学生对网络学习的支持中，"师生互动"的满意度最高。本研究结果显示了疫情期间开展整体牙科教育在线教学的必要性和有效性，专门的在线理论课程为牙科教育提供了巨大的动力。然而，网络教育还需要进一步完善，以适应口腔医学科的教学设计、个性化眼踪、技术监测、专业支持、专业评估等。这些措施将有助于评估在线牙科教育的效果，并为未来的牙科教育者提供指导	MOOC	牙科

表2(续)

序号	作者	时间	国家	关键词	研究方法	研究结论	网络平台	涉及专业
40	Mayleen Dorcas, et al.	2019	全球	online learning courses；ADDIE framework；efficacy and meta-analysis	文献综述+荟萃分析	本文研究ADDIE框架的使用方式，以设计和开发提供更广泛的优质高等教育的教学材料，本文提出在5个阶段的培训和绩效支持工具：分析、设计、开发、实施和评估。它强调了教学设计的重要性和机构在为教育者和学生提供支持方面发挥的积极作用。在线学习项目是提高高等教育机构、特别是大学课程的可访问性和灵活性的重要策略。从学生的角度来看，在线学习的便利性对那些有多重责任和高度的便利性尤为重要。因此，完成额外的教育，允许大学向学生提供额外的课程，增加了学生学习必修课程的机会。从学生的角度来看，在线学习计划可以帮助生活的成年人重返学校，提高劳动力的教育水平。从机构的角度来看，在线模式的教育	—	未限定

表2(续)

序号	作者	时间	国家	关键词	研究方法	研究结论	网络平台	涉及专业
41	N. S. Goedhart, et al.	2019	荷兰	blended learning; cognitive load; diversity; flipped classroom; higher education; peer-learning	问卷调查/访谈	本研究调查了在荷兰自由大学阿姆斯特丹硕士课程期间进行的翻转课堂试验的效果。课程一半采用传统授课方式，另一半采用翻转课堂。通过访谈和专题小组讨论，收集了学生对翻转课堂的体验。通过问卷完成的问卷调查和对导师的访谈，进一步了解翻转课堂对课前准备、课堂活动等学习过程的影响。研究结果表明，基于学生和导师的积极反馈，这次试验取得了成功。个性化的课前学习和共同学习的课堂活动相结合，促进了学生更深入的学习。但是，尽管整体体验很好，但并非所有学生都认为翻转课堂有助于取得更理想的学习效果，可能会因学生的学习风格和偏好不同而有所不同。此外，为了促进更大规模的翻转课堂，需要相当多的机构支助，使其能够灵活实际执行，并提供灵活的评价方式	—	战略组织课程
42	Florence Martin, et al.	2019	美国	award-winning faculty; online teaching; course design; online assessment; evaluation facilitation strategies; qualitative research	访谈	本文作者采访了来自美国各地的8位获奖的在线教师。这些教师获得了以下专业协会颁发的在线教学奖：在线学习联盟（OLC）、教育交流与技术协会（AECT）或美国远程学习协会。通过访谈发现，网络课程教师在教学设计过程中采用系统化的设计过程，逆向设计，考虑学习者需求，设计学习者等互动，对学生及时回应和反馈，定期沟通采用多种评估方法，有利于提高教学效果。学院建议采用过程监管，使用课程模板，进行过程审查，使用学习分析工具和同行评审来进行评估	Blackboard; Moodle; Canvas	未限定

表2（续）

序号	作者	时间	国家	关键词	研究方法	研究结论	网络平台	涉及专业
43	Li Cheng, et al.	2019	全球	flipped classroom; blended learning; active learning; Meta-analysis; cognitive learning outcomes	荟萃分析	本研究的目的是系统探讨翻转课堂教学策略对学生学习水平、发表类型、学习时间和学科领域的影响。作者搜索了17个数据库，有统计学意义上显著的效应量数据呈正态分布，具有统计学意义的效应量异质性。数学、健康科学、工程、艺术人文、社会科学等学科领域显著地调节了影响大小。在学科领域差异方面，水平之间的差异在统计上是显著的，艺术和人文学科，工程学科和数学，科学、社会科学领域拥有中等到大的效应规模，科学，如艺术和人文学科，工程学科一直是翻转课堂模式上有负面效应的学科领域，但研究发现工程是唯一是翻转课堂唯一一个整体上有负面效应的学科领域，尽管结果不显著。在学习显著优于一学期的情况下，翻转课堂教学显著优于传统讲座，尽管结果不显著。在翻转课堂时间较长的研究中，持续时间短的研究比持续时间较长的研究有更小的效应量	MOOC	多学科
44	Isaiah T. Awidi, et al.	2019	澳大利亚	flipped classroom; participation and collaboration assessment and feedback; knowledge construction students learning; student engagement; student motivation; confidence	问卷调查	本文研究了翻转课堂方法对本科生生物专业学生学习经验的影响评估，翻转课堂教学法包括预先录制的讲座，在线测验和课程设计中的课堂小组活动。课程评价如何影响基于学生学习经验的访谈，对新课程设计包括学生问卷和课程协调员的访谈的结果构化访谈。研究发现，学生对翻转课堂教学法有很高的满意度。研究发现，翻转课堂设计与参与度相关。通过对翻转课堂内容进行细化，如预先录制讲座内容和设计好设计的结构，可以进一步提高学生在该课程中的学习体验	—	生物课程

表2（续）

序号	作者	时间	国家	关键词	研究方法	研究结论	网络平台	涉及专业
45	Khe Foon HEW, et al.	2018	全球	flipped classroom; flipped learning; health professions education; Meta-analysis	荟萃分析	本研究通过文献分析，研究卫生专业翻转课堂教学的整体效果。文章侧重于卫生保健专业人员，包括医科学生，住院医生，医生，护士或其他卫生保健专业或职业卫生科（牙科、药学、环境或职业卫生）的学习者。研究表明，与传统的教学方法相比，卫生专业教育中的翻转课堂统计上显著的改现方面取得了统计上显著的改善。此外，翻转课堂特定类型的教学方法或发展示对学生学习的可能影响，还适应进行纵向研究，以检验翻转课堂教学法是否能促进长时间的学习记忆	—	卫生专业
46	Rose Sebastianelli, et al.	2011	美国	assessment; online; quantitative; student learning	案例分析	本文对在线商业统计和管理科学课程的评估结果进行研究，发现在学习分析类课程时，涉及在学生互动的内容是最有用的。与非定量课程被认为是最汉用的内容相反，涉及学生之间互动的情况为是最汉用的。由教师制作的定制音频、视频在学生中获得了最高的评分。其次是分级作业和师生在线论坛。显然，在学习技术性的、定量知识时，没有什么可以替代教师的时间（学习在课外花更多的时间用于课程活动内容），而不是在教室里。涉及老师与学生互动的功能，学生之间互动内容方面的价值有限。作者还分析了如何利用在线量化内容来衡量学生的预期学习成果	—	商业统计和管理科学

表2（续）

序号	作者	时间	国家	关键词	研究方法	研究结论	网络平台	涉及专业
47	Robert G. Brookshire, et al.	2005	美国	academic performance; teaching; management science	多元回归分析	管理科学导论课程被公认为是难度最高的商学院核心课程。管理科学教育者面临的前提是，在不降低授课水准的前提下，如何帮助他们的学生获得更高水平的学术成就。本研究基于310名学生的大学成绩单和从学术档案收集的数据，采用多元回归分析方法，考查了影响商科本科生在硕士课程中取得成功的原因。结果表明，最强的预测变量是学生的大学平均绩点，学生总体学业成绩比数学技能对管理科学导论课程的结果有更大的影响。这些发现对那些想要提高硕士学生的教学效果的教师有启示意义	—	管理科学

65

三、经验和借鉴

（一）高校对网络教学的态度及应对

全球范围的高校均能及时调整教学策略，积极应对新冠疫情带来的挑战。一是投入硬件和软件，为网络教学提供基础条件；二是积极开展对师生的软件和教学技能培训，并关注师生的身心健康。疫情期间，绝大部分高校均成功从线下教学过渡到线上教学或线上线下混合教学。在经过一段时间的教学实践之后，教师的线上教学水平大大提高，师生对线上教学的接受度也有很大提升。一些课程线上教学的效果超过了传统的线下教学。各种教学软件、在线教学平台得到了前所未有的开发和利用，社交媒体被创新性地用于师生互动和学生之间讨论，进一步提高了学习输出效果。

（二）教学策略和学习策略

教师的教学策略和学生的学习策略仍然重要。在线教学策略的指导和培训有助于高等教育教师更好地开展网络教学，这些方法还有助于设计成功的在线学习课程。与此同时，这些策略在促进学生学习方面起着重要作用。从学生那里得到反馈，提供灵活的教学和评估政策等，这些教学策略将成为运行在线课程的优秀工具。

大多数教师都把重点放在传达学科内容上。此外，教师往往缺乏足够的知识或资源来额外提供学生学习策略培训。教师需要帮助学生进一步发展有效学习和学习课程内容的技能，学习策略培训的积极作用并不局限于改善学习过程，可以带来更有效的学习和更低的辍学率。

（三）混合教学的评价

由于线上教学、混合教学和线下教学存在较大差异，因此在教学考核和评估方式上也要与时俱进改革，教师需要调整学生学业评价和评估方式以适应新的教学要求。

（四）混合教学需要改进的地方

高等教育中混合式教学需要行政人员、教职员工、学生和家长的集体努力。学生的满意度和参与性也应该得到高度重视，这是学习成功的关键。并非所有学生都认为翻转课堂有助于取得积极的学习效果，因为这种效果可能会因学生的一般学习风格和偏好而有所不同；因此，需要教师投入更多的耐心和时间，进行个性化的指导。此外，为了促进更大规模的翻转课堂，需要相当多的机构支助，比如网络通信机构的硬件支持，使其能够实际执行，并提供灵活的评价。

四、结论

高等教育机构是培养人才的阵地，而计算机和网络技术的发展则快速地推动了教育产业的进步，使得教育领域越来越受欢迎。虽然疫情打乱了高等教育机构的固定模式，但是也激发了一些创新和改革，使得高等教育的线上教学以及线上线下混合教学达到了前所未有的新高度。随着科技的进一步发展，教育信息化的水平也将进一步提高，将来的发展不可想象。

通过文献研究发现，在线教学技术只是高校教师能力的一部分，无论何种教学软件或授课平台，无论其资源多么丰富，最根本的技能要求和线下教学是一致的，就是要求教师把关注的重点放在教学结构设计和教学内容上，加强和学生的沟通和反馈，坚持以学生为中心的原则，给学生检查和弥补错误的机会，特别当学生存在困难时。通过问题或话题来引出课程内容，而不只是在课后给他们练习题；给学生正面的和负面的反馈，以支持到不同类型的学生；尽可能给学生详细的反馈，即使是简单的对错题；对于需要学生自我检查的内容也需要给予详细的反馈；设计一些低风险或难度低的测试，以提高学生的积极性和持久学生的动力。

参考文献：

［1］ Ali W. Online and remote learning in higher education institutes：A necessity in light of COVID-19 pandemic ［J］. Higher education studies, 2020, 10 (3)：16-25.

［2］ Badre P. Blended Learning a New Normal in Higher Education ［J］. COVID-19：Crisis, Effects, Challenges and Innovations, 2020：152.

［3］ Bordoloi R, Das P, Das K. Perception towards online/blended learning at the time of Covid-19 pandemic：an academic analytics in the Indian context ［J］. Asian Association of Open Universities Journal, 2021.

［4］ Brookshire R G, Palocsay S W. Factors contributing to the success of undergraduate business students in management science courses ［J］. Decision Sciences Journal of Innovative Education, 2005, 3 (1)：99-108.

［5］ Carius A C. Network education and blended learning：Cyber university concept and higher education post COVID-19 pandemic ［J］. Research, Society and Development, 2020, 9 (10)：340.

［6］ Cronje J C. Covid-19 Policy Implications for Blended Learning in Higher Education in the Fourth Industrial Revolution ［J］. Progressio：South African Journal for Open and Distance Learning Practice, 2020, 41 (1)：16.

［7］ Finlay M J, Tinnion D J, Simpson T. A virtual versus blended learning approach to higher education during the COVID-19 pandemic：The experiences of a sport and exercise science student cohort ［J］. Journal of Hospitality, Leisure, Sport & Tourism Education, 2022, 30：100363.

［8］ Mahmood S. Instructional strategies for online teaching in COVID-19 pandemic ［J］. Human Behavior and Emerging Technologies, 2021, 3 (1)：199-203.

［9］ Mali D, Lim H. How do students perceive face-to-face/blended learning as a result of the Covid-19 pandemic? ［J］. The International Journal of Management Education, 2021, 19 (3)：100552.

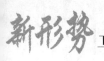

［10］Mousavinasab E, Zarifsanaiey N, R. Niakan Kalhori S, et al. Intelligent tutoring systems：a systematic review of characteristics, applications, and evaluation methods［J］. Interactive Learning Environments, 2021, 29（1）：142-163.

［11］Nerantzi C. The use of peer instruction and flipped learning to support flexible blended learning during and after the COVID-19 Pandemic［J］. International Journal of Management and Applied Research, 2020, 7（2）：184-195.

［12］Ngoma J, Muzamai C, Tembo C, et al. The Effectiveness Of Blended Learning And Teaching In Higher Education In The Wake Of Covid 19 Pandemic：A Case Study Of The University Of Zambia［R］. University of Zambia, 2021.

［13］Ożadowicz A. Modified blended learning in engineering higher education during the COVID-19 lockdown：building automation courses case study［J］. Education Sciences, 2020, 10（10）：292.

［14］Petronzi R, Petronzi D. The Online and Campus（OaC）Model as a Sustainable Blended Approach to Teaching and Learning in Higher Education：A Response to COVID-19［J］. Journal of Pedagogical Research, 2020, 4（4）：498-507.

［15］Rachmadtullah R, Marianus Subandowo R, Humaira M A, et al. Use of blended learning with moodle：Study effectiveness in elementary school teacher education students during the COVID-19 pandemic［J］. International journal of advanced science and technology, 2020, 29（7）：3272-3277.

［16］Sebastianelli R , Tamimi N . Business Statistics and Management Science Online：Teaching Strategies and Assessment of Student Learning［J］. Journal of Education for Business, 2011, 86（6）：317-325.

［17］Yustina Y, Syafii W, Vebrianto R. The effects of blended learning and project-based learning on pre-service biology teachers' creative thinking through online learning in the Covid-19 pandemic［J］. Jurnal Pendidikan IPA Indonesia, 2020, 9（3）：408-420.

数字技术赋能，助力"双碳"目标实现

——高校电子商务专业建设改革研究

吴航遥　文　悦

（重庆工商大学管理科学与工程学院，重庆，400067）

摘　要： 在"数字中国"和"双碳"的背景下，数字化和智能化的协同成为了经济发展新的主旋律。随着新文科建设的不断深入，与数字经济息息相关的电子商务专业相关课程也应得到转型和提升。在实现碳达峰、碳中和的国家战略目标下，在应用型人才的培养过程中，加入低碳经济、人工智能等方面的知识和技术，通过校企合作加强实践操作训练，已经迫在眉睫。本文分析了大数据时代背景下"双碳"目标的提出对电子商务产业模式的影响，探索了电子商务产业的发展趋势以及其对从业人员的具体要求。基于此，本文讨论了如何从课堂教学、课程实训、师资培养、校企合作等方面实现课程内容深度改革。

关键词： 低碳经济；数字化转型；电子商务；教改

一、引言

随着"互联网+"经济形态的深入演变，新兴信息技术将传统行业与互联网平台不断融合，电子商务行业在这一经济背景下蓬勃发展，也带来了日益增大的综合型电子商务人才缺口。近年来，我国正处于能源低碳转型的攻坚期，以数据为核心生产要素、以信息技术为驱动力的数字经济在电子商务领域的具体应用是助力碳达峰、碳中和愿景目标实现的关键因素。因此，为顺应时代发展对人才培养的需求，高校需要认识到培养低碳人才的重要性，将低碳这一理念贯彻落实到课程设计和教学实践中。本文将简述"双碳"背景下高校电子商务专业教改的必要性，提出综合型电子商务人才培养所面临的问题，并探讨当前高校电子商务专业建设的具体措施。

二、"双碳"背景下高校电子商务专业教改必要性分析

（一）"双碳"目标引起的电子商务行业变革

面对日趋严峻的气候问题，"2030 碳达峰，2060 碳中和"双碳目标的实现和

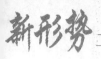

各行业的低碳转型已经成为了必然趋势[1]。与此同时，新一轮的信息技术浪潮和人工智能革命，进一步激发了"双碳"目标的经济价值，并且大大改变了我国经济发展的格局，以信息化、数字化技术为支撑的电子商务产业，也随之成为实现"双碳"目标的关键突破口之一。作为以信息网络技术为手段，以商品交换为中心的商务活动，电子商务产业虽然本身不属于高污染高排放行业，但其在生产、服务、建设运行等各个环节中，仍会不可避免地产生一定的碳排放。随着规模的不断扩大，电子商务行业应具有节能减排的意识，积极实现低碳转型，在绿色消费、绿色包装、绿色物流、绿色供应等方面采取多项措施来响应国家政策。低碳发展将促进新发展理念在经济、社会系统中的深入实践，创造出更多新的增长点并形成生产、消费的新增长，在新格局中融通生产、分配、流通、消费各个环节，推动供给需求在更高层次更高水平上实现动态均衡[2]。

（二）"双碳"目标引起的电子商务专业教育模式改革

2021 年教育部印发的《高等学校碳中和科技创新行动计划》中明确指出，高校要立足实现碳中和目标，在建设一批碳中和领域科技创新平台相关学科和专业方面，充分发挥高校基础研究主力军和重大科技创新策源地的作用，为实现"双碳"目标提供科技支撑和人才保障[3]。随着人工智能革命和全球信息技术浪潮，落实双碳战略需要数字化转型与绿色低碳转型进行深度融合，绿色成为企业数字化转型的底色，数字化转型则是绿色低碳转型的重要抓手。在这样的发展趋势下，电商企业对从业人员提出了更高的需求，也对人才培养模式有了更多要求。在数据信息越发庞大和复杂的情况下，学生进入电商行业后，对于互联网、物联网和人工智能技术的应用技能必须与时俱进。因此，在专业教育方面，在充分融入低碳理念的同时，需要引入大数据技术，并基于信息技术开发更多课程资源，对传统电商专业的教学模式进行改革创新，培养满足市场需求的综合型电商人才。

（三）"双碳"目标引起的电子商务人才培养方向调整

企业实现生产、服务、运行等各个环节的低碳转型，需要新兴数字信息的支撑，数字技术是企业实现"双碳"目标的重要手段。例如，为了充分利用物流资源，降低物流对环境影响的过程，实现绿色物流，从业人员需要掌握先进的物流技术，合理规划和实施运输、储存、装卸、搬运、包装、流通加工、配送、信息处理等物流活动。近年来，随着 5G 技术和直播带货的兴起，电子商务数据处理量迅速膨胀。企业节能减排的重要举措之一是专业人员升级数据中心的绿色技术[2]。此外，绿色供应链的实现要求从业人员具备绿色制造理论基础并且掌握供应链管理技术，在企业对产品的生产、销售等处理过程中充分考虑对环境的影响，并且有效提高资源效率。由此可见，通过数字化手段，培养具有低碳理念和相关技能的综合性电商人才，助力企业绿色物流、绿色办公、绿色供应链等环节的实现，进而构建电商绿色低碳的新业态是当前高校专业培养的重心。

三、"双碳"背景下高校电子商务专业面临的问题和挑战

（一）高校电子商务专业忽视低碳技术课程设置

对于急需绿色低碳转型的企业来说，公司管理人员制定的战略决策直接影响企业的发展前景。然而，高校传统的人才培养对低碳技术的讲授不够深入，对于低碳转型中的企业来说，培养的人才难以帮助企业正确地制定相关转型战略，对我国"双碳"目标的实现以及低碳经济的发展无法起到助力作用。当前，电商企业对低碳科技和管理人才的需求极大，而高校培养过程中未能充分考虑到绿色低碳发展对人才培养提出的新要求，缺乏低碳理念，在课程设置中没有科学系统地考虑低碳问题，无法弥补从业人员不懂低碳科技的缺陷，也不能为实现电商企业的低碳管理提供人才支持。电商企业实现低碳转型获得进一步发展，是实现"双碳"目标的重要基础和前提。因此，在当前背景下，高校综合型电商人才的培养需要从企业实现低碳转型的实际需求出发。

（二）高校电子商务专业师资队伍建设欠缺

我国电子商务专业在师资队伍培养方面面临着挑战。为"双碳"目标的实现和向低碳转型中的电商企业提供人才保障和专业支撑，专业教师必须具有扎实的理论知识、熟练的实践操作能力、国际的学术视野、敏锐的形势洞察力以及出色的授课能力，而这些正是高校教师需要提高的薄弱之处。当前高校教师对于信息技术往往具有较高的实践操作能力，但是缺乏教学经验。电子商务专业是一个注重理论与实践并行的专业，因此，需要教师在具有高学历的同时具备行业实践背景，了解电子商务企业低碳转型的真正需求。除此之外，在人才培养过程中，低碳科技和数字技术的加入涉及经济、管理、计算机、能源、资源环境等多学科的交叉与融合。然而，传统的人才培养模式缺乏对交叉学科的重视。现有教学团队多由同一专业的专任教师组成，这些教师往往具有相似的学科背景，缺乏学科交叉所需要的交流。

（三）高校电子商务专业和企业在低碳的"产学研"合作方面存在不足

目前，高校与企业关于低碳的"产学研"合作仍处于起步阶段，这在一定程度上阻碍了具有低碳技术的电商人才的培养。"产学研"的内容包括科技成果的转化，产品和技术的开发与应用，以及人才的培养[4]。"双碳"目标的提出为电商企业创造了创新的机会。例如，我国电商缺少绿色营销的计划设计，企业可尝试制订具体策划方案。在绿色物流方面，为实现减排，企业需要研究如何简化运输路线或者规划高效的运输路线。在绿色办公和数据中心技术升级方面，电商企业可以进一步提出节能减排的具体计划[2]。通过"产学研"结合，既能使高校教学科研人员直接面对低碳发展对电商企业的要求，进而产生有效的成果，促进学科的发展，又能通过科研成果的转化为企业带来实际效益，从而促进产业的发展。然而，目前"产学研"合作的不足，使得企业和高校无法形成良性的合作关系，难以弥补专业教师在技术方面的不足，也不利于学生对行业背景的认知。

四、"双碳"背景下高校电子商务专业教改策略

（一）更新课程体系，推动低碳理念与电子商务的充分融合

为了将低碳理念与技术深度融合到电子商务课程体系中，电子商务专业需专门围绕低碳问题设置相关课程，强调电商企业在运营过程中应用低碳科技的重要性，侧重于电子商务专业课程与低碳科技的交叉融合。在电子商务专业课程中，学校需要加入低碳经济学、可持续发展理论与实践等相关课程进行支撑，并引入绿色供应链、绿色物流、绿色生产、碳资产管理、绿色创新与经济循环等方面的知识[5]。另外，高校需要在人才培养模式上进行全方位改革，在教学模式上，提供开放式教学平台，致力于培养学生的创新思维和创新能力。随着信息技术的不断成熟，电商企业的节能减排战略还在不断优化中，教师应该鼓励学生在该领域勇于探索。与此同时，为了实现数据中心的绿色技术升级，低碳转型企业还需要大量的技术人才。这对高校教育在实践培养上提出了更高的要求。高校需要为学生提供更多的实践机会，营造良好的学习环境，帮助学生进入企业中学习，更加真实深刻地认识企业的运作模式，通过技术创新来进一步促进电商产业的发展。

（二）引入低碳技术，建设高质量实训体系

电子商务是集基础理论与实践操作为一体的专业，因此，课程实践操作是综合型电商人才培养的核心内容之一，其关键在于为学生提供模拟现实环境的各种实验室和操作软件。目前，高校多已通过装配先进的实验设备，购入科学的教学模拟软件等，实现了与电子商务企业相关的仿真职业环境的建立。但是，在"双碳"目标的时代背景下，在电商企业正处于数字化转型的现在，在实践模拟中融入低碳理念，引入低碳技术对培养满足当前企业需求的人才来说非常必要。以供应链实训为例，现在高校大多已开设智慧供应链的实训课程，帮助学生了解产品从物料获取、加工、包装、储存、运输、使用到报废的整个流程，认识到信息技术是如何提高资源效率。但实际上企业已经不再满足于智慧供应链，它们还需要考虑对环境的影响。为了响应国家政策，尽可能减少对环境的影响，电商企业需要将绿色理念融入业务流程的各个环节，构建一条绿色供应链。因此，在实训课程中，也应该与时俱进、及时更新软件与技术，顺应当前企业的需求，在实践中加入绿色制造理论等。总而言之，高校需要进一步加大资金投入，突破校内实践环节的瓶颈，完成高质量实训体系的建设。

（三）利用移动教学技术，建设应用型师资队伍

通过移动终端等渠道将线上教学与线下课堂教学相结合，更有利于引导学生进行深度思考，从而培养其创造性思维。教师可以利用移动云技术平台等，有效地混合多种教学策略，使教学过程更加灵活，并通过不断更新和发展教学资源，最大化地提高课堂教学效率[6]。在信息技术如此发达的时代，只有通过移动互联技术软硬件的支持，实现教师、学生乃至企业之间的互通互联，才能培养出真正的"知行创"人才。因此，学校应该重视专业教育的智慧化发展，定期组织教师参加智慧课堂、云技术等培训。另外，师资队伍的专业素质和教学水平直接影响高校应用

型人才培养的效果。打造高质量教师团队，要求专业教师提升教学技能，并主动参与校内外培训和企业调研活动等。通过真正近距离与企业接触，了解电商行业在低碳转型、数字化转型中面临的困境和需求，掌握行业未来发展趋势，再结合多元化的教学方式，产生有价值的实践知识，并高效率地传授给学生。低碳经济发展需要复合型人才，因此，高校还应该积极促进相关交叉专业学科的有效融合和多元化。例如，将能源经济、资源环境与电子商务进行融合，充分利用各学科的特点和优势，向企业输送具有低碳理念和技术的综合型电商人才，能够更加有效地服务于"双碳"目标的实现。

（四）积极推进校企合作，共建优质教育资源

高校与企业进行合作，实现产学研结合，是培养具有低碳理念和技术的综合型电商人才的重要手段。目前我国电商产业正处于发展态势下，尤其随着大数据时代的全面来临，企业面临低碳转型、数字化转型，导致高校培育很容易与市场需求不匹配。因此，高校与企业应积极展开合作，共同打造实训平台。一方面，高校可以更加直观地了解企业的用人需求，进而更好地规划人才培养方案。学生也能熟悉电商企业的工作环境和工作流程等，提高实践能力和锻炼专业技能，进一步适应行业发展需求，为将来进入社会打下良好的基础。另一方面，企业通过与学校签订人才培养合同，为学生提供工作实习岗位，也能在一定程度上缓解人力资源压力，解决企业部分实际问题。在校企合作的过程中，教师需要承担评估实际操作教学效果的任务，获取电商行业的前沿资源，在教学思路上进行改革创新，并根据学生的实习效果反馈对实训内容、课程设置、教学方式等进行调整。由于高校与企业的合作是一个长期探索的过程，如何将两者更好地衔接，实现市场需求与人才培养的高度匹配，是一个亟待解决的现实问题。因此，我们要更加积极地推进校企合作，加强双方合作的强度和弹性，突破传统"产学研"合作固式，实现高校与企业的共赢[4]。

五、总结

21世纪以来，全球慢性气候变化与极端天气事件的影响日益显著，为人类社会带来了极大的挑战。"2030碳达峰，2060碳中和"的双碳目标是我国政府面向世界做出的庄严承诺[5]。随着电子商务行业的市场规模不断扩大，在经济社会中扮演的角色愈发重要，电子商务行业的低碳发展也将成为我国"双碳"目标实现过程中的关键一环。电商企业正在积极实现低碳转型绿色发展，在战略决策、生产、和交易等各个业务环节中考虑环境保护问题，引入低碳科技。然而，由于高校电子商务专业人才培养的现状难以满足我国电商企业当前对人才的要求，人才培养模式和学科交叉融合都存在明显不足，在此背景下，本文探讨电子商务专业建设改革策略，目标是培养具有低碳理念与低碳科技专业知识、兼具电子商务专业知识的综合型电商人才。

发展数字经济是实现"双碳"目标的最优解，通过技术创新实现企业数字化转型、低碳转型已是大势所趋。因此，加快电子商务专业课程的全面改革是培养满足当前电子商务行业人才要求的必然需求。电子商务专业的建设和课程改革不仅需

要创新的思想，更需要技术的支持。这首先要求高校在人才培养的过程中确立符合电子商务行业低碳发展趋势的人才培养目标。然后面向市场需求，完善人才培养方案，将低碳理念融入课程建设，将新兴信息技术引入教学内容，从而提升学生的综合能力。此外，在师资建设方面，需要更加重视教学技能的提升和交叉学科的融合。最后，高校和企业需要积极推进"产学研"合作，为学生提供实训平台，实现共赢。总之，本文提出了双碳目标下高校电子商务专业课程改革的探索与建议，以期能够提高高校综合型电子商务人才培养的质量和效果、进一步提升学科吸引力，从而促进高校一流学科建设，更好地服务于国家重大战略需求，为电子商务行业的低碳发展提供充分的科技支撑和人才保障。

参考文献：

[1] 习近平. 在第七十五届联合国大会一般性辩论上的讲话 [N]. 人民日报，2020-9-23 (3).

[2] 施懿宸，师睿婕，李雪雯. 电子商务行业的低碳发展研究与趋势展望 [EB/OL].（2021-06-03）[2021-11-08].http://finance.sina.com.cn/zl/china/2021-06-03/zl-ikqcfnaz8900811.shtml.

[3] 教育部关于印发高等学校碳中和科技创新行动计划的通知 [EB/OL].（2021-07-15）[2021-11-08].http://www.moe.gov.cn/srcsite/A16/moe_784/202107/t20210728_547451.html.

[4] 戴桂林，于晶. 低碳人才培养所面临的问题与研究 [J]. 北方经贸，2011 (5)：28-29.

[5] 黄珍，贾明，刘慧. 双碳目标下高校建设"低碳科技与管理"专业的探索 [J]. 新文科实践探索，2021 (4)：60-73.

[6] 陈吉韵. 数字驱动行业背景下高校旅游课程建设研究：以"旅游接待业"为例 [J]. 教育教学论坛，2021 (44)：150-153.

基于创业实验班的大学生创业教育模式探索

张梁平

（重庆工商大学管理科学与工程学院，重庆，400067）

摘　要：分析当前创业教育的不足之处；以重庆工商大学的创业实验班为实证研究，探索实验班创业教育教学模式的教学设计、运行管理等改革内容。分析创业实验班的意义：能满足高端学员的定制培训需求、能培养有效的教学团队，对其他创业教育能起到一定的示范带动作用。

关键词：创业教育；大学生；实验班；教学模式

近年来，为了进一步实现国家经济的腾飞，由"制造大国"转型为"创造大国"，我国政府对创业教育给予了高度重视，并至上而下地进行了广泛的宣传与充分的制度设计。教育部也在《关于大力推进高等学校创新创业教育和大学生自主创业工作的意见》中强调，在高等学校开展创新创业教育，积极鼓励高校学生自主创业，是教育系统深入学习实践科学发展观，服务于创新型国家建设的重大战略举措；是深化高等教育教学改革，培养学生创新精神和实践能力的重要途径；是落实以创业带动就业，促进高校毕业生充分就业的重要措施。

一、我国大学生创业教育存在的问题

各高校对创业教育模式进行了广泛的实践和探索，着力构建全覆盖、分层次、有体系的高校创新创业教育体系。创业教育表面上形成了轰轰烈烈的局面，但教学成效却不甚理想，存在不少问题，具体如下：

（一）创业实战性强，课程教学难以实现目标

按照国家的制度设定，普通高校必须把创业课程纳入学生的公共基础课。目前，创业课程的教学目标一般被定义为"营造创业氛围、激发创业热情、提升创业能力"，但这一综合的、实战的目标，在课堂具体教学中如何实现，还存在不小的困难。尤其是一些理论教学为主的高校，更是对于这种实战性、综合性强的课程，难以有针对性地实施教学。

（二）如何实现因材施教，也是当前一大困惑

创业是一个宏观的命题，不同的语境有不同的含义。创业活动的类型也极多，比如克里斯汀等学者依照创业对市场和个人的影响程度，将创业分为有复制型、模仿型、安家型、冒险型等。涉及不同创业类型的学生，要在教学中能因材施教，困

难不小。由于高校创业教育资源很有限的现实，加上学生自身条件的差异性和创业的多元化现状，当代的大学生创业教育面临着如何根据个性化差异进行因材施教的困惑。

（三）创业师资严重不足，纸上谈兵现象严重

显然，营建"大众创业、万众创新"的局面的需求，也带来了创业教育资源的高度紧缺的现状，较大教学压力自然也导致了师资的紧缺。于是就出现了没有创业实践的师资，抱着一本创业教材，指导一群需要学分而缺乏创业热情的学生的教学怪相。师资的缺乏成了影响创业教育质量的关键瓶颈之一。

二、重庆工商大学"创业实验班"概况简介

近年来，重庆工商大学在创业教育中进行了较多的探索，比如开设创业管理课、核心通识课、就业指导课、普通选修课、创业实验班等多种教学模式形式；也取得了较好的育人效果。

学校曾启动了首届"大学生创业仿真与小微企业家成长实验班"（以下简称"创业实验班"）。该实验班秉承"中外、校企、专业、综合"的思路，以提升大学生创新素质、创业能力和创富潜力为目标，精心搭建师资团队，探索创业仿真教学法，围绕创业力挖掘、微企创办、创业计划、创业融资等主题开展专题研讨，并组织教学。实验班还聘请了国外创新创业专家，全程参与了课程的开发与教学。实验班在教学中不强调教学体系的理论性和创业过程的完备性。而是根据学员的具体情况，特别是大学生创业的关键短板展开教学。比如，在实验班的教学项目中嵌入了重庆一家 P2P 融资平台，探索互联网融资方式对于大学生创业的帮助，对大学生创业融资提供了操作性的解决方案。通过创业实验班的教学，希望能以点带面地营建创业氛围，激发大学生的创业热情，提升大学生的创业能力。

从目前实验班的学员挑选、教学的模式设计、学员遴选的过程来看，这种模式比普通的课程教学、创业竞赛等模式，更受到学生的重视。

三、"创业实验班"人才培养模式解析

创业实验班结合"知识、素质、能力三位一体"的人才培养目标框架，以创业胜任力的训练为纲，以教学项目超市为平台，以"不贪全而求精，重实战强过程"为指导，围绕学生创新创业潜能的开发来展开。在具体的人才培养规格上，特别吸收了1991年东京创业创新教育国际会议的"创业创新教育"广义概念的内容，即：培养最具有开创性个性的人，包括首创精神、冒险精神、创业能力、独立工作能力以及技术、社交和管理技能的培养。

实验班在完成人才培养的基本任务外，重点对创业课程教学模式、运行管理模式进行了探索。具体内容如下：

（一）创业教育的课程教学改革

大学生创新创业教育理念要转化为教育实践，需要依托有效的课程载体。课程

体系是实现创新创业教育的关键。创新创业教育课程体系主要由以下三个层次构成：第一层次，面向全体学生，旨在培养学生创新创业意识、激发学生创新创业动力的普及课程；第二层次，面向有较强创新、创业意愿和潜质的学生，旨在提高其基本知识、技巧、技能的专门的系列专业课程；第三层次，旨在培养学生创新创业实际运用能力的各类实践活动课程，要以项目、活动为引导，教学与实践相结合，有针对性地加强对学生创业过程的指导。

本实验班以重庆工商大学经管实验教学中心的"项目超市"为平台，建设课程模块，学员根据本人情况，灵活选择模块，既能实现课程与学分的对接，又有针对地提升了创业能力。具体而言，实验班在教学设计上坚持"四个统一"：

（1）在课程体系上，将项目超市、素质教育与创新创业教育有机统一，构建综合性、模块化的教学内容和学分体系，突出课程的实践性与针对性；

（2）在教学方式上，将教师的启发引导与学生的自主建构有机统一，构建师生主体间平等互动的教学方式，突出师生的主体性；

（3）在教学空间上，将激活第一课堂与拓展第二、三课堂有机统一，构建师生在三个课堂的合作生成机制，突出课堂的联动性；并着力探索基于 MOOC、微课等线上线下的教学模式；

（4）在学业评价上，以"强调过程、重在实践"为指导思想，构建多主体、多形式的评价体系，形成平等的、多元化的学习评价体系，特别探索学业与创业，实训与实战相结合的评价体系。

（二）创业教学的运行管理改革

（1）小班管理：实验班面向重庆工商大学全体学生，主要选拔具有创业经历或创业意愿较强的学生，规模在 20 人左右，学员少而精，主要采用研讨式、案例式、实战型的教学方法。

（2）授予结业证：实验班学员只要完成了 5 个教学项目（共 30 个学时）的训练，达到了教学目标，就可以获得由国家级实验教学平台的重庆工商大学经管实验教学中心授予"创新创业实验班结业证"的证书。

（3）双导师制：实验班对每位学员配备"双导师"，即实训导师与实战导师各一名；学员与导师可以双向选择确定。同时，如学员的创业项目具有国际性，还可以请国外专家进行直接的指导。

（4）专项训练：根据学生创业的方向和兴趣，进行特殊指导与专门训练。教学团队的主要成员均为高职称、高学历及富有创业实战经验的师资，能够根据当下大学生创业的具体情况及学员的个性化情况进行探索。

四、创业实验班教学模式的意义分析

要提高大学生的创新创业能力，形成良好的创新创业教育氛围，建设完善的创新创业培育体系，形成一个像生态体系一样的良性循环系统，构建一个全方位的立体创新创业教育生态培育体系。对于创业教育来说，实验班是一种不错的教学模式，值得其他教学模式借鉴与学习。

（一）实验班能满足高端学员的定制培训需求

多年以来，我国创业教育都是小众教育，主要针对的是有创业需求或已经创业的成员开设的高端培训。当下的"大众创业，万众创新"形势下，创业教育才成为普通高校学子的必修课程。但是普通的创业教育所需的创业常识与创业能力的培训与高端的实战型的创业培训差别还是相当大的。因此，有必要有针对性地构建一种模式来继续先前的高端创业培训，为这一群体按需定制教学内容，实现"因材施教"的真正创业辅助。

（二）创业教育能有效地构建优质的教学团队

实施创新创业教育，培养创新人才，必须要有一支具有超前意识和创新能力的教师群体。创新型教师应具备以下条件：第一，对未来要有预见性和强烈的创新意识及创新能力，能创造性地对新的教育信息进行获取加工和有效输出；第二，需要解放思想，更新观念，勇于尝试新的、有利于学生发展的教育模式；能创造新的教学方法和技巧，熟练地掌握和运用现代教育技术，不断开创教学、科研新领域；第三，要有开放性的人格和宽容理解的良好心境，要善于启发学生思维、激发学生的创造灵感。创业实验班班次较少，在师资方面，可以从容选拔；并提供较多的学习、培训机会，以有效地的提高教学团队的质量。同时，实验班教师也可以为其他创业教育教学起到示范作用，教学设计可为其他创业教育所借鉴。

（三）实验班能为创业教育起到一定示范作用

2012年8月1日，教育部办公厅下达关于印发《普通本科学校创业教育教学基本要求（试行）》的通知。该文件指出：在普通高等学校开展创业教育，是服务国家加快转变经济发展方式、建设创新型国家和人力资源强国的战略举措，是深化高等教育教学改革、提高人才培养质量、促进大学生全面发展的重要途径，是落实以创业带动就业、促进高校毕业生充分就业的重要措施。按此文件精神，创业教育必须成为高校的通开课程。有些高校从未进行过创业教育课程的探索，匆忙大面积铺开，总体教学质量可堪忧虑。这样的高校，更有必要面上铺开的同时，集中优质教学资源，探索创业教育成功实施的模式。

结语

创业实验班代表了创新创业教育的一种值得探讨的教学模式。也是大众化的创新创业人才培养方案的一种合理补充，实验班的开设将有效提高学生的综合素养，特别是对学生创新能力、企业营销与管理，以及专业技能的培养都有较大的帮助，也会较好地提升大学生就业竞争力和就业质量，这是校企合作探索人才培养模式上的创新。

参考文献：

[1] 柳淑青，方晓冬. 创新创业教育导向下创新创业实验班的实施 [J]. 黑龙

江科技信息，2012（11）：13-15.

[2] 李文达. 基于专业创新创业教育实验班的实践与探索 [J]. 黑龙江教育（理论与实践），2014（5）：34-35.

[3] 李培斌. 大学生创业教育模式创新的探索与研究：以平顶山学院创业教育实验班为例 [J]. 赤峰学院学报（自然科学版），2013（7）：7-9.

[4] 徐小洲，张敏. 创业教育的观念变革与战略选择 [J]. 教育研究，2012（5）：47-48.

课程思政教学设计

确定需求下 EOQ 模型的
教学改革与课程思政探索[①]

方　新

（重庆工商大学管理科学与工程学院，重庆，400067）

摘　要：经济订购批量（EOQ）模型是供应链管理中库存控制的基本内容，由其推演的研究结论已被检验对企业生产和采购具有重要的管理启示。本文基于经典 EOQ 模型及其拓展模型的教学，以粮食供应链管理为案例对象，依次从模型中的可变成本、供应能力、消费需求、持有成本以及缺货成本视角，探索党中央和国家在更高层次上实现粮食供需动态平衡，以粮食供给安全稳定应对外部环境不确定性的战略部署。融入家国情怀的 EOQ 模型教学有助于培养学生的制度自信和社会责任感。

关键词：EOQ 模型；供应平衡；课程思政；供应链管理

一、引言

全国教育大会和全国高校思想政治工作会议为新时代高校人才培养指明了方向，指出高校立身之本在于立德树人，要把思想政治工作贯穿于高等教育教学全过程。随后，教育部印发的《高等学校课程思政建设指导纲要》指出要全面推进高校课程思政建设，强调要充分挖掘各类课程中的思想政治资源，发挥好每门课程的育人作用，以全面提高人才培养质量。在供应链管理中，经济订购批量（Economic Order Quantity，EOQ）模型是被广泛关注和探讨的库存控制手段，它主要用于确定企业一次订货（外购或自制）的数量，在该经济订货批量下企业可实现订货成本和储存成本之和最小化[1-2]。因此，在 EOQ 模型的教学中，如何将理论数学公式和推演结论生动地融入家国情怀并探索其管理启示是课程思政的核心任务。围绕该问题，本文首先介绍经典 EOQ 模型并从补货和缺货视角拓展该模型，然后以粮食供应链为分析案例，针对模型中的可变成本、补货以及缺货参数，探索高水平供需动态平衡、双循环新发展格局以及突发公共事件下的党中央和国家的战略部署，以

① **基金项目**：重庆工商大学研究生课程思政建设项目（高级运筹学，2022-56）；重庆市研究生教育教学改革研究项目（项目号：yjg203094）；重庆工商大学教育教学改革与研究项目（项目号：2020304）。

粮食供给安全稳定应对外部环境的不确定性。

二、确定需求下的 EOQ 模型教学

（一）确定需求下的经典 EOQ 模型教学

经典 EOQ 模型起源于 1913 年哈里斯对车间零部件订购数量的探讨[3]。该模型中，假设产品的年需求率 D 已知且均匀连续，面对此情形，企业需要决策每间隔多长时间（T）订购多少产品（Q）以最小化总运营成本。每次订购会产生订购成本和持有成本，其中，订购成本是由产品批发成本 wQ 和固定启动成本 c_3 组成，持有成本为平均库存水平与单位产品单位时间持有成本 c_1 的乘积。则企业一年内的总运营成本为[4-5]：

$$\pi(Q, T) = \frac{1}{T}\left(c_3 + wQ + c_1 \int_0^T (Q - Dt)\, dt\right)$$

将 $Q = DT$ 带入 $\pi(Q, T)$，由其关于 T 的一阶最优条件得 $T^* = \sqrt{2\,c_3 / c_1 D}$，进而计算出企业的最优订购量 $Q^* = \sqrt{2\,c_3 D / c_1}$。此时企业最小总运营成本为 $\pi^* = c_1 Q^* + wD$，其中称 $c_1 Q^*$ 为可变成本。

（二）确定需求下经典 EOQ 模型拓展教学

经典 EOQ 模型中，假设产品的供应能力无限且不允许自身缺货，这与实际有偏离。本节放松这两个假设探讨其拓展模式，如图 1 所示的企业运营流程，其中 P 为产品单位时间的供应能力，c_2 为单位产品单位时间的缺货成本。给定任意 $[0, T]$ 周期，时间在 $[0, t_1]$ 时间内企业处于缺货状态，记 B 为最大缺货量；从 t_1 开始企业开始补货且补货量均匀达到，至 t_2 时刻企业解除了缺货预警；$[t_1, t_3]$ 时间为产品补货时间，其中在 $[t_1, t_2]$ 时间内除了满足需求之外还须补足 $[0, t_1]$ 时间内的缺货，而 $[t_2, t_3]$ 时间内满足需求后的货物进入存贮，存贮量以 $(P - D)$ 的速度增加，至 t_3 时刻存贮量达到最大值 S，这时停止补充产品；最后，$[t_3, T]$ 时间存贮量以需求速度 D 减少。

拓展 EOQ 模型中企业的总成本由订购成本、缺货成本和持有成本构成。其中，T 时间跨度的订购成本等价于启动成本 c_3 加上采购成本 wQ；在时间 $[0, t_2]$ 内发生缺货，缺货成本等同于 $c_2 D \dfrac{P - D}{2P} t_2^2$；在时间 $[t_2, T]$ 内产生持有成本，为 $c_1 \dfrac{D}{2P}(P - D)(T - t_2)^2$。综合得企业的年度总运营成本为：

$$\pi(Q, T) = \frac{1}{T}\left(c_3 + wQ + c_2 D \frac{P - D}{2P} t_2^2 + c_1 \frac{D}{2P}(P - D)(T - t_2)^2\right).$$

由一阶最优条件联立求解 (t_2, T) 得：

$$\begin{cases} T^* = \sqrt{\dfrac{2\,c_3}{c_1 D}} \sqrt{1 + \dfrac{c_1}{c_2}} \sqrt{\dfrac{P}{P - D}} \\[3mm] t_2^* = \dfrac{c_1}{c_1 + c_2} T^* \end{cases}.$$

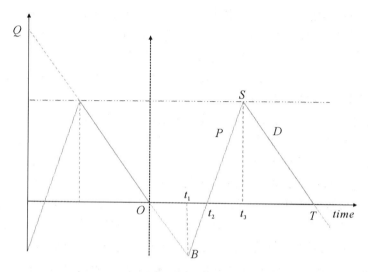

图 1 考虑补货和缺货的 EOQ 模型

进而可得最优采购量 Q^*、T 周期内最大缺货量 B^*、最大存储量 S^*、以及最小平均可变成本 π^* 分别为：

$$\begin{cases} Q^* = \sqrt{\dfrac{2\,c_3 D}{c_1}}\ \sqrt{1 + \dfrac{c_1}{c_2}}\ \sqrt{\dfrac{P}{P - D}}^{\,*} \\[3mm] B^* = \sqrt{\dfrac{2\,c_1 c_3 D}{(c_1 + c_2)\,c_1}}\ \sqrt{\dfrac{P - D}{P}} \\[3mm] S^* = \sqrt{\dfrac{2\,c_3 D}{c_1}}\ \sqrt{\dfrac{c_2}{c_1 + c_2}}\ \sqrt{\dfrac{P - D}{P}} \\[3mm] \pi^* = c_1\,Q^* + wD \end{cases} \quad .$$

对比经典 EOQ 模型和拓展 EOQ 模型的结论发现，在考虑补货和缺货状态下企业的单次订购量扩大了 $\exp = \sqrt{(c_1 + c_2)\,/\,c_2}\ \sqrt{P/(P - D)} > 1$ 倍，但年度可变成本缩小至 $1/\exp$ 倍数。EOQ 模型适用于很多现实（特别是年需求量可被视为固定）的经济场景，例如粮食、医药以及能源的年度需求等。从中挖掘的管理启示有助于指导实际问题。

三、确定需求下 EOQ 模型应用于粮食供应链管理的思政探索

民为国基，谷为民命。粮食产业是关乎国计民生的基础性和战略性产业，是构建人类命运共同体的保障基础。习近平总书记反复强调，解决好吃饭问题始终是治国理政的头等大事，提出了"悠悠万事、吃饭为大"等系列论述和决策部署。近年来，自然灾害、经济震荡以及新冠疫情等不利因素的影响，国内国际的粮食产销失衡和价格波动已然上升为事关我国经济、社会乃至国家的战略安全问题，需要系统性的理论研究和实践探索。正如《全球粮食危机报告（2021）》指出，自 2017

年以来全球粮食问题已成为令人担忧的趋势。2020 年全球 55 个国家/地区的粮食供给危机处于 IPC/CH 三级及以上等级，受影响人口比 2019 年增加了约 2 000 万人，达 1.55 亿人。联合国秘书长安东尼奥·古特雷斯就此趋势呼吁"我们需要改革粮食产销网络体系，使其更具有包容性、柔韧性和持续性"，这也是联合国制定 2030 年可持续发展议程蓝图的目标之一。

我国是粮食生产大国，总产量连续多年稳定在 6.5 亿吨以上，在国内供给与进口补充的保障体系下基本能统筹全国粮食的消费需求，这种现状正如 EOQ 模型的运算结果那样，总运营成本中的 wD 是常数。但是我们也注意到我国区域的粮食产销失衡现象也十分凸显，随着经济社会和城镇化的快速发展，"两湖、两广""江南鱼米乡""蜀地天府国"等传统粮食主产区的粮食贡献率逐年下降，东北三省已成为全国最大的粮食主产区和粮食输出地，东南沿海各省成为全国最大的粮食主销区和流入地。由区域粮食供需失衡产生的成本正如 $c_1 Q^*$ 那样影响着总运营成本。

考虑补货和缺货时企业的年度可变成本是经典 EOQ 模型的 $\sqrt{c_2/(c_1 + c_2)}$ $\sqrt{(P - D)/P}$ 倍数，由此可以看出当粮食产能和市场消费偏离时，该倍数是逐渐增加的。为此，党中央和国务院高度重视国内粮食产销网络供需动态平衡，在粮食供求长期紧平衡的态势下，全面实施国家粮食安全战略，深入实施优质粮食工程，大力推进粮食产业高质量发展，在更高层次上实现粮食供需动态平衡，以粮食供给安全稳定应对外部环境的不确定性。特别地，国家的第十四个五年规划以及 2020 年中央经济工作会议明确"建设国家粮食安全产业带""提高粮食和重要农副产品供给保障能力"等措施，促使我国粮食库存结构进一步优化，抵御市场风险和维持有效供应的能力进一步增强。

近年来，面对突发公共事件企业是大量囤积粮食（产生持有成本 c_1）还是按部就班的运营生产（会产生缺货成本 c_3），从模型视角看企业的可变成本随着粮食的持有成本增加而降低，而随着缺货成本的增加而增加。有鉴于此，一方面，国家大力创新发展现代市场流通和现代物流产业，不仅是畅通国内粮食大循环，而且是畅通国内国外"双循环"的大动脉，健全和加强开放、稳定、安全、持续发展的粮食产业链和供应链，打造四通八达的现代粮食物流系统；另一方面，我们也看到近日国家发展改革委、国家粮食和物资储备局联合发出通知，对做好 2022 年"两节""两会"等重大节日和重要时段粮油市场保供稳价工作做出安排部署、提出明确要求有关企业要加强粮源组织调度，充分保障市场供应和强化粮食产购储加销协同联动，实现粮食安全治理体系和治理能力的目标。

参考文献：

[1] TALEIZADEH A A. An EOQ model with partial backordering and advance payments for an evaporating item [J]. International Journal of Production Economics, 2014, 155：185 - 193.

［2］ GODICHAUD M，AMODEO L. EOQ models with stockouts for disassembly systems［J］. IFAC-PapersOnLine，2019，52（13）：1681-1686.

［3］ ANDRIOLO A，BATTINI D，GRUBBSTRÖM R W，et al. A century of evolution from Harris's basic lot size model：Survey and research agenda［J］. International Journal of Production Economics，2014，155：16-38.

［4］ 周永务. 库存控制理论与方法［M］. 北京：科学出版社，2009.

［5］ David Simchi-Levi，et al. Designing & Managing the Supply Chain：Concepts，Strategies & Case Studies［M］. Second Edition，New York：McGraw-Hill，2003.

国际商务课程融入思政元素的
困境和动力机制研究①

杨家权¹，涂颖²

（1. 重庆工商大学管理科学与工程学院，重庆，400067；
2. 重庆工商大学工商管理学院，重庆，400067）

摘　要：我国需要大量经济类、商务类专业人才来推动经济的高质量、可持续发展。人才者若立志不坚，终不济事。高校是培养相关专业人才的摇篮，但目前高校的国际商务课程思政尚处于起步探索阶段且面临诸多困境。鉴于此，本文以国际商务课程融入思政元素为题，重点分析将思政元素与国际商务专业知识融合时所面临的困境，并对将思政元素融入国际商务课程的动力机制进行了深入的探讨。

关键词：国际商务课程；课程思政；困境；动力机制

1. 引言

为了全面推进高校课程思政建设，国家先后出台了《关于加强和改进新形势下高校思想政治工作的意见》和《高等学校课程思政建设指导纲要》等政策。为贯彻落实国家关于高校课程思政建设的举措，高校的教师应积极将思政元素引入课堂。相较于其他专业课程，学生在学习国际商务课程时，会接触到很多国家的文化、营商环境以及国际企业的竞争战略等[1]。由此看来，将思政教育的元素融入国际商务课程的教学中是十分必要的。

但是目前将思政元素融国际商务课程教学还面临诸多困境。例如教师需要耗费较高的成本将思政元素融入课程，课程教学的设计难度加大；由于高校课程的思政建设尚处在初步阶段，供教师参考的课程思政资源不足；囿于传统教学方式的禁锢，课程思政的内容不够生动；高校对教师课程思政教学的激励机制不到位以及课程思政教学效果的反馈机制欠缺等。

---

①　**基金项目：**重庆市社会科学规划项目（项目号：2021NDYB060）；重庆市教育委员会科学技术研究项目（项目号：KJQN202000820）。**作者简介：**杨家权（1988—），男，重庆武隆人，博士，硕士生导师，研究方向：物流与供应链管理，Email：yangjiaquan@ctbu.edu.cn；涂颖（1998—），湖北孝感人，硕士研究生，研究方向：国际采购与全球供应链管理，Email：ying_ytu@163.com。

　　面对国家对于高校课程思政建设的大力推进和高校专业课程教学急需融入思政元素的现实需求，如何加快思政元素和课程专业知识的有机融合是开设国际商务课程的院校要迎接的新挑战。本文着重分析将国际商务课程与思政元素融合时所面临的困境，并深入探讨了将思政元素融入国际商务课程的动力机制，旨在突破将国际商务课程与思政元素融合时所面临困境（如图1所示）。

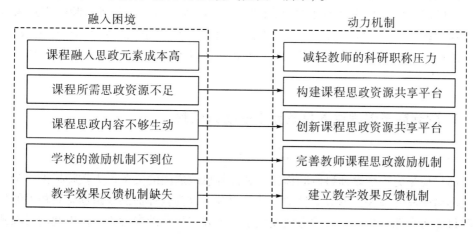

图1　将思政元素融入国际商务课程建设的困境与动力机制

2. 国际商务课程融入思政元素的困境

（1）课程融入思政元素成本高

将思政元素融入课程需要耗费教师较高的成本。以青年教师为例，青年教师是建设课程思政的主力军，但是青年教师在完成繁重教学任务的同时还面临着科研考核、职称评定等工作压力。此外，大量的教学考核也在一定程度上限制了教师主体的灵活性，增加了教师们将思政元素融入课程教学的成本。

（2）课程所需思政资源不足

虽然现今各大高校正在积极开展思政课堂的实践，一些教师在开展课程思政教学时的积极性也很高，但是学校能为教师提供的资源有限。以至于教师在将思政元素融入国际商务课程教学的过程中，缺乏可供参考的成功的国际商务课程思政建设经验，只能在教学实践中不断探索并完善课程思政的建设。

（3）课程思政内容不够生动

由于部分教师对课堂思政理念认识的欠缺、自身的教学水平的局限或者是为了应付课程思政的教学任务，而将思政元素和国际商务专业知识生硬地拼凑在一起，以至于教学内容不够生动[3]，教学方式僵化缺少创意。不仅阻碍了学生对于专业知识和技能的获取，还容易激起学生对老师教学的反感情绪。

（4）学校激励机制不到位

学校的激励机制不到位是推进课程思政建设面临的困境之一。在高校中，课程思政建设推进的一个重要难题是学校的激励机制还不能很好的用到实处。课程思政的建设很难展开的一个重要原因是这些高校都不具有完善合理的激励机制。为了尽可能地调动教师的积极性和能动性，需要更加合理、可靠且效率较高的激励机制作为依托。

（5）教学效果反馈机制欠缺

课程思政的建设是需要教学效果和教学成绩作为支撑的，但是目前很多高校欠缺反馈机制来衡量教学效果和教学成绩[3]。一般很难用考试或者测验的方式来判断教师的教学效果，因此暂无很好的方式可以直接判定国际商务课程思政的效果。教师也很难接收到学生的课堂反馈，以至于难以及时调整和优化的教学方式和内容。

3. 国际商务课程融入思政元素的动力机制

（1）减轻教师的科研职称压力

高校应尽力平衡教师科研职称压力和课程思政之间的关系，为教师提供一个良好的环境供其开展课程思政的教学设计。学校可以为教师提供与课程思政相关的科研项目或者将课程思政的教学考核成绩也作为评审职称的参考之一，以此动员教师们积极开展课程思政的教学。

（2）构建课程思政资源共享平台

为解决课程思政资源不足问题，学校可以构建课程思政资源共享平台。初始建造的共享平台涵盖系级、院级以及校级，然后再逐步接入省级和国家级的思政资源，最终达到全国思政教学资源的共享。这样一来，高校教师则拥有了大量可供学习的课程思政案例。

（3）创新课程思政的教学方式

创新国际商务课程思政的教学方式，可以在很大程度上解决课程思政内容不够灵活的问题。比如案例教学的方式可以将思政元素和国课商务专业知识有机地结合起来，教师可以通过丰富有趣的案例向学生传授国际商务专业知识以及其中蕴含的思政元素[4]。

（4）完善课程思政激励机制

为完善教师课堂思政的激励机制，高校可多开展课程思政的相关比赛和评比，并设置丰厚的奖励。此外，对于积极开展课程思政教学且卓有成效的教师，可给予评优评先和绩效考核等方面的奖励，让教师有足够的动力将思政元素融入国际商务课程的教学中，还可以让更多的教师在课程思政的一些活动中，逐渐提升思政教育的能力。

（5）建立教学效果反馈机制

为解决教学效果反馈缺失的问题，高校可以建立合理的教学效果反馈机制。相关部门可设立专项检查小组，聚焦教师们将思政元素引入课堂的情况，督促教师及时查漏补缺。此外，教师应在结课之后，对学生进行问卷调查，收集学生对该课程思政教学的意见，基于学生所反馈的问题，及时调整在课程思政教学过程中存在的不足之处。

4. 结语

在这个全世界互联互通的时代，信息的传递变得更加快捷。来自世界各地的文化和意识形态相互冲撞，商务及贸易类专业的学生在未来国际化的工作环境中需要保持较高的政治觉悟和端正的品格，因此将思政元素融入国际商务课程的重要性和急迫性不言而喻。针对目前在国际商务课程思政教学中存在的融入思政元素成本过高、相关课程思政的资源有限、课程思政的内容不够丰富、学校激励机制不到位和教学反馈机制的缺失等问题，本文提出了减轻教师科研职称压力、构建课程思政资源共享平台、创新课程思政的教学方式、完善教师课程思政的激励机制、建立教学效果反馈机制等一系列动力机制来突破国际商务课程思政的困境，以期加快高校建设国际商务课程思政教学的进程。

参考文献：

[1] 程达军，丁红朝，彭朝林. 国别视角下国际商务类课程实施课程思政的路径探索 [J]. 对外经贸，2021（2）：128-131.

[2] 刘欣欣."双一流"建设背景下高校思政教育的思路与对策 [J]. 教育教学论坛，2021（41）：85-88.

[3] 李桂然，洪秘密，朱莹莹，康兵，李小盼. 国际商务专业课程思政与第二课堂结合探析 [J]. 邢台学院学报，2021，36（3）：167-170.

[4] 查贵勇. 国际商务管理课程开展课程思政教育的思考和实践 [J]. 对外经贸，2020（9）：122-124.

"物流系统规划与设计"课程思政的教学与实践

李健　王江涛　汪荣敏

（重庆工商大学管理科学与工程学院，重庆，400067）

摘　要： 面对新时代国家对本科思想政治工作的新要求，从立德树人、教书育人的角度，确定"物流系统规划与设计"的课程思政教学目标，结合课程特点与教学内容，挖掘思政元素，进行课程思政案例设计，将价值引领、能力培养和知识传授三者融为一体，使学生在掌握物流系统规划与设计知识的基础上，提升知识应用能力和创新创业能力，培养学生的家国情怀与工程素养，引导学生树立正确的"三观"。

关键词： 课程思政；物流系统规划与设计；工程素养；家国情怀

2016 年，习近平在全国高校思想政治工作会议上指出，用好课堂教学主渠道，使各类课程与思想政治理论课同向同行。2018 年，国务院办公厅《关于深化新时代学校思想政治理论课改革创新的若干意见》提出：统筹推进思政课课程内容建设，坚持用习近平新时代中国特色社会主义思想铸魂育人。2020 年教育部印发的《高等学校课程思政建设指导纲要》中指出，专业课程是开展课程思政建设的基本载体，要深入梳理专业课教学内容，结合不同课程特点、思维方法和价值理念，深入挖掘课程思政元素，有机融入课程教学，达到润物细无声的育人效果。将思政理念融入高校的课堂教学中，对于培育和践行社会主义核心价值观、进行爱国主义教育、提高新时代大学生的创新能力和应用意识有着重要意义。"物流系统规划与设计"是物流管理专业的核心专业课，是对本科生前三年所学知识点的综合运用，是学生步入职场前的一门重要的专业课，教学中拓宽思政教育渠道，将思政教育理念融入"物流系统规划与设计"课程中，潜移默化中培养学生的责任感、使命感和职业认同感，使其有深厚的专业情感、坚定的职业信念，以期为促进学科专业课的课程改革建设提供新的思路。

本文以物流管理专业的核心课程"物流系统规划与设计"为例，系统梳理课程思政元素，改革课程教学内容，真正做到习近平新时代中国特色社会主义思想进教材、进课堂、进学生头脑。

1. "物流系统规划与设计"课程思政的必要性

（1）课程性质

"物流系统规划与设计"是一门综合性课程，涉及管理、技术等有关内容，规划与设计内容更新快，与国家政策结合紧密，非常适合进行思想政治教育。通过本课程的学习，培养个人修养、社会关爱、家国情怀等，提升学生的责任感、使命感和职业认同感。

（2）学情分析

"物流系统规划与设计"教学对象主要是 00 后大学生，大多数学生人生观和价值观受互联网影响较大，思维活跃，观念多元化，自我意识强，个性突出，喜欢轻松活泼的学习过程，接受贴近生活的学习内容。但是大学生的目标理想模糊，社会主义核心价值观念弱，独立解决问题能力差，自我管控能力和抗挫折能力差，对传统的思想政治教育内容和方法缺乏热情，需要教师结合社会发展，使用科学的专业术语，借助日常生活案例使学生在轻松的气氛中接受思想政治教育。

（3）教学环境变化

新冠肺炎疫情暴发，为课堂教学赋予新的定义和覆盖面，线上线下混合式教学成为主流。"物流系统规划与设计"利用在线开放课程，通过课程思政引导学生正确认识疫情，了解国家对疫情防控所做的贡献，在日常作业中以案例教学法帮助学生了解物流系统规划与设计实践能力助力国家防疫，增强爱国主义精神和民族自豪感。

2. 课程专业目标与思政目标

（1）课程专业目标

熟悉物流系统规划与设计的技术基础；掌握物流系统规划与设计的方法、基本理论、技术；熟练运用相关方法与技术解决实际问题；具备运用物流系统规划与设计的相关知识和技术分析、解决问题的能力；具备灵活应用知识的能力、再学习的能力；具备创新的能力；具备团队合作的能力。

（2）思政育人目标

培养学生面向世界的宽宏视野和爱国情怀；帮助学生树立正确的世界观、人生观、价值观和职业观；能正确运用马克思主义的理论分析解决物流系统规划与设计问题；帮助学生树立正确的爱国意识，为建设交通强国做出贡献；帮助学生对中国创新科技、传统文化有更加深入的理解，发扬中国传统文化。

3. 教学案例

结合课程内容列出"物流系统规划与设计"课程的思政案例。

（1）授课要点（课程内容摘要）：物流系统规划与设计的定义、我国物流系统

规划与设计发展现状和存在的问题、发展前景、物流系统规划与设计的重要意义和学习目标。

融入的思政点1：家国情怀和文化自信。

授课形式与教学方法：启发式教育。

思政案例：讲授物流系统的定义及规划设计物流系统的重要意义，介绍我国物流业发展取得的成就，观看国内大型物流企业京东的物流配送系统视频，强调我国物流发展的日新月异，激发学生的家国情怀与文化自信。

融入的思政点2：社会责任。

授课形式与教学方法：启发式教育结合课堂讨论。

思政案例：讲授我国物流系统发展现状和存在的问题，讲述京东物流的发展历程，介绍党的方针政策和科学发展观，阐述我国交通强国战略、美丽中国建设等时事政策，激发学生的社会责任感。

融入的思政点3：价值塑造。

授课形式与教学方法：启发式教育。

思政案例：讲授物流系统发展前景与本课程学习目标，以顺丰速运创始人王卫等为例，引导学生树立正确的人生观、价值观。

融入的思政点4：创新创业精神。

授课形式与教学方法：启发式教育结合课堂讨论。

思政案例：介绍我国物流系统发展趋势，结合十九大报告提出的打铁必须自身硬的理念，鼓励学生牢记使命，发展国家的物流系统是每个人的坚强使命，应加强自身学习，鼓励学生培养不怕困难、勇于担当的科学精神和自由发展、创新创业的时代精神。

（2）授课要点（课程内容摘要）：物流系统模式分析。

融入的思政点1：创新创业意识。

授课形式与教学方法：启发式教育结合课堂讨论。

思政案例：我国生鲜农产品物流系统模式演变的多样性、创新性。

融入的思政点2：工程思维培养，工匠精神。

思政案例：讲授物流系统模式设计的方法，以"菜鸟未来物流园区"为例，引导学生思考新兴技术在物流领域中的应用，引出工匠精神，培养工程思维。

（3）授课要点（课程内容摘要）：物流网络规划。

融入的思政点：家国情怀与工匠精神。

授课形式与教学方法：启发式教育结合课堂讨论。

思政案例：讲授物流网络规划需考虑因素及其选址案例分析，融入我国北斗卫星定位系统辅助物流网络的构建，观看引北斗三号全球卫星导航系统建成开通新闻发布的片段，让学生感受我国科技强大，加强学生爱国自豪感同时讲述北斗全球卫星定位系统技术原理，培养学生的工匠精神，开展家国情怀的思想教育。

（4）授课要点（课程内容摘要）：设施系统布置设计。

融入的思政点1：职业道德、科学精神、工程思维。

授课形式与教学方法：启发式教育。

思政案例：介绍系统布置设计中泰勒、缪瑟的贡献与事迹，掌握系统布置设计方法，培养职业道德、科学精神、工程思维。

融入的思政点2：绿色生态和工程伦理。

授课形式与教学方法：启发式教育。

思政案例：讨论物流低碳目标引导下的物流系统布置设计，引导学生明确绿色、低碳物流的重要性，重视生态保护和物流安全、工程伦理等问题。

（5）授课要点（课程内容摘要）：物料搬运系统设计及其设备类型选择。

融入的思政点1：大国工匠精神、"双创"。

授课形式与教学方法：启发式教育结合课堂讨论。

思政案例：讲授物料搬运系统设计及其设备类型选择，物料搬运设备类型选择《大国重器》第2季第3集：通达天下的工程机械最先赶超为例，培养大国工匠精神和"双创"思维。

融入的思政点2：人生观教育与价值塑造。

授课形式与教学方法：启发式教育结合课堂讨论等。

思政案例：给学生演示往届学生开发的物料搬运系统，让学生点评作品的优缺点，培养学生认识美、爱好美、创造美的能力，在潜移默化中引导学生树立正确的世界观、人生观和价值观。

（6）授课要点（课程内容摘要）：EIQ规划分析技术。

融入的思政点1：工匠精神。

授课形式与教学方法：启发式教育结合课堂讨论。

思政案例：讲授关键成功因素法，以亚马逊物流基地的成功案例，引导学生汲取成功经验，养成认真负责的工作态度、一丝不苟的工匠精神、求真务实的科学精神。

融入的思政点2：工程伦理。

授课形式与教学方法：启发式教育结合课堂讨论。

思政案例：讲授EIQ数据分析方法，以"大数据杀熟"案例，引导学生思考数据流程分析、数据管理在物流工程中的重要作用，引导学生构建牢固的工程伦理、职业道德准则与诚信品格。

融入的思政点3：思想教育。

授课形式与教学方法：启发式教育结合课堂讨论。

思政案例：讲授大数据、云计算等大量资料收集整理方法的EIQ分析为例，引导学生思考EIQ分析在物流规划领域中的重要作用，培养学生一丝不苟的工作态度、工匠精神，开展专业思想教育。

（7）授课要点（课程内容摘要）：物流配送中心布局规划。

融入的思政点1：团结合作、工程素养。

授课形式与教学方法：启发式教育。

思政案例：讲解配送中心规划需考虑因素为案例分析考虑因素：人文、气候、土建、环保等，培养学生一丝不苟的工作态度，培养团结合作和工程素养。

融入的思政点2：创新创业精神。

授课形式与教学方法：启发式教育结合课堂讨论。

思政案例：讲授物流配送中心布局规划设计任务、设计方法，以京东物流配送中心布局为例，培养创新创业能力。

（8）授课要点（课程内容摘要）：物流园区规划。

融入的思政点1：我国的制度优势。

授课形式与教学方法：启发式教育结合课堂讨论等。

思政案例：讲授我国物流园区规划政策、我国物流园区发展情况、物流园区规划需要国家和方政府规划与支持，让学生体会到我国的制度优势。

融入的思政点2：社会责任感。

授课形式与教学方法：启发式教育结合课堂讨论。

思政案例：介绍物流园区的日常管理与安全管理内容，强调物流园区的日常管理应与安全管理和信息安全相契合，引导学生勇于担当、负责，加强大学生的安全意识、大局意识、敬业精神。

（9）授课要点（课程内容摘要）：分组规划设计物流系统。

融入的思政点1：团队合作。

授课形式与教学方法：启发式教育结合课堂讨论。

思政案例：布置分组作业，要求设计某个小型物流系统。启发学生团队合作的重要性，培养团队协作精神、包容尊重、谦虚守信的处世之道。

融入的思政点2：创新创业精神。

授课形式与教学方法：启发式教育结合课堂讨论。

思政案例：强调学生在规划设计开发物流系统时，注意物流系统规划的各部分内容和功能创新，以京东物流网络的成功案例，鼓励学生创新物流网络系统，完善物流网络系统，培养创新创业的时代精神。

四、总结

将思政教育理念融入"物流系统规划与设计"课程中，建立课程思政目标，优化完善教学设计方案，以实现专业知识教育与思想政治教育的有机统一；采用适当的方法融入知识点，可以在传授知识的同时，对学生进行思想政治教育，实现价值引领目标；思政教育对老师自身的思想道德水平、家国思想、工匠精神、人文情怀、政治理论水平要求都很高；思政教育任重道远，在今后的教学过程中将继续探索，勇于实践，充分发挥本学科的独特育人优势，进一步提示育人价值，努力增强育人的针对性和实效性。

参考文献：

[1] 余江涛，王文起，徐晏清. 专业教师实践"课程思政"的逻辑及其要领：以理工科课程为例 [J]. 学校党建与思想教育，2018（1）：64-66.

［2］何红娟."思政课程"到"课程思政"发展的内在逻辑及建构策略［J］. 思想政治教育研究，2017，33（5）：60-64.

［3］石书臣. 正确把握"课程思政"与思政课程的关系［J］. 思想理论教育，2018（11）：7-61.

［4］王思巡. 浅析"互联网+"时代大学生思政教育模式的改进策略［J］. 决策探索（下），2020（1）：46.

［5］安立华，李洋，刘琳等. 思政理念基因式融入物流工程专业课教学的探索与实践：以"物流信息系统"课程为例［J］. 物流技术，2019，38（12）：132-136.

［6］林夏繁，肖玉徽. 基于能力导向的物流管理信息系锄模块化课程设计研究［J］. 电子测试，2020（15）：133-134.

［7］姜晓红."物流信息系统设设计"课程思政矩阵与教学案例设计［J］. 物流科技，2021（4）：151-155.

［8］孙慧."物流系统规划"课程思政探索与实践［J］. 物流工程与管理，2021（11）：163-165.

基于用户体验的课程思政
与实践类教学设计探索

王江涛　李健

（重庆工商大学管理科学与工程学院，重庆，400067）

摘　要：基于用户体验原理的课程思政元素融入，在实践类教学课程的设计过程中具有重要的现实意义。本文通过实践类课程设计中的思政和专业、能力目标，以及教学内容设计的探索，以实际教学反馈展示了沉浸体验下的思政元素融入效果。

关键词：用户体验；沉浸体验；课程思政；实训教学；实验教学

一、用户体验对于实践类教学的意义

（一）用户体验原理概述

用户体验（user experience，UE）是目标群体在使用某种产品或者服务时建立起来的主观心理感受，是产品在现实世界的表现映射到交互式应用的体会。用户体验包括了用户对品牌特征、信息的可用性、功能性、内容性等方面的体验。不仅如此，用户体验还是多层面的，并且贯穿于人机交互的全过程。既有对产品操作的交互体验，又有在交互过程中触发的认知、情感体验，包括安详、静谧、愉悦、美感和激动等。

美国经济学家约瑟夫·派恩（Joseph Pine）和詹姆士·吉尔摩（James Gilmore）从体验与人的关系的角度进行考察，从两个坐标轴对体验进行分类。其中，X轴代表人的参与程度，从"消极参与"到"积极参与"；Y轴代表参与类型，从"沉浸体验"到"吸收体验"（见图1）。其中，"吸收"是指通过让人了解体验的方式来吸引人的注意力，如看电影、电视节目等；"沉浸"则表示体验者正在成为经历的一部分，融入其中，如玩电子游戏或操作虚拟现实人物等。

这两个坐标系将体验分成了四种类型：娱乐体验、教育体验、逃避现实体验和审美体验。娱乐体验是通过感觉而被进行的体验；教育体验则要求体验者有更高的主动性；逃避现实体验比娱乐体验更加令人着迷；审美体验则让人感觉最丰富、消极而沉浸，让人身心得以放松。

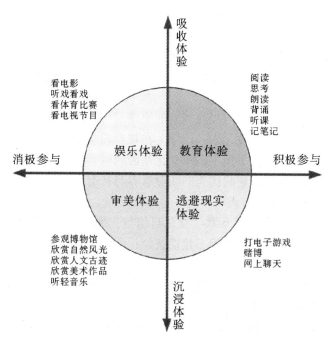

图1　用户体验类型及其相互关系

（二）实践类教学环境下用户体验融入的意义

相对于理论教学而言，实训与实验教学更注重过程的实践性。实践类教学过程中，将学生视作实验教学对象的用户，可以借鉴用户体验的原理，其目标群体在使用某种产品或者服务时建立起来的主观心理感受，是产品在现实世界的表现，映射到交互式应用的体会。针对学生的体验，包括了学生对实验对象的特征、实验信息的可用性、功能性、内容性等方面的体验。不仅如此，学生体验还是多层面的，并且贯穿于整个实践类教学交互的全过程。既有对实验对象操作的交互体验，又有在交互过程中触发的认知、情感体验，包括安详、静谧、愉悦、美感和激动等。

实训与实验教学由于其"体用结合"的两重特性，既有基础理论原理的思考性导引，又有实际动手操作之后的成就感铺陈，所以将用户体验原理融入其中拥有立竿见影的效果。实际课程设计中，需要注重将沉浸体验范围中的审美体验与吸收体验中的教育体验结合起来，让学生在学习过程中，既有放松的审美过程滋养，又能产生跃跃欲试的操作冲动。

因而，在实训与实验教学过程中，基于用户体验的原理进行教学设计，可以起到事半功倍的教学效果。

二、思政元素在实践类课程设计中的融入

（一）基于用户体验原理的思政元素融入

课程思政与实践类教学的知识单元之间应该是一种水乳交融的状态，断不可形成"思政元素"与"知识单元"两不相关的状态。如果二者没有形成有机的融合，

那么就会给学生以说教感，产生心理距离与隔阂。

"Web 美工实作"是一门实践类型的课程，而其中的三维静态建模是一个非常重要的知识单元，相对于其他知识单元而言，难度更大、挑战性更高。在原有的教学过程中，有些学生迎难而上，而有些学生则畏难应付——而这正是需要思政元素可以加持的所在。

基于用户体验的沉浸体验与吸收体验的原理，可以在三维静态建模这个有一定难度的知识单元里，融入思政元素；让学生在观看教学视频、听取讲解的过程形成文化自信，并培养勇于承担重担、传承文化基因的科学精神，并通过此思想引导下的实训与实验操作，逐步构建起优秀的职业素养与社会责任感。

（二）融入思政元素的形式

依托"Web 美工实作"第 6 章"文化自信与三维静态建模"的教学内容进行，这一章将要达成一定程度的三维静态建模技能；课程思政元素的内容属于三维静态建模技能前置单元。

教学过程以讲解为主，首先通过纪录片《圆明园》片段、百年兴衰与 3D 重建的视觉冲击，引发学生兴趣。

然后，教师通过 3D 建模小品，逐步引入传统文化元素在 3D 静态建模中的应用场景。

教师通过古建筑类型、榫卯结构与斗拱结构介绍与重构表现，展示中国古代优秀的设计思想，通过古建筑学家生平与行实介绍（见图 2、图 3），树立起为天地立心、为生民立命、为往圣继绝学、为万世开太平的家国情怀和社会责任感。

图 2 梁林夫妇考察佛光寺

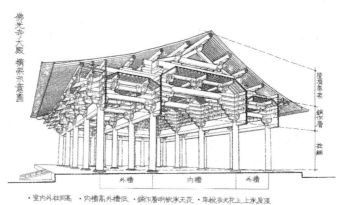

图 3　梁思成手绘佛光寺大殿构架（1937 年）

　　再后，在观摩榫卯结构动图、斗拱结构 3D 重构、3D 单体屋宇重构（见图 4）、万州弥陀禅院三峡搬迁项目（见图 5）的基础上，领悟传统文化与现实用具"体用结合"的思想精髓与现实意义，从而让学生树立起文化自信，并自觉将之与未来工作结合起来。

图 4　王江涛 3D 重构佛光寺东大殿（1997 年）

万州弥陀禅院（北山观）搬迁项目——效果图与重建后的现实照片

图 5　万州弥陀禅院效果图与重建后的现实照片

最后，通过最新的虚拟现实技术作品《空山新雨后》展示当代最新科技与传统文化结合的实例，从而实现文化传承与发扬光大。

整个融入的过程既有大量的案例穿插（如佛光寺大殿发现与重构），又有专题嵌入（万州弥陀禅院三峡搬迁项目）、隐性渗透（3D建模小品中的传统纹样贴图），让学生在学习过程中全身心地沉浸，并且最终通过课程思政心得的方式进行反思与辨析。

（三）融入思政元素的教学目标与教学内容设计

1. 专业目标与能力目标

了解3D建模的基本知识、中国传统古建筑的基础知识，为三维静画技术的学习奠定前期的认知基础。

学习做一名传统文化的观察者、搜集者与传承者。无论是青花瓷、剪纸、皮影，都是优秀的传统文化元素；只要善于观察与搜集，做一个有心人，就能够将其融入小品建模中来。具体包括：

（1）了解古建筑中庑殿、硬山、悬山、歇山、攒尖等屋梁类型的基础上，能够识别不同屋顶类型的中国古建筑。

（2）掌握榫卯木结构优异的稳定性的基本原理，理解榫与卯是如何结合的。

（3）理解如何通过现代技术，对传统古建进行再生的举措所具有的当代意义；知道目前有哪些技术来复原或创建3D模型。

2. 思政教学目标设定

根据课程专业目标，在课程教学过程中，有机融入中国优秀传统文化教育，树立文化自信，进一步提升学生的爱国主义情操，并将专业知识融入报效祖国的热忱之中。在整个课程设计中，充分考虑循序渐进、移步换景、从学生最感兴趣的地方逐步润育，并通过不断呈现的"小高潮"式的视觉冲击来引人入胜、感染学生。具体的思政目标如下：

（1）通过理解古建筑中庑殿、硬山、悬山、歇山、攒尖等屋梁类型，深入挖掘专业课程中的中国传统文化历史背景。

（2）通过掌握榫卯木结构优异的稳定性的基本原理，从中领悟祖国古代优秀设计师的思想精神。

（3）展示将祖国优秀的古建筑结构与专业课程中三维建筑相结合的事例，培养学生主动投身于深化专业学习的积极性。

（4）学习北宋古建筑学家李诫苦心著述，不畏艰难、百折不挠、历经20余年，终于完成《营造法式》这一中国古建筑巨著的专业精神。

（5）学习近现代爱国建筑学家梁思民、林徽因夫妇的精神，1937年抗日战争期间，冒着生命危险寻访唐代古寺山西佛光寺并测量、保护、成书的专业精神，并最终完成多部专著，为我国古建筑保护与建设事宜做出了卓越贡献。

（6）养成保护中国古建筑、提升专业素养与人文素养的精神习俗，树立文化自信与油然而生的爱国主义情操，并将之最终融入整个中华民族伟大复兴的事业中来。

3. 教学内容设计

（1）3D 建模小品

观摩教师 3D 建模小品，学习如何将中国传统文化元素融入现实用具的设计之中。

（2）古建筑屋顶类型与结构

①古建筑屋顶类型

按屋顶类型划分为庑殿型、歇山型、硬山型、悬山型、攒尖、卷棚、盝顶、盔顶等类型；按叠檐、辐射方向类型划分为单檐、重檐；三角、圆、四角、八角等类型。

②古建筑学家

A. 北宋建筑学家李诫

历经 20 余年，受到各方势力阻挠，终于公元 1110 年（北宋元符三年）完成其著作《营造法式》。《营造法式》的编修来源于古代匠师的实践，上承隋唐，下启明清，对研究中国古代土木建筑工程和科学技术的发展，具有重要意义。

B. 近现代古建筑学家梁思成林徽因夫妇

为了保护和测量中国古建筑，梁思成林徽因夫妇曾于 1937 年抗日战争时期，冒着侵华日军的炮火，不怕危险、不畏艰辛，在山西寻访唐代古寺佛光寺，并进行了大量的测量工作，并最终绘制成图，一举打破了国外学者所谓"中国已无唐代古寺"的论断。梁思成生前所完成的多本专著已成为目前国内难得的古建筑学经典。

③榫卯结构

榫卯的特点是在物件上不使用钉子，利用卯榫加固物件，体现出中国古老的文化和智慧。在教学过程中不仅使用图片，更使用动图的方式，展现不同类型的榫卯结合方式。

④斗拱结构

斗拱是中国建筑特有的一种在立柱和横梁交接处的承重结构，可使屋檐较大程度外伸，形式优美，为我国传统建筑造型的一个主要特征。斗拱使人产生一种神秘莫测的奇妙感觉。在美学和结构上它也拥有一种独特的风格。无论从艺术或技术的角度来看，斗拱都足以象征和代表中华古典的建筑精神和气质。

（3）古建筑单体 3D 再现

教师通过展示自己曾经参与的三峡古建筑搬迁工程——万州弥陀禅院 3D 重建项目，让学生了解到整个项目的运作步骤。同时，也让学生意识到，3D 静态建模，对于古建筑的保护与传承，具备现实意义。

三、沉浸体验下实践类教学中的思政元素融入效果与反馈

通过课程思政元素在三维静态建模教学单元中的应用，学生完全能够沉浸其中并得到深刻的体验与启示，反馈教学效果特别好。教学体会与启示如下：

（一）树立了文化自信

通过优秀传统文化的介绍，特别是榫卯结构、斗拱结构内蕴含的组件化科学思想，直到在现今 3D 打印时代，依然显示出强大的生命力。古老的中华文明拥有灿烂而优秀的文化，通过教学，让学生树立文化自信（见图6、图7）。

中华文化源远流长，积淀着中华民族最深层的精神追求，代表着中华民族独特的精神标识，为中华民族生生不息、发展壮大提供了丰厚滋养。其蕴含的思想观念、人文精神、道德规范，不仅是我们中国人思想和精神的内核，对解决人类问题也有重要价值。中华优秀传统文化积淀着中华民族最深沉的精神追求，包含着中华民族最根本的精神基因，代表着中华民族独特的精神标识。中国传统建筑文化虽然只是一个小小的缩影，但是它的传承也代表着中华民族时代精神的体现。中华优秀传统文化是中华民族的"根"和"魂"，是最深厚的文化软实力，是中国特色社会主义植根的沃土，是我们在世界文化激荡中站稳脚跟的根基。要留住文化根脉，守住民族之魂， 这也是习近平总书记反复强调的重要理念。

图6　学生心得1

经过此次学习，我对于中国古代的建筑师们产生了由衷的钦佩。在那样一个没有混凝土，没有钢筋的时代，他们创造出了这世上最为牢固最为惊艳的作品。榫卯木结构在古建筑建造方法中独树一帜，其优异的稳定性让佛光寺屹立数千年，成为中国乃至世界的瑰宝。

此次课程也让我领悟了祖国古代优秀设计师的独特而富有创造性的思想，也让我产生了保护中国古建筑的责任感，由衷生出了对祖国文化的自信与自豪。

图7　学生心得2

（二）引发了学习兴趣

通过本次课程思政元素的导入，学生在学习的过程中通过图片、视频、故事穿插、案例引入等丰富的教学内容熏陶，对三维建模有了浓厚的学习兴趣，并能够在后续作业中加以应用。

（三）培养了文保意识

文物保护不仅仅是为了瞻仰古迹，更是一种传承精神。通过思政课程的学习，学生们逐步培养出文保意识，并下意识地运用于日常。

（四）陶冶了美学情操

整个思政课程采用大量优秀的图片、优雅的视频、悠扬的背景音效集合而成，学生在学习过程中自然而然地受到陶冶。美学，以一种润物细无声的方式悄悄地浸入到学生的心田。不必板起面孔来说美是什么，优美的事物，即使跨越千年，仍然有不减当年的魅力。

（五）孕育了责任担当

知易行难，而知行合一更是教育工作者追求的境界。学生的责任与担当，通过思政课程的引入，让学生学会了如何面对压力，如何担当起新时代年轻人的责任。

教师通过对古建筑学家的生平与经历的讲解，激发学生的爱国情感，从而孕育出学生的责任感与担当能力。

思政课程的建设与运用效果良好，学生反馈效果好。纵观全课程而言，思政元素以单元前置的方式在技能展示以前铺开，起到了画龙点睛的作用。

四、结语

基于用户体验的实践类课程设计过程中，教学设计中更多考虑学生知识能力的与用户体验情境化构建，这不仅符合用户体验的原理，更适合当下互联网时代实践类学习的应用环境。

学生通过用户体验下的沉浸学习，不仅有效融入了思政元素、达到"润物细无声"的思政目标，同时也树立了文化自信与勇于担当的家国情怀。教师可以更多地关注教学案例设计中对用户体验的层次递进效果与学生学习结果的反馈，不断优化迭代并最终形成教学相长的专业优势。

参考文献：

[1] 契克森米哈赖. 心流：最优体验心理学 [M]. 北京：中信出版集团，2011.

[2] 赵慧文，张建军. 网络用户体验及交互设计 [M]. 北京：高等教育出版社，2012.

[3] 王江涛. 网络视觉营销 [M]. 成都：西南财经大学出版社，2015.

[4] 古德曼，等. 洞察用户体验：方法与实践 [M]. 刘吉昆，等，译. 2 版. 北京：清华大学出版社，2015.

[5] 加勒特. 用户体验要素：以用户为中心的产品设计 [M]. 2 版. 北京：机械工业出版社，2019.

基于课程思政的博弈论课堂教学改革①

文　悦　吴航遥

（重庆工商大学管理科学与工程学院，重庆，400067）

摘　要：博弈论作为经管类专业的重要基础课程之一，对经管类专业的学生知识基础、思维基础的形成起着重要的作用，近年来有大量的学者和研究人员对博弈论的课程教学进行探讨，但把博弈论的课堂教学与课程思政结合在一起的研究鲜有。本文通过分析博弈论课程的优势与特点，在思政元素的挖掘、思政改革路径的制定上进行了初步的探索，以期帮助学生树立正确的人生观和价值观，达到智育与德育的一体化的目的。

关键词：课程思政；博弈论；教学改革

1. 引言

博弈论，又称为对策论，是研究交互式对抗与合作的数学理论，被誉为20世纪社会学科最重要的成就之一[1]。博弈论是运筹学理论的一个重要学科，以辩证唯物主义为基本逻辑。学习博弈论可以为思考与解决管理学、经济学问题打下良好的思维基础。目前，博弈论的相关方法不仅已经成为分析管理学、经济学问题的标准工具之一，而且在诸多学科中都得到了广泛的应用，比如社会学、生物学、军事理论等[2]。

高校是培养国家建设者的主阵地，肩负着教育现代化的重要使命[3]。党的十八大以来，以习近平同志为核心的党中央高度重视培养中国特色社会主义事业合格建设者和可靠接班人，将保障中国特色社会主义事业后继有人作为一项重大战略任务，对加强高校思想政治工作做出一系列重大部署，其中探索各类课程的课程思政改革路径，无疑是高校德育教育中的核心一环[5]。

博弈论作为经管类专业的重要基础课程之一，对经管类专业的学生知识基础、思维基础的形成起着重要的作用，近年来有大量的学者和研究人员对博弈论的课程教学进行探讨，但把博弈论的课堂教学与课程思政结合在一起的研究鲜有。所以本文试图首先探讨博弈论课程开展课程思政改革的特点优势，其次对博弈论课程开展

① **基金项目**：重庆市教育科学规划课题基于大数据的高校创新创业教育质量评价体系构建研究（项目号：2021-GX-023）。

课程思政改革具体的元素进行了初步挖掘，最后综合性地提出博弈论课程开展课程思政改革建设措施，希望在完成博弈论课程知识传授和能力培养目标的同时，实现课程的思政目标，即通过思政教育，使学生形成积极健康的人生观、价值观、家国情怀。

2. 博弈论课程开展课程思政改革的特点优势

（1）思政素材丰富多样，适合开展多种主题的思政教育

其一，博弈论理论体系的建立和形成，包含着许多学者的坚持、创新和奉献，他们的坚持精神、科学精神和奉献精神，是值得我们学习的，也是优质的课程思政元素。其二，博弈论中包含的很多的策略思维与社会主义核心价值观非常契合，有利于引导学生树立正确的社会主义核心价值观，比如通过解释囚徒困境和公地悲剧等经典博弈模型，可以向学生说明单个个体追求自身利益最大化时，可能造成整体利益或者资源的损失，由此可以得出合作共赢的重要性、政府协调的必要性。其三，博弈论的理论和方法中包含着丰富的辩证思维，为解决社会矛盾提供了分析的框架和方法，利于开展哲学思辨与科学素养方面的价值观培养。

（2）思政素材真实自然，有助于提升思政的实效

博弈论理论的建立过程，本就是一个对经济社会真实案例的发掘过程，因此其形成的知识、理论、方法也随着经济社会的发展日新月异，与人类经济社会的发展更是息息相关[6]。因此，在讲授博弈论的理论知识时，总是会跟实际案例相结合，这些实际案例往往都包含着思政要素，有利于学生形成正确的人生观及价值观。将这些案例进行深入挖掘，将其与理论知识的教授自然融合，相对于以说教和喊口号为主的思政教育，这种摆事实的课程思政方式，更能使学生潜移默化地、自然深刻地学习到其中蕴含的思政素材，才能真正做到"润物细无声"的思政教育，也避免了学生仅仅为了应对考试而刻板的去进行思想政治理念学习，而是将其真正的放在心上或采取实际行动。

（3）课程定位独特重要，有利于实施量大面广的课程思政

博弈论是大多数经济学和管理学专业的基础必修课，是很多经管类学生进入高等教育阶段后系统接触社会科学、了解经济发展规律的首选专业基础课，甚至在一些高校的工科专业也开设了博弈论课程。博弈论有着丰富的人文属性和知识底蕴，也兼有一定的自然科学属性。教师可以充分挖掘其中蕴含的思政元素，让那些健康美好的思想、价值观、人生观首先进入学生的头脑和心灵，扎根发芽，在"思政教育"全面实施的过程中，率先打下坚实的基础。此外，博弈论课程思政改革的实践模式、实施方式对后续的其他经管类专业课程也将起到很好的示范作用。

3. 博弈论课程开展课程思政改革的要素挖掘

结合博弈论的教学实践和课程思政的要求，笔者初步对博弈论的课程思政改革要素进行了挖掘，形成了表1。其中，课程思政目标，描述了根据课程专业教育要

求，有机融入社会主义核心价值观、中国优秀传统文化教育，特别是习近平新时代中国特色社会主义的"四个自信"（道路自信、理论自信、制度自信、文化自信）教育的内容；思想政治教育元素，描述了课程教学中能将思想政治教育内容与专业知识技能教育内容有机融合的领域；教学成效，描述了与课程德育目标对应的具体成效，尽可能可观察、可评估、让学生有获得感。

表1 "博弈论"课程思政改革要素

课程思政目标	思想政治教育元素	预计教学成效
社会主义核心价值观	博弈论与诺贝尔学奖	其一，通过在课程中给学生讲解纳什、海撒尼等大师跌宕起伏的人生经历，可以启发学生辩证地看待生活中所遇到的磨难，同时增加面对挫折、抵抗挫折的勇气。其二，认识到科学的严谨和力量，培养追求真理、辛勤奉献的精神
中国优秀传统文化教育、"四个自信"	博弈论与中国古代文化	培养学生对本国历史和文化的认同，建立学生对中华民族的文化自信
社会主义核心价值观	公地悲剧	通过对公地悲剧等经典博弈模型的讲解，向学生阐明单个个体追求自身利益的最大化，但由此造成的资源亏损却转嫁到了所有个体的身上，引申出合作共赢的重要性
"四个自信"	囚徒困境	认识到那只"看不见的手"有时候会失去作用，从而认识到政府组织协调的必要性和重要性，进一步了解到中国特色社会主义制度优越性，坚定制度自信
"四个自信"	动态博弈的先动优势和后动优势	启发学生思考为什么中国进行深化改革时，应遵循"顶层设计、整体推进"，增强学生道路自信
社会主义核心价值观	重复博弈与单次博弈的比较	对重复博弈与单次博弈的比较，让学生体会到在重复、多次的博弈中，总体的利益是考虑的标准，诚信是谋求长期、稳定的合作关系的基石
"四个自信"	柠檬市场	通过对信息不完美所导致的"劣币驱除良币"的现象的讲解，可以让学生了解，当缺乏合理的秩序和制度时，不遵守规矩的"劣币"会慢慢将"良币"驱除出市场，最终造成一种最坏的局面，让学生理解制度约束的重要性，坚定制度自信
社会主义核心价值观	拍卖博弈能拿诺奖的原因	认识到科学的严谨和力量，培养追求真理、辛勤奉献的精神
中国优秀传统文化教育	基于信号博弈的计谋作用机制探析	基于信号博弈的角度，对三国中的经典计谋"空城计"进行分析，探寻中国古典智慧能够对当代管理者的决策的启示和帮助
"四个自信"	中国学者在博弈领域做出的贡献	认识到博弈论领域不是只有西方国家的发展和贡献，中国学者在博弈论领域同样取得了突出成就，我们应该具有民族自信和文化自信
社会主义核心价值观	专题讨论：博弈论前沿研究	形成个人博弈论专业知识体系，培养自学、思维能力

4. 博弈论课程开展课程思政改革建设措施

在博弈论课程的课程思政改革过程中，笔者对博弈论的课程思政改革提出如下四个主要建设措施。

(1) 提炼符合社会主义核心价值观的博弈思维，发挥价值导向

党的十八大报告提出了社会主义核心价值观，即"富强、民主、文明、和谐、自由、平等、公正、法治、爱国、敬业、诚信、友善"。"富强、民主、文明、和谐"是我国的建设目标，是从目标层面对于社会主义核心价值观的凝练；"自由、平等、公正、法治"是对美好社会的表述，是从社会层面对社会主义核心价值观的凝练；"爱国、敬业、诚信、友善"是公民的基本规范，是从个人层面对社会主义核心价值观的凝练；所以社会主义核心价值观为中国梦的实现指引着方向、提供着能量。对博弈论模型中所蕴含的符合社会主义核心价值观的策略思维进行提炼，发挥博弈论课程的价值导向，用核心价值观解疑释惑、正本清源、指引方向，巩固全体人民团结奋斗的共同思想道德基础，培养出具备社会主义核心价值观的高素质人才。

(2) 增加中国特色的案例教学，增强中国优秀传统文化教育

作为一门学科，博弈论的历史只有几十年，但是在中国，博弈的思想可以追溯至两千年前，两千多年前的中国人民已经将博弈思维运用到各个领域。从田忌赛马到金蝉脱壳，从运筹帷幄到韬光养晦，从击鼓论战到毛泽东关于打仗的十六字方针，中国人民对博弈论的发展做出了重要贡献。更比如说，《孙子兵法》，其中蕴含着丰富的博弈思想，被奉为兵家经典，被翻译成多国语言，在中国以及世界军事史上具有重要的地位。因此，博弈论中本就天然包含着许多的中国案例，在课程思政的实践中，应着重将这些案例进行深度挖掘，在进行理论知识传授的同时，也进一步增强中国优秀传统文化的教育。

(3) 从博弈论的角度解读中国的大政方针，培养学生"四个自信"

在"博弈思维"的教学中，可以着重从博弈论的角度去解读中国现有的大政方针。如在讲解纳什均衡这个概念时，可以在讲过理论概念之后，启发学生去思考纳什均衡与制度的关系，说明一个理想的制度环境应该是纳什均衡，否则就会有人有偏离的动机。如在讲因徒困境时，也可进一步说明宏观调控的必要性，阐明我国的制度优越性，建立学生的"四个自信"，这样也能在潜移默化中宣传了党和国家领导人民共同向前的大政方针。

(4) 构建互动课堂，进行混合式教学

要实现思政教育的润物细无声，学校需要在教学方式、教学手段上想办法、下功夫。首先，教师应注意当代学生的学习特点，构建基于互联网的互动课堂，开展混合教学，使学生在体验中提高理性思维水平和能力。其次，教学设计以"以学生发展为中心"，综合运用雨课堂、超新等智慧教学工具、教学平台，通过游戏、实验、动画视频等方式进行教学，一方面激发学生对课程的兴趣，使学生获得知识，培养思维能力，提高直觉体验能力，另一方面将思政元素通过有趣的方式讲出

来，让他们获得正确的人生观和价值观。

5. 结语

博弈论介绍的理论和方法具有很强的应用背景和广泛的应用领域，博弈论中蕴含着丰富的思政元素、思政案例，因此对博弈论的课程思政改革必要且可行。本文通过分析博弈论课程的优势与特点，在思政元素的挖掘、思政改革路径的制定进行了初步的探索，以期在传授博弈理论和方法的同时，有机融入社会主义核心价值观、中国优秀传统文化教育，特别是习近平新时代中国特色社会主义的"四个自信"（道路自信、理论自信、制度自信、文化自信）教育的内容，帮助学生树立正确的人生观和价值观，起到智育与德育的一体化。此外，也以期为其他经管类专业课的思政改革之路提供经验，起到一定的指导作用。

参考文献：

[1] 钟华，韩伯棠. 博弈论课程情景模拟教学探索：以考试方案设计为例 [J]. 学位与研究生教育，2012（5）：3.

[2] 支援."博弈论"课程中的案例教学探索 [J]. 教育教学论坛，2021（30）：6.

[3] 蒲晓强. 高校课程思政建设的价值及其实践策略 [J]. 教育研究，2021，4（9）：10-11.

[5] 李卫红. 大力探索高校思想政治理论课教学方法改革 [J]. 中国高等教育，2014.

[6] 刘煜，刘进，李卫丽，等. 博弈论教学中如何开展课程思政 [J]. 科教导刊，2021（12）：3.

创业学通识课融入课程思政元素路径探析

饶扬德

（重庆工商大学管理科学与工程学院，重庆，400067）

摘　要："创业学"作为大学生创业教育的通识课程，有责任帮助学生树立正确的创业观念。"创业学"通识课程中所蕴含的课程思政元素，需要深入发掘并通过教学目标、教学内容、教学模式、教学案例和考核方式等路径把课程思政元素融入课程教学中。

关键词："创业学"通识课；融入；课程思政；路径

"课程思政"是将思想政治教育元素，包括思想政治教育的理论知识、价值理念以及精神追求等融入各门课程中去，潜移默化地对学生的思想意识、行为举止产生影响。它本质上还是一种教育，目标是立德树人。在传授专业课程的知识和理论的同时，对学生进行思想政治的良性引导，引导学生树立正确的世界观、人生观和价值观，培养学生爱国荣誉感与民族使命感，让学生养成认真严谨的学术精神和通盘考虑的全局意识。

创业学作为大学生创业教育的通识课程，有责任发掘该课程中所蕴含的"课程思政"元素，并通过适当的方式融入课程教学，帮助学生树立正确的创业观念。

一、创业学通识课程融入课程思政元素的必要性

（一）融入课程思政元素凸显创业学通识课程的教学目标。

创业对于学生来讲，已经不仅仅是通过个人奋斗改变自己命运的途径，而是与我国社会主义经济发展休戚与共。我们这个社会需要什么样的创业者呢？育人为本，德育为先。在创业过程中，一个人若没有高尚的道德，终将一事无成，无论干任何事情，"以德立身"的理念对任何人来说都是适用的。创业教育绝不是单纯的技能训练，培养有创业精神的创业者是"创业学"通识课教学的核心目标。创业精神是创业者身上所体现出来的有利于创业成功的精神状态和思想道德修养或心理品格素质。创业精神中尤其重要的就是思想道德修养，这就要求在"创业学"通识课教学中，融入课程思政元素，以发挥创业学通识课的思想政治教育的功能，培养有较高思想道德水平的创业者。作为一个成功创业者，他们的创业实践之所以能够成功，很大程度上是由于他们关注未来社会发展的趋势并适应甚至引领了这个发展趋势，这从客观上必然促进社会的发展和进步。

（二）融入课程思政元素是服务国家战略实现民族复兴的需要

新冠肺炎疫情，使世界政治经济格局加速重组。面对百年未有之大变局，习近平总书记指出要在危机中育先机、于变局中开新局，党中央做出"加快形成以国内大循环为主体、国内国际双循环相互促进的新发展格局"的战略决策。同时，我国要深入贯彻落实创新、协调、绿色、开放、共享的新发展理念，加快实施创新驱动发展战略，实现2035年进入创新型国家前列的目标，在创业学通识课教学中，有机融入课程思政元素，可以引导教育学生用创业精神和敢于担当的勇气直面挑战、随机应变、服务于国家战略，只有这样，才能汇聚起实现中华民族伟大复兴的磅礴力量。

二、创业学通识课程中蕴含的课程思政元素

（一）爱国情怀

爱国情怀是一名大学生所应当展现出的对党、对国家的一种大爱，应当展现出的对国家、对人民、对社会的一种责任。在创业学通识课教学过程中，教师通过对国家创业政策的解读，通过对当代大学生创业背景的分析，通过部分创业案例分析，完全可以激发学生道路自信、理论自信、制度自信、文化自信；而通过对学生爱国情怀的激发，也能够在客观上增强课程的教学效果，促进学生对课程理论知识的学习，从而达到思政元素融入与课程教学"双赢"的效果。

（二）正确的创业观念

"创业学"通识课程的授课对象一般是大一或大二的学生。这些学生普遍缺少对创业的明确认知，很多学生认为"创业就是创办企业"，普遍存在着"创业就是为了赚取更多的金钱"的片面认知。因此，"创业学"通识课担负着纠正学生对创业的片面认识，让学生明确创业概念，引导学生形成正确的创业理念的责任。创业观念包括明确创业目标、创业动机和创业内涵等。通过"创业学"通识课的学习，必须让学生明确：创业不仅是为了创造财富，而且要为社会进步做贡献；创业不仅是为了生存，更是为了实现自我价值；创办新企业是创业，开拓新事业也是创业，做好本职工作同样也是一种创业，立足于本职本岗也能够创业。为此，"创业学"通识课第一次课就应该灌输这样的创业观念：创业不只是创造企业的财富，创业的核心在于创建那种服务社会并使社会进步的新企业。

（三）团队合作精神

团队区别于群体的本质在于团队成员间的精诚合作。正所谓"一个好汉三个帮，一个篱笆三个桩""三个臭皮匠赛过诸葛亮"等。团队合作是成功创业的基石。能否进行良好的团队合作，既关系着创业能否成功，也关系着成功创业以后企业还能走多远、将要走向何方。因此，教师在讲解创业团队有关知识理论时，有必要融入"团队合作精神"课程思政元素。尤其要强调团队成员的责任意识、全局意识和奉献精神。团队成员不仅要扮演好自己的角色分工，更要服从团队整体目标。做好自己的角色分工其中蕴含着个体的责任意识。服从团队整体目标，强调的是其中体现出的团队全局意识。同时，在团队合作的进程中，团队成员可能有奉

献、有牺牲，因此，一个良好的团队，需要团队成员有奉献精神。在创业团队组建与管理的教学中融入课程思政元素，既有利于塑造学生的全局观，也有利于培养学生的人际交往能力、团队合作能力，从而提高学生的整体素质。

（四）法律意识

创业学通识课的教学内容包括创业机会识别、创业团队组建与管理、创业资源获取与整合、创业融资、新创企业成立及其成长等。这些教学内容均涉及相关的法律法规。创业者在创业进程中，不仅要遵守国家有关法律，而且要用法律武器为新创企业运营保驾护航。为此，在课程教学中，有必要向学生讲述如何正确识别与运用相关国家法律与政策，强调创业全过程都离不开法律的监督与管理。因此，有必要在创业学通识课教学中融入法律意识教育，让学生树立懂法律、守法律的基本创业理念。

（五）社会责任意识

社会责任是指个人或组织对整个社会的良性发展需要承担的责任。它主要包含：遵纪守法、积极进取、保护环境、维护人权、社会安全、保护消费者权益、劳工准则和劳资关系、职业健康安全、伦理、反腐败、团体关系、慈善事业等。为此，在课堂教学中，有必要向学生讲述，无论今后是走向工作岗位还是开创新事业，都应该承担社会责任。因此，有必要在创业学通识课教学中融入社会责任意识教育，引导学生愿意承担社会责任，更敢于承担社会责任。

（六）诚信意识

志不强者智不达，言不信者行不果。诚信是人与人交往的守则，是在道德上需要坚守的基本原则。创业者讲诚信，有助于其成功创业；企业讲诚信，有助于企业树立品牌，发展壮大。在创业学通识课教学中，融入诚信意识的教育，让学生懂得诚信对个人、对企业、对创业的重要意义，既有助于学生树立正确的创业观，也有助于帮助学生在实际的创业中少走弯路，提升创业的成功率。

三、"创业学"通识课程融入课程思政元素的路径

（一）通过教学目标融入课程思政元素

学校要在"创业学"通识课教学目标中，明确课程思政元素：一方面，是在课程教学大纲的总体目标中明确课程思政元素；另一方面，要在各个章节的教学目标中，依据教学内容融入相应的课程思政元素。

例如，在课程教学目标中明确"通过课程的学习，激发学生的'四个自信'、爱国情怀、民族自豪感，引导学生树立遵纪守法、诚信创业的思想观念，培养学生的责任意识、团队合作精神"的目标。另外，在"创业团队组建与管理"章节的教学目标中提出"通过课程学习，培育学生团队协作精神"等具体目标，在"新创企业成立"章节的教学目标中提出"通过课程学习，培育学生法律意识、德法兼修的职业素养"等具体目标。

（二）通过课程内容融入课程思政元素

课程思政元素融入课堂教学，必须以课程教学内容为依托在"创业学"通识

课程的"创业概述""创业团队组建与管理""创业机会识别""创业资源获取与整合""商业模式的设计与创新""创业计划的制定""创业融资""新创企业成立""新创企业生存""新创企业成长"等章节的教学中，教师都可根据课程内容融入相应的课程思政元素。

例如，在"创业概述"章节，教师讲解创业目标，通过解读"创业的核心在于创建那种服务社会并促进社会进步的新企业"，引导学生无论以后是工作还是创业都要形成服务社会并促进社会进步的社会责任意识。在"创业团队组建与管理"章节，教师可以通过"叠纸杯"（三人团队对抗个人）教学游戏，引导学生形成责任意识、团队合作精神以及奉献精神。在"创业机会来源与识别"章节，通过对政策的分析寻找创业机会，培育学生环境保护意识，引导学生关注国家政策，也可以引导学生留心周围事物，仔细观察分析，养成细致认真的作风等。

（三）通过教学案例融入课程思政元素

在教学实践中，案例的应用能直接影响学生的观察力、记忆力、思维力。教学时，如以理说理，不如以例说理来得更充实、更吸引人。创业学通识课更是如此，其案例教学的效果远远好于纯理论教学的效果。通过对教学案例进行有针对性的选择，也能够有效地引入课程思政元素。

例如，在讲解创业概念的过程中，通过视频播放引入"中国最牛创业团队——中国共产党"，"新中国第一代石油工人——铁人王进喜战天斗地开发大庆油田"等广义创业案例，不仅让学生更深入透彻理解创业的内涵，更能让学生产生共鸣，激发学生的民族情怀、爱国情怀。再如，在"创业资源获取与整合"章节分析"蒙牛乳业"，在"创业团队组建与管理"章节分析"马化腾五兄弟"，在"新创企业成立"章节分析"飞玛计算公司"，在"新创企业生存"章节分析"三鹿奶粉""三株口服液"等案例，不仅能够培养学生诚信创业的意识、团队协作精神、爱国情怀，而且能够培育学生的懂法守法的法律意识，引导学生合法创业。

（四）通过教学模式融入课程思政元素

创业学是实践性极强的课程，更适合采取"团队+项目"的教学模式，即以5~7人组建一个创业团队，寻找创业项目，全过程模拟创业贯穿整个课程教学。为此，团队合作精神有必要更有可能融入创业学通识课教学的始终，从团队组建（自由组合）、创业机会寻找、创业资源获取与整合、创业融资直至新创企业成立及其成长，均需要创业团队每位成员的精诚合作。这就要求项目小组即团队中的每一名学生不但要完成自己的任务，同时也要协助团队内其他成员完成团队的整体目标，客观上培养了团队合作意识。

（五）通过考核方式融入课程思政元素

创业学通识课教学不同于其他理论课程教学，更强调实践性，更适合以实践活动的方式进行考核。创业学课程考核包括过程评价和期末评价两部分。其中，过程评价包括课后大型作业、课堂表现及考勤三部分，期末评价包括创业计划书、项目路演及个人总结报告三部分。课后大型作业、课堂表现中讨论部分、创业计划书、项目路演均以团队形式完成，这就要求团队中每位学生务必团结协作完成，否则影响团队成绩，进而影响每一位学生的成绩。这样考核方式无形中融入"团队合作精神"课程思政元素。同时，任课教师在考核前可以向学生强调诚信在创业中、在现实中的重要意义，考核过程中发现学生的不诚信行为（诸如抄袭网上创业类似项目及其创业计划书等）采取合适的方式及时指出并制止，帮助学生改正不诚信的行为，客观上融入了"诚信意识"课程思政元素。

四、结语

创业学通识课程作为高等教育的重要组成部分，必须以立德树人为根本目标，激发学生对创业的关注，深入发掘课程内容之中可以融入的课程思政元素，以适当的路径有机融入创业学通识课的教学，从而调动学生学习的兴趣和积极性，润物无声地培养了学生的社会主义核心价值观，培养了学生爱国、爱党、自信自立的精神品格。

参考文献：

［1］曹利华，邢建平，王丽."创业基础"课程思政教学设计与实践：以山东大学为例［J］.创新创业理论研究与实践，2021（13）：59-63.

［2］楼天宇.线上线下混合式教学在创业基础课程中的应用实践［J］.创新创业理论研究与实践，2021（13）：47-50.

［3］习近平.把思想政治工作贯穿教育教学全过程 开创我国高等教育事业发展新局面［N］.人民日报，2016-12-9（1）.

以思政为基础对"建筑力学"的课程教改设计

王子娟　曾秋洪　钟佳欣

（重庆工商大学管理科学与工程学院，重庆，400067）

摘　要：根据国家在党的十九大中所提出的方针，要培养德智体美全面发展的全方位人才，我们的教育就不能仅仅停留在理论层面。建筑力学作为工程管理专业的一门核心基础课，需要的不仅仅是工程专业知识的储备，更需要加入管理的头脑，有思想、有作为，正如国家近年来所提倡的"工匠精神"。我们不仅要有强大的理论知识体系，更要有严谨的态度，去追求知识的根源，而不是知识的表象。

关键词：思想政治建设；建筑力学；教学改革

一、引言

思政教育起源于 20 世纪 80 年代，经过了几十年的发展，虽然学术界在教育要素、思想理念等方面积累了丰富的成果，但在大学生思政教育体系化的研究方面还不够多，在具体的部分还难以渗透[1-2]。"建筑力学"作为工程管理专业的一门必修专业课，其具有理论性强、公式繁多、难度较大等特点，且在教学过程中，学生普遍反映课程枯燥、难以理解[3-5]。课程自身理论与计算方法的系统性较强，学生接受和消化力学知识有一定困难[6-7]。由于其课程自身受到理论性限制，导致学生不能及时吸收课程内容。针对这一现象，教师在教学的过程中应该进行适当的变化，同时响应党的十九大政策，产教融合，提高当下学生的综合素养。理论与实践相结合，以素质教育为主，才能实现真正意义的教育改革。

二、"建筑力学"课程介绍及课程特色

（一）课程介绍

力学作为日常生活中最常见的一门学科，是无处不在的；小至日常生活用具，大至桥梁铁路的设计。"建筑力学"作为工程管理专业的一门基础核心专业课，对该专业而言是极其重要的，力是一切工程开始的起点，只有学会受力分析，才能对工程做出判断，这对工程管理专业的学生而言，需要对相关的理论知识熟练掌握。

作为一门基础核心课，不仅自身具有较强的理论性与系统性，与后续相关的"工程材料"以及造价课程都息息相关。本门课程在授课的过程中，更多地偏向于理论知识的讲解，在一个教学周期内，所要讲授的理论知识繁多，因此对学生严谨性、实践性以及知识储备的考察较多，对能力的培养更是必要的。

（二）课程特色

（1）本门课程从内容上而言，对学生理论知识理解的要求较高，而也正是由于其理论知识过于强烈，导致大多数学生对本门课程感到枯燥无味。由于大多数课程都只能在课堂上进行讲授，不能进行实践，只能学到理论知识，导致大多数学生在就业的过程中，不能顺利使用理论知识来解决所面对的问题，这也验证了"纸上得来终觉浅"的道理。

（2）杜绝"填鸭式"教育，以理论为基石培养思维意识形态。针对本门课程，由于理论知识具有较为强烈的理论性与系统性，更多地需要学生对课程内容进行自我分析与自我反思，在老师的引导下，还需要有自己的想法，对课程有自己的见解，结合其他相关课程进行学习，对学生的逻辑思维进行培养，才能真正实现国家提出的全能型人才的培养目标。

（3）针对本门课程的授课形式而言，目前大多数采用多媒体设备进行教学，多媒体设备进一步使得课程生动形象，但如果加入实验教学，学生在实践中获得真理，发现事实，更容易让学生接受。

三、"建筑力学"教改的必要性

（一）理论验证

依据近年来国家政策的改变可以看出，要发展素质教育，培养德智体美全方位发展的人才，就要将理论知识与实践结合在一起。实验教学不仅可以加强理论知识的实际应用，同时又培养了学生的自我思考与自我学习能力。他们终将步入社会，走进企业，如果空有理论知识是远远不够的，还要对其进行实践，在步入社会知识才能更有容易被社会所接纳。

陶行知先生曾言，"教的法子要依据学的法子"，要为国家培养高素质人才，就要从各个方面对学生进行培养，不能只为了教学而进行教学，也不能只为了学习去学习，要通过提交教学质量，丰富教学内容，以实现教育改革。

（二）工程案例

1. 无锡高架桥桥面侧翻事故

2019年10月10日，一起震惊全国的桥梁事件——无锡高架桥桥面侧翻，让众人议论纷纷。在数番调查后查明，这与设计师无关，材料也符合标准，问题在于桥面严重超载。通过建筑力学我们知道，桥梁的安全就要靠桥梁的平衡，也正是因为不平衡才导致了悲剧的发生。

仅2019年一年，相关的桥梁事故就有40起，引发事故数量最多的还是自然灾害，根据相关的报道，大多数都是由于洪水的冲击（见图1）。想想我国的赵州桥，洛阳桥，那些经历了千百年风雨的桥，为何今天依旧可以屹立不倒。其中包含着各种各样的原因。

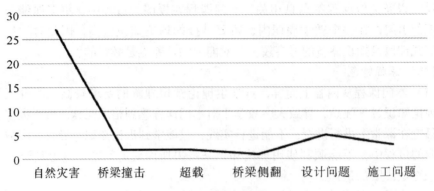

图 1　2019 年桥梁事故数据分析

然而理论性的教学中，对于力的分析都是理想化的，真正现实中的力学分析，却充满了各种可能性，但有些也是可预测的。正如自然灾害带来的影响，我们可以根据现实中已有的实际案例来预知可能的情况。如果没有现实生活作为依据，只有理论，那么理论便是空白的，没有意义的。实验教学将理论知识与实践结合在一起，不仅可以加强理论知识的实际应用，同时又培养了学生的自我思考与自我学习能力。教师不能只为了教学而进行教学，学生也不能只为了学习去学习。教师要通过提高教学质量，丰富教学内容，以实现教育改革。

2. 上海中心大厦

作为世界第三高楼，中国第一高楼——上海中心大厦，它所应用到的力学分析更是数不胜数。这样一座高楼的建设并不容易，由于上海地基过软，如何承载一栋超高层建筑是必须克服的难题。这座高 632 米的大楼，仅用钢量就达到 100 000 吨，这对于地基的要求是极其高的；此外，超高层建筑还要考虑其受到自然气象的影响，保证其自身结构的稳定，确保安全性，就要以建筑力学为基础，进行分析。

四、"建筑力学"课程改革措施

（一）教学方式的改革

不同于中学的教育方式，大学高等教育应该更注重学生能力的培养以及锻炼，社会所需要的是综合性、全方位发展的高素质人才，而不是只知晓理论知识，对现实应用纸上谈兵的文学家。一般形式上的教育还是延续了传统形式的以讲授为主，学生在学习过程总缺乏对知识的思考，无法自行思考理论的内容，导致课程学习过程中会面临难以摸清真理的现象；针对本门课程考核，也多数只采取闭卷模式的考核，试卷考核只能对学生的理论知识进行测试，对于实际的理论无法应用，由此产生脱节。

近年来，随着电子设备的普及，本门课程的讲授更多的由电子多媒体设备进行，通过电脑的实验模拟，让课堂更生动有趣。PPT 展示可以丰富教学内容，让课堂教学更加活跃，但是过度使用多媒体设备教学也是存在缺陷的。多媒体设备的展示加快课堂节奏，导致学生接受程度减慢，与老师之间的交流沟通减少，对课程的消化程度较低。

由于本门课程信息量较大，公式量多，定理内容繁杂，因此不容易学好学透。首先，在授课过程中，教师可以结合我国的工匠精神，对学生的思想意识形态进行培养，培养严谨的态度。其次，由于本门课程实用性较强，教师在教学过程中可以结合一些简单的实验，不仅仅依靠理论知识，要培养学生的实践能力以及思考能力。教师可以通过实际的操作对课程理论内容进行实际应用，让学生得以更好地理解课程内容，同时与国家所提出的产教融合相联系，避免学生在学习的过程中与实际脱节，而无法实现培养综合性人才。

（二）教学创新方法设计

本门课程的理论内容较多，但教学时间是有限的，首先要选择适合学生理解能力的课程教材，并依据课程内容准备相应的讲义。由于课程量大，在学习过程中，也要相应的布置练习，课后及时练习，可以对所学知识及时巩固，加深记忆。艾宾浩斯遗忘曲线提示，为了更好地有效地记忆和掌握知识，对新内容的复习应该在识记该内容后的 48~72 小时内进行。

教学设计分为两部分，教学内容设计和教学方法设计，具体如图 2、图 3 所示。

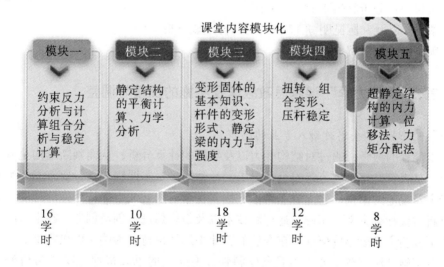

图 2　教学内容模块化设计

该课程在课中主要采用精讲多练与课堂讨论相结合的教学方法。建筑力学属于应用力学，结合工程实例的计算量大。为此，理论上本着够用为度，着力于培养学生的工程计算能力，围绕着五大计算进行专题训练。力学问题往往有一题多解的情况，借此引导学生进行课堂讨论，与学生一道进行比较、分析、归纳和总结。

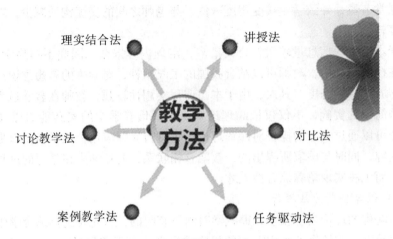

图 3　教学方法设计

创设力学情景，进行课堂讨论。如根据工程质量问题中素混凝土梁受力弯曲后出现 45 度斜裂纹的图片资料，引导学生分析讨论。让学生自己去发现理论规律。

为了加强理论与工程实际的联系，增强学生的工程意识，本门课程设计三个实训项目设计，具体如下：

项目一：分析赵州桥的计算简图。

项目二：颐和园昆明湖 17 拱桥的几何组成分析。

项目三：论世贸大厦的倒塌。

五、"建筑力学"课程思政教学及实施的反馈与调整

（一）培养学生思政融入专业的思想

本课程的教学，通过对结构受力以及数据的计算分析，从而判断结构是否符合标准，是否符合建筑规范等安全性要求。教师通过对本课程教学，要培养学生对建筑安全及规范的重视，建立职业道德底线，在今后的就业中保持严谨的态度。学生要以新时代社会主义为基础，通过新技术以及新思想进行创新创造，在学习的过程中牢记社会主义核心价值观，在今后的就业中继续保持，为国家做出贡献。

该实施办法旨在培养学生具备学科性、专业性的思政精神，以"两精神两意识"为框架展开，将思政融入课程体系，培养学生讨论、案例分析、关注时事热点的能力和兴趣，充分把握学生思想动态。

1. 法治意识

法治意识是人们对法律发自内心的认可、崇尚、遵守和服从。众所周知，"依法治国"是我国治国的基本方略，是建设中国特色社会主义现代化国家的必然要求。青少年法治意识的树立则是维护社会秩序、推动国家稳步向前的重要内容。教师在协助工科学子加强法治观念的课堂上，应采用正反案例结合的手段，严厉打击工程项目中知法犯法的行为；课下，鼓励学生尽早熟知相关的工程法律条文，可在 QQ 群、企业微信群等通信软件中采用条文接龙的方式加强大家对法律条文的认知。

2. 工匠精神

工匠精神是思政教育中的重要组成部分，其基本内涵包括敬业、精益、专注、创新等方面的内容，体现在从业者的职业道德、职业能力及职业品质，是从业者职业价值取向和行为表现。对于培养工科人才应具备的工匠精神，教师们每月末组织一次线下工厂、校企参观活动，让学生们真正在职场中感受就业者对工作的专注和精益求精，对他们的职业操守与信念有进一步的感悟。同时，提前熟悉将来的就业环境也有利于学生确定发展方向，制订职业规划。

3. 群众意识

群众意识不仅是党员干部的基本素质体现，同样也是对工程施工人员的要求。建筑不仅是词条上所显示的人们居住、工作、学习以及进行其他社会活动的工程建筑，同样也是"避风港""艺术品"的代名词。由此看来，"一切依靠群众，从群众中来，到群众中去的群众路线"同样也体现在整个施工阶段。培养学生的群众意识就是要让学生从内心感知一个适用的、经济的、安全的建筑对于人们生活、学习、办公的重要性。教师可将校园内的建筑施工图、同学们家附近的居民楼结构图、购物大厦的组成形式图带入课堂。一开始的亲切感不仅可以加强学生对建筑历史感的体会，同时也深刻认识到不同人对不同建筑的需求，培养学生换位思考、"以人为本"的能力。

4. 女排精神

女排精神是中国女子排球队表现出的以"勤学苦练，无所畏惧，顽强拼搏，刻苦钻研，勇攀高峰"为主的精神文化。其精神内涵对当下有很大的影响力及重大的传承意义。教师应让学生体会到，学生时代的学习生涯好比漫长的登高旅程，路途虽长，行程虽远，只要同学们敢于坚持，勇于攀登，不懈奋斗，终能"会当凌绝顶，一览众山小"。基于此，教师们可多在教学案例中引入历史上闻名中外的总工程师、总设计师的工程项目故事，对近几年大型建筑的主要负责人（如港珠澳大桥工程项目总经理林鸣）身上所具有的刻苦钻研精神，面对一个又一个世纪大难题无所畏惧的态度做详细介绍，激励学生向前辈看齐，向学者致敬！

（二）课程思政案例在线教学

在工程结构这门课程思政教学中，教师通过引进案例进行在线教学，促进对学生思想政治观念的培养，比如以上海中心大厦、四川都江堰和港珠澳大桥当作载体，对其进行科学原理和技术的分析，让学生深入了解其工程结构具有的智慧和情怀，进而对学生学习兴趣以及专业的自豪感进行激发；另外还可以将一些工程灾害以及事故案例等进行剖析，将其产生的危害向学生进行阐述，并且从课堂和课后，不断引导学生对工程事故案例进行了解，分析事故带来的惨痛教训和影响，从而有效地培养学生的职业责任意识以及职业道德。

（三）反馈机制

该教改方案实施后，需要通过反馈机制不断调整，据此对方案持续改进。现构建以下指标对教学效果进行定量及定性分析。

1. 学生反馈机制

针对学生层面的定性分析：主要在期中和期末展开主要参考学生在学年末编写的"建筑力学"学科学习报告和学生与老师教学互评报告。以学期参加学院思政相关活动与参与学院活动总数作比做定量分析，拟通过学习报告和工科学子学期参加学院思政相关活动展示其在专业上思政学习情况，通过教学互评展示学生专业学习效果，指标主次搭配，相得益彰。

2. 教师反馈机制

针对教师层面的定量分析：主要采用的考核形式为学期相关论文数、教师在思政教改设计研讨会、交流会出席频率和时间及期末学生该科考试情况。针对教教师层面的定性分析，则参考该名教师学期教学报告与心得、师生互评机制的反馈。

六、总结

党的十九大提出要培养全面性综合人才，产教融合，立德树人，因此我们要对当下的教育形式做出改变，顺应国家所倡导的政策，致力于国家当下形势变化，培养高素质人才。"建筑力学"这门课程，不仅仅要让学生学会什么是受力分析，更要让他们知道为什么要做，在疑问中去探索，去发现真理，这才是人才培养的真正目的。

参考文献：

[1] 陆道坤. 课程思政推行中若干核心问题及解决思路：基于专业课程思政的探讨 [J]. 思想理论教育，2018（3）：64-69.

[2] 徐蓉. 深刻认识全面推进高校课程思政建设的价值目标 [J]. 马克思主义与现实，2020（5）：176-182.

[3] 罗春阳. 建筑类院校推行"课程思政"教学改革路径探究 [J]. 福建茶叶，2019，41（8）：158.

[4] 姜静，张瀚天，米琳琳. 土木工程专业课程思政探讨与实践 [J]. 理论观察，2020（6）：159-161.

[5] 施展，刘娜. 从"思政课程"到"课程思政"：谈高校如何通过课堂主渠道完成立德树人的根本任务 [J]. 才智，2019（16）：136-137.

[6] 赵军，徐奕奕. 工程造价专业导论课程思政元素融入探索 [J]. 城市建筑，2021，18（27）：187-189.

[7] 贾辛慧. "建筑力学与结构"课程思政建设研究与应用 [J]. 砖瓦，2021（10）：198，200.

课程教学范式与方法

基于项目制的部分翻转课堂混合教学模式在实验课程教学中的探索与实践

——以物流业务流程实验课程为例[①]

石建力[1,2]

（1. 重庆工商大学管理科学与工程学院，重庆，400067）

（2. 重庆工商大学重庆现代商贸物流与

供应链协同创新中心，重庆，400067）

摘　要： 本文针对实验课程教学中存在的教学模式传统、学生学习动力不足、学生处于低层次学习等问题，结合项目制教学、翻转课堂等教学模式的特点和实验课程特点，以问题为导向，以项目为依托，部分翻转教学过程，设计以提升学生运用理论知识解决实际问题的能力为主要目标，兼顾提升学生创新能力、协作能力、项目管理、自我管理能力等的混合教学模式；以物流业务流程实验课程为例进行实践，提升实验课程培养创新型、复合型、应用型人才的效果。

关键词： 实验课程；项目制教学；翻转课堂

1. 引言

习近平总书记在 2018 年教育大会上强调要坚持深化教育改革创新，积极投身实施创新驱动发展战略，着重培养创新型、复合型、应用型人才。实验课程在培养学生运用知识解决实际问题的能力、组织管理能力、团队合作能力、创新创业能力等发挥重要作用，在物流类专业中是非常重要的组成部分，是培养创新型、复合型、应用型人才的重要依托。

然而，当前物流类实验课程教学中仍然是以教师讲学生被动操作为主，无法达到培养学生运用知识解决实际问题的能力、组织管理能力、团队能力、创新创业能力等的目的，需要对实验课程教学进行革新性探索。而实验课程教学本身具有开放

① **基金项目：** 重庆市研究生教育教学改革研究项目（项目号：yjg203094）；重庆工商大学教育教学改革与研究项目（2020304）。**作者简介：** 石建力（1985—），博士，主要从事物流系统规划与优化、国际物流运营优化、供应链系统优化、服务运营优化等方面的研究。

性、以学生为主、侧重于解决实际问题等特点，与项目制教学、翻转课堂等以学生为主体、注重创新、协作、解决实际问题等特点的教学模式有天然的结合优势。但是项目制教学存在课堂效率低、反馈效率低、难以有效监督和控制等不足[1]；翻转课堂存在教学负担过重、学生学习动机不足、教学活动设计困难等问题[2]。单独将项目制教学、翻转课堂应用于实验课程教学均存在一定的问题，因此考虑将项目制教学与部分翻转课堂进行结合，以提升实验课程教学的效果。

本文将以物流业务流程实验课程为例进行设计。

2. 物流业务流程实验课程教学现状及问题

物流业务流程实验课程是物流管理专业的必修课程，旨在培养学生利用所学理论知识通过建模仿真的方式解决实际问题的能力，是培养创新型、复合型、应用型人才的重要依托。

（1）讲学做的传统模式

物流业务流程实验课程主要模式仍然沿用理论课的模式，由教师教授仿真软件基本知识，同学通过软件操作学习之后根据实验指导书由个人或分组完成相应的模型构建，并对其进行分析。此种模式下的教学很难达到培养学生解决实际问题的能力、组织管理能力、团队能力、创新创业能力等的目的。

（2）学生学习动力不足

实验课堂上教师会安排大量的时间让学生自行复习、学习软件的操作，自行解决此过程中遇到的问题。但存在一部分学生学习态度不认真，不能主动、积极地利用这部分时间，导致整个教学过程出现较大问题。特别是分组进行实验时，部分同学不认真，严重影响教学效果。

（3）学生停留在被动学习和浅层学习层面

此种模式下学生依然是被动学习，被动接受基本知识，按照实验指导书逐步操作软件，最终完成实验报告。在实验报告中，教室设计的自行总结、自行分析、梳理实验逻辑等内容，学生普遍完成得不好。此种情况下，学生深层学习不足，解决实际问题的能力、组织管理能力、团队协作能力、创新创业能力等并未得到实质性的锻炼。

3. 项目制翻转课堂教学模式实施框架

为有效解决教学模式传统、学生学习动力不足、学生停留在浅层学习，无法切实达到培养学生解决实际问题的能力、组织管理能力、团队协作能力、创新创业能力等问题，结合项目制教学和翻转课堂特点，本项目设计基于项目制的部分翻转课堂混合教学模式。

（1）项目制教学和翻转课堂特点分析

项目制教学最显著的特点是"以项目为主线、教师为引导、学生为主体"，改变了以往"教师讲，学生听"被动的教学模式，创造了学生主动参与、自主协作、探索创新的新型教学模式[3-5]。项目制教学其核心环节包括建立课堂文化、设计与计划、与课标对应、管理教学活动、评估学生的学习、搭建学习支架、参与和指导等，核心设计要素包括具有挑战性的问题或疑问、持续探究、真实性、学生的发言和选择权、反思、批判性反馈和修改、公开展示的成果等[1]。

翻转课堂是把传统课堂中教师在课堂上讲授知识，学生课后进行问题解决的教学模式颠倒过来，变成学生课前学习教学视频，课堂上则在教师的指导下进行问题解决、合作探究等深层次的学习活动，其核心在于通过对传统课堂的翻转，把大量的直接将手移出到课外，从而解放了宝贵的课堂时间用来进行有意义的深层次学习[7]。翻转课堂的核心环节包括目标、准备、视频、回顾、测试、活动、总结等7个环节[2]。

通过对比发现，这两种教学模式均以学生为主体、改变被动教学模式、注重合作探究、注重深层次学习等为共同的思想指导，核心环节均包含相应的准备阶段、设计目标、测试评估、管理教学活动、总结、反思等，而结合实验课程学生动手为主、基础知识点偏少的特点和培养学生解决问题能力、创新能力等目标，可将这两种教学模式进行结合设计基于项目制的部分翻转课堂混合教学模式。

（2）混合教学模式设计

教学模式设计的指导思想以问题为导向[4]，以项目为依托，部分翻转课堂教学过程[7]，进行全过程评价[6]，设计以提升学生运用理论知识解决实际问题的能力为主要目标，兼顾提升学生创新能力、协作能力、项目管理、自我管理能力等的教学模式。

课前部分，制订低阶、高阶双层目标，将整体教学内容划分为以有挑战的项目为单位的教学单元，然后针对每个项目需要用到的理论知识和软件操作基础知识准备多个短小的教学视频，根据教学目标制定项目指导书和实验报告，安排学生在综合教育平台上自学教学视频，并记录学生学习时间用于课前学习评价。

课中部分，首先安排学生复习教学视频，通过知识点总结的方式提问，获取学生知识掌握程度的信息。随后组织项目的实施，将每个项目划分为不同的阶段，项目实施过程中要求学生进行阶段性成果的展示，项目结束后要求学生进行自评价、使用思维导图总结知识点等，对项目整个实施过程进行过程性评价。项目实施结束后，提交相应的实验报告，并随机抽取不同的小组展示作品，并讲解解决问题的思路，项目组织过程，项目创新点等。

课后部分，每个项目结束后，对本教学单元学生学习情况、教学情况、进度、教学内容、教学形式等进行反馈、总结、反思。

4. 项目制翻转课堂在物流业务流程实验课程的实践

（1）目标

物流业务流程实验是物流管理专业核心的必修课，包括64学时，在三年级第二个学期开设。根据专业培养目标以及该课程在整个培养方案课程体系中的作用，将教学目标分为两个层次目标。

①低阶目标

深入理解专业理论知识，能运用专业理论知识解决实际问题；能熟练使用专业的仿真软件对实际问题进行建模分析。

②高阶目标

学生创新能力、团队协作能力、项目管理能力、自我管理能力、表达能力等。

（2）课堂教学内容项目设计

课程内容主要围绕两个思路来展开，一方面围绕物流主要业务展开，按照"市场—生产—分销—库存—仓储—供应链—服务"的思路展开，内容包括熟悉仿真软件 Anylogic、市场扩散仿真、车间生产仿真、库存控制策略仿真、产品分销运输仿真、物流中心建设与运营仿真、供应链风险分担实验、电话客服中心仿真等内容。另一方面，围绕仿真建模方法展开，按照"多智能体建模—离散事件建模—系统动力学建模—混合方法建模"展开。

课程实施过程中，以主要业务为主线，以仿真建模方法为副线设计项目，针对每个业务、方法，以实际生产、生活中设计多个不同的项目供学生选择解决。

（3）项目和翻转课堂实施

①建立课堂文化

课程采用的混合教学模式需要学生改变被动学习的习惯，主动积极学习。同时变"课中学习+课后复习、解决问题"为"课前学习+课中解决问题+课后复习深化"。在解决问题过程中，课中解决问题更强调学生自主、创新、协作式解决实际问题，与传统教学模式中课后自行解决问题存在较大差别。另外，在项目结束阶段，需要学生进行展示、讨论和交流。因此，需要在实施此教学模式之前与学生共同制定学习要求，在实施过程中逐步培养学生主动学习、自主协作解决实际问题的习惯，积极沟通、善于表达的习惯等。

②准备学生学习材料

基于项目制的部分翻转课堂混合教学模式需要准备项目和问题、知识点视频和PPT、实验指导书、实验报告、评价和反馈相关材料等。项目和问题需要具有挑战性，这些问题多数来自企业调研、学科竞赛、现实观察等。知识点视频需要讲知识点划分得非常细致，尽量缩短单个视频的时间，方便学生集中注意力学习。PPT中主要部分是知识点，增加了PPT约束的说明部分，既方便学生将PPT和视频结合起来学习，又增加了PPT使用趣味性，就像指导学生一步一步做任务一样。实验指导书、实验报告都是根据不同的实验项目和实验目的进行精心设计的，把实验报告设计成缺省的实验指导书，让学生自主构建项目解决思路、操作步骤、分析思路等内容。评价材料服务于全过程评价，包括课前、课中和课后评价，借助于雨课堂、学校开发的在线综合教育平台等线上工具，以及相应的自评表、互评表、问答记录、展示记录等文档。

③教学过程管理

教学过程管理主要包括翻转课中管理和项目管理。本课程采用的翻转为部分翻转，课前学习部分并非强制性学习，更像是预习，因为课程本身知识点较少，专业知识点已在相应课程中学习过。仿真建模方法重要知识点在课中进行讲授和问答结合方式进行，同时也并非每次课程均需要讲解。项目管理和实施是项目制教学和翻转课堂相结合的重要结合点，主要通过分组研讨、探索的方式，由学生自行组织项目实施，同时老师参与到每个小组或学生的解决问题和管理的过程中。

④全过程评价

课程中采用的混合教学方法与学生传统的学习习惯差别较大，全过程评价一方面能督促学生积极转变学习习惯，更主要的是评价学生在整个过程中学习的效果。全过程评价包括课前、课中和课后评价三部分，其中课中评价占比80%。课前评价主要借助在线综合教育平台通过学生学习时长、课中提问等方式反映；课中评价主要是对学生课中出勤、组内评价、自评、展示、实验报告等综合评价；课后评价主要是针对作业、巩固复习等进行评价。

⑤反馈与总结

每个项目结束后，都要对整个项目教学过程、学生完成情况、评价情况等进行总结。同时，都要请学生对此项目整个教学过程、材料、时间安排、评价安排等进行全面反馈，以了解教学过程中存在的问题和可取之处。

⑥教学模式与过程调整优化

根据学生反馈和教师对整个教学过程、学生学习情况的评价等，针对单个项目的教学模式和过程进行调整、优化；同时课程结束后也将对整个课程的教学安排进行调整、优化，通过不断地迭代优化，逐步提升此教学模式的稳定性和教学效果。

五、结语

实验课程是培养学生运用知识解决实际问题的能力、组织管理能力、团队能力、创新创业能力等的重要载体，是培养创新型、复合型、应用型人才的重要阵地。物流业务流程实验课程在物流管理专业培养体系中具有重要地位，但多数教师仍采用传统的教学方式，学生仍是被动学习、浅层学习，无法到达培养学生创新能力、协作能力、项目管理、自我管理能力等深层次学习目标的效果。

本文通过对物流业务流程等实验课程问题的分析，结合项目制教学、翻转课堂等的特点和实验课程固有特点，设计基于项目制的部分翻转课堂混合教学模式，即以问题为导向，以项目为依托，部分翻转教学过程，设计以提升学生运用理论知识解决实际问题的能力为主要目标，兼顾提升学生创新能力、协作能力、项目管理、自我管理能力等的混合教学模式，并将次教学模式应用于物流业务流程实验课程教学。

参考文献：

[1] 博斯，拉尔默. 项目式教学：为学生创造沉浸式学习体验 [M]. 周华杰，陆颖，唐玥，译. 北京：中国人民大学出版社，2020.

[2] 郭建鹏. 翻转课堂教学模式：变式—统一—再变式 [J]. 中国大学教育，

2021, 6：77-86.

[3] 杨桂荣, 李亚敏, 刘洪军. 基于 OBE 理念的课程项目制教学探索与实践 [J]. 大学教育, 2020, 10：46-50.

[4] 赖绍聪. 有效建构以问题为导向的课堂教学范式 [J]. 2021, 9：17-21.

[5] 张慧. 工程教育背景下景观设计课程项目制教学探究 [J]. 2020, 21：149-152.

[6] 弗莱彻·伍德. 基于问题导向的互动式、启发式与探究式课堂教学法 [M]. 刘卓, 耿长昊, 译. 北京：中国青年出版社, 2019.10.

[7] 谭志军, 江颖, 吴静文, 陈健军. 基于半翻转课堂的混合教学模式下数值分析课程的建设 [J]. 高教学刊, 2021, 34：71-75.

正迁移规律在物流综合选址模型
实验教学中的应用①

李海南　秦星红

（重庆工商大学管理科学与工程学院，重庆，400067）

摘　要： 专业课堂教学中的概念解读与内容呈现反映了教师的课堂教学思维过程，是学生"听到"和"见到"的学科概念和知识体系的第一印象，在首因效应的影响下，对学生在课外自学教材的过程与效果的影响很大。教材作为课堂教学的课外延伸载体，与具有教师个性化的、动态性的课堂教学存在根本性差别。如何把握有限的课堂教学机会，做好学生课堂学习与课外教材自学的有效衔接，对从整体上提高学生的课内外学习效率效果具有极其重要的意义。以物流运筹学实验中的LINGO 集方法教学为例，从学生认知视角，探讨正迁移规律和系统观在课堂教学过程以及相应教学内容重新编排中的应用，为提高课堂教学与课外自学的整体效率提供经验借鉴。

关键词： 课堂教学；物流运筹学；正迁移；LINGO 实验

一、引言

不同于中小学的全国或区域性的通用教材，大学专业课教材在编排体系和语言表述方面随作者不同往往差异很大。对于选用非自编教材的大学课堂教学而言，教师除了要熟练驾驭教学内容外，还要对教材的内容和结构体系——特别是重点概念的文字表述——从学生易于理解的角度进行重新编排和解读，这种编排和解读形成了教师自己对教学内容的独到理解和独特的教学风格。

在笔者看来，教师在课堂教学中至少可以采取两种方式解读教材内容，第一种方式是教师在全面把握所选教材的文字表述风格的基础上，采用教材的语言表述风格进行课堂教学，再采用例题或案例强化概念的内涵和外延，从而达到让学生掌握的目的。第二种方式是在对整个课程知识体系全面把握的基础上，先采用感性化的教学语言把学生引入新知识体系之中，然后再采用系列例题或案例，在对概念的应

① **基金项目：** 重庆市教育科学规划课题"基于差异化群体特性的新时代高校教师多维交叉激励机制研究"（项目号：2021-GX-025）。

用和分析中，逐渐加深对概念内涵与外延的理解，最终在学生头脑中形成理性、严密的概念，该概念内涵的形成与文字表述可能与教材中的文字表述不同，但在内容意义上是一致的。在后一种方式的教学过程中，虽然课堂语言的感性化表达不可避免地存在不准确、不规范的问题，但概念教学过程伴随着概念的形成和理解不断深入的过程，在文字表述形式方面不同但内容意义一致的概念描述可以让学生加深对概念本质意义的理解，也符合人对新事物由感性到理性的认识规律，而不准确的表达可以在后续教学中不断地完善和规范。笔者在实际教学过程中曾分别采用过两种方式进行教学，后一种教学方式的效果要明显好于前一种。

这种个性化教学语言反映了教师本人对教学内容的独特理解和课堂教学的思维过程。在这个过程中，教师要做好课堂教学过程与教材内容的衔接，必须对教材内容进行合理取舍，对其呈现顺序和方式进行重新编排，并做好相应内容的小结课教学。对学生来说，这种课堂教学过程相当于对教材内容进行了更易于接受的重新编码，教材相当于对课堂教学内容的全面归纳和阐述，因此，学生在课后再深入研读教材并做好知识要点总结非常重要。笔者在教学中还发现，少数学生在课后总结中还会采用自己的方式重新理解概念并重新归纳总结了概念，进一步强化和升华了对概念的理解和掌握。这正是笔者希望看到的教学效果。

下面以物流运筹学实验的 Lingo 集方法教学为例来深入阐述。所选用案例来源于物流综合选址问题。

二、教学案例、内容与要求

（一）教学案例

例题： 某企业存在两个供货源（产地），已知原有供货源每月的供货能力是 5 万台产品，另一供货源的生产能力可以满足产品的需求，且两个货源的价格相同。有三个区域目标市场（销地或销售商），各销地每月的市场需求量为 5 万台、10 万台、5 万台。在分销渠道中，拟定在 2 个地点中选址设立仓库，执行产品转运中的存储任务。各地之间的单位运输成本如图 1 所示。试确定最优的选址与调运方案。

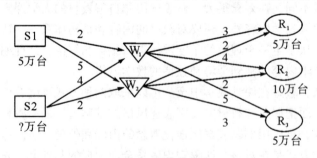

图 1　运输成本

该题的规划模型如下

$$\min Z = 2x_{11} + 5x_{12} + 4x_{21} + 2x_{22} + 3y_{11} + 4y_{12} + 5y_{13} + 2y_{21} + 2y_{22} + 3y_{23}$$

存在供应能力约束、市场需求约束、中转约束，如下：

供应能力平衡约束：$x_{11}+x_{12}=50\,000$

$$x_{21}+x_{22}=150\,000$$

市场需求平衡约束：$y_{11}+y_{21}=50\,000$

$$y_{12}+y_{22}=100\,000$$

配送中心不留存产品：$y_{13}+y_{23}=50\,000$

所有变量大于等于零：$x_{11}+x_{21}=y_{11}+y_{12}+y_{13}$

$$x_{12}+x_{22}=y_{21}+y_{22}+y_{23}$$

$$x_{11},\ x_{12},\ x_{21},\ x_{22},\ y_{11},\ y_{12},\ y_{13},\ y_{21},\ y_{22},\ y_{23}\geqslant 0$$

教学内容与要求：

掌握 Lingo 集方法中集的定义、数组乘法与函数的使用；根据规划模型用集方法写出 Lingo 代码。

三、课堂教学设计

1. 教材内容

所选教材为某知名出版社的《管理运筹学》教材及 LINGO 辅导材料，涉及以下基础知识：

LINGO 的输入规则、程序结构，代码的分解与嵌入；

原始集、派生集等相关基础概念；

数组结构及其操作等基础知识。

2. 教学实际问题分析

本课程在大二下学期开设，学生具备线性代数、微积分等数学基础知识；在计算机操作方面，仅具备微软 OFFICE 平台的 WORD/EXCEL 基本操作知识，不具备 C/C+/VC 等任何编程类基础知识。鉴于此，集方法入门课教学面临以下几方面问题：

对于没有任何计算机编程基础的学生来说，集概念晦涩难懂；

教材资料中没有详细的数组操作说明；

教学课时少，教学内容多且难。

3. 课堂教学设计

为强调教学重点并突破难点，采用以下方案对教学内容进行重新编排和设计，具体内容体现在案例代码注释中：

借鉴分类学方法和知识，对学生已有常识或方法实现正迁移。采用线性代数中的维数、类型等概念知识对集概念进行重新分类和阐释。入门教学过程中允许犯错，但需在后继深入学习中不断更新改正，最后形成正确的概念结构和知识体系。

区分线性代数中矩阵计算和 LINGO 数组的区别。特别地，代数中的矩阵乘法有特定的规则和复合计算的特点，在 LINGO 数组操作中需要逐级分解、分层，分别写出代码最后再嵌入归并。

逐渐呈现知识点，新知识的引入允许出现不完美的表达。LINGO 集方法入门基础知识多且复杂，大面积的基础知识讲解占时间多、不利于上机操作、效果差。

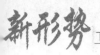

实际教学中采用精心编排的物流专业案例，在给出正确的数学模型后，代码书写过程体现思维过程特点，逐层分解细化，分别写出目标函数、约束条件的语句。允许写出不完善甚至有错误的语句体。在后续把分散的代码嵌入归并时再行修改和完善。采用精心编排的适宜于 LINGO 编程教学的物流专业案例组，课堂精讲类案例和课后练习提升类案例相结合。

四、基于课堂教学设计的内容编排

1. 区分已有相关知识

学生已有基础知识：线性规划模型、矩阵乘法、多重嵌套的级数表示，基本的计算机文档操作。

与线性代数有不同的算法结构。LINGO 中同型数组的乘法是对应元素相乘，得到的结果仍然为数组，这不同于线性代数中矩阵的乘法。例，用 $\otimes$ 表示 LINGO 中的数组乘法，则有

$$\begin{Bmatrix} c_{11} & c_{12} \\ c_{21} & c_{22} \end{Bmatrix} \otimes \begin{Bmatrix} x_{11} & x_{12} \\ x_{21} & x_{22} \end{Bmatrix} = \begin{Bmatrix} c_{11}x_{11} & c_{12}x_{12} \\ c_{21}x_{21} & c_{22}x_{22} \end{Bmatrix}$$

因此，目标函数可重写为

$$\min z = \sum \begin{Bmatrix} x_{11} & x_{12} \\ x_{21} & x_{22} \end{Bmatrix} \otimes \begin{Bmatrix} 2 & 5 \\ 4 & 2 \end{Bmatrix} + \sum \begin{Bmatrix} y_{11} & y_{12} & y_{13} \\ y_{21} & y_{22} & y_{23} \end{Bmatrix} \otimes \begin{Bmatrix} 3 & 4 & 5 \\ 2 & 2 & 3 \end{Bmatrix}$$

表示先进行数组乘法运算后求和。在 LINGO 中要用到四个二维数组，即两个（2，2）数组和两个（2，3）数组，可以通过两个一维数组类型，即一个二元数组类型和一个三元数组类型，衍生出来。因此

sets：

ey/1..2/；　　　!已有常识或方法的正迁移：采用"数组类型""数组名称"而非"原生集""赋值"的概念表述，并允许在类型后面不出现具体的数组名称。这是一个二元数组类型，类型名称尽量易记，ey 表示二元数组类型，此语句并不完善。在后续教学中再向学生讲清楚这些概念之间的逻辑关系。以下采用类似的表述；

sy/1..3/；　　　　!sy 表示三元数组类型；

ee（ey，ey）：x，c；　　!ee 表示二维数组（2，2）类型，注意与矩阵表示的联系与区别；

es（ey，sy）：y，d；　　!es 表示二维数组（2，3）类型；

endsets

data：

c=2 5

　4 2；　　　　　!把数组类型分为参数和变量两类，对于出现的参数需即时赋值；

d=3 4 5

　　2 2 3；

　　enddata

min＝@ sum（ee：x＊c）＋@ sum（es：y＊d）；　　！已有方法的正迁移：利用微积分学中级数的代数形式的结构和遍历计算方法；

　　约束条件有多类，按类型分别写出代码。要善于分析相同类型的约束条件的数据特点。其中，供应能力平衡约束由两个等式组成，右端可写成一个二元数组（50 000　150 000）。左端是二维数组 x 的第一行和第二行分别求和。因此 linog 代码可写为

　　sets：

　　ey/1..2/：a；　　　　　　！在前面不完善的语句基础上，补充参数名称；

　　endsets

　　data：

　　a＝50000 150000；

　　enddata

@ for（ey（i）：@ sum（ey（j）：x（i，j））＝a（i）；）；　　　　！已有方法的正迁移：利用微积分学中级数的代数形式的分层遍历计算方法；

　　市场需求平衡约束的 lingo 代码可写为

　　sets：

　　sy/1..3/：b；

　　endsets

　　data：

　　b＝50000 100000 50000；

　　enddata

@ for（sy（k）：@ sum（ey（j）：y（j，k））＝b（k）；）；

　　对于配送中心不存留产品的条件，考虑到左端是 X 的转置，注意等式左端的第 2 个下标与右端的第 1 个下标得设置为同一个字母；其 lingo 代码可写为

@ for（ey（j）：@ sum（ey（i）：x（i，j））＝@ sum（sy（k）：y（j，k））；）；

　　将上面的分代码根据 LINGO 程序结构特点进行嵌入归并，得到该题完整代码如下

　　model：

　　sets：

　　ey/1..2/：a；

　　sy/1..3/：b；

　　ee（ey，ey）：x，c；

　　es（ey，sy）：y，d；

　　endsets

　　data：

　　a＝50000 150000；

```
b = 50000 100000 50000;
c = 2 5
    4 2;
d = 3 4 5
    2 2 3;
enddata
min = @sum (ee: x * c) + @sum (es: y * d);
@for (ey (i): @sum (ey (j): x (i, j)) = a (i););
@for (sy (k): @sum (ey (j): y (j, k)) = b (k););
@for (ey (j): @sum (ey (i): x (i, j)) = @sum (sy (k): y (j, k)););
end
```

2. 例题延伸

假定第 1 题的其他条件不变，若设立仓库 W1，建设成本为 10 万元，最大库容为 20 万台，单位产品的月库存成本为 2 元；若设立仓库 W2，建造成本为 20 万元，最大库容为 25 万台，单位产品的月库存成本为 3 元。问题：如何选址和安排调运，使建造费用、运输费用、仓储费用的总和为最小？

该题规划模型如下：

$$\min Z = 2x_{11} + 5x_{12} + 4x_{21} + 4x_{22} + 3y_{11} + 4y_{12} + 5y_{13} + 2y_{21} + 2y_{22} + 3y_{23} +$$
$$100\ 000w_1 + 200\ 000w_2 + 2\ (x_{11} + x_{21}) + 3\ (x_{12} + x_{22})$$

供应能力平衡约束：
$$x_{11} + x_{12} = 50\ 000$$
$$x_{21} + x_{22} = 150\ 000$$

市场需求平衡约束：
$$y_{11} + y_{21} = 50\ 000$$
$$y_{12} + y_{22} = 100\ 000$$
$$y_{13} + y_{23} = 50\ 000$$

分销中心不存留产品：
$$x_{11} + x_{21} = y_{11} + y_{12} + y_{13}$$
$$x_{12} + x_{22} = y_{21} + y_{22} + y_{23}$$

仓储能力限制约束：
$$x_{11} + x_{21} \leq 200\ 000w_1$$
$$x_{12} + x_{22} \leq 250\ 000w_2$$

所有变量大于等于零：x_{11}，x_{12}，x_{21}，x_{22}，y_{11}，y_{12}，y_{13}，y_{21}，y_{22}，$y_{23} \geq 0$
$$w_1，w_2 \text{ 为 0-1 变量。}$$

· Lingo 代码写法详解

$$\min Z = 2x_{11} + 5x_{12} + 4x_{21} + 2x_{22} + 3y_{11} + 4y_{12} + 5y_{13} + 2y_{21} + 2y_{22} + 3y_{23} +$$
$$100\ 000w_1 + 200\ 000w_2 + 2\ (x_{11} + x_{21}) + 3\ (x_{12} + x_{22})$$

目标函数相较于第一题多了几项，其中最后两项可看作 $\{2\ 3\} \otimes \{x11 + x21\ x12 + x22\}$。因此，在第一题代码的基础上增加

```
sets:
ey/1..2/: w, f, g;
endsets
```

data：

f = 100000 200000；

g = 2 3；

enddata

min = @ sum （ee：x * c）+@ sum （es：y * d）+@ sum （ey：f * w）+@ sum （ey （j）：g （j） *@ sum （ey （i）：x （i，j） ） ）；

仓储能力限制约束

$x_{11} + x_{21} \leqslant 200\,000 w_1$

$x_{12} + x_{22} \leqslant 250\,000 w_2$

代码如下

sets：

ey/1.. 2/：h；

endsets

data：

h = 200000 250000；

enddata

@ for （ey （j）：@ sum （ey （i）：x （i，j） ） < = h （j） * w （j）；）；

决策变量 w_1，w_2 为 0-1 变量，其代码为

@ for （ey：@ bin （w） ）；

完整 lingo 程序如下：

对以上分代码进行嵌入归并得到

model：

sets：

ey/1.. 2/：a，w，f，g，h；

sy/1.. 3/：b；

ee （ey，ey）：x，c；

es （ey，sy）：y，d；

endsets

data：

a = 50000 150000；

b = 50000 100000 50000；

c = 2 5

 4 2；

d = 3 4 5

 2 2 3；

f = 100000 200000；

g = 2 3；

h = 200000 250000；

```
enddata
min=@sum（ee：x*c）+@sum（es：y*d）+@sum（ey：f*w）+@sum
（ey（j）：g（j）*@sum（ey（i）：x（i，j）））；
@for（ey（i）：@sum（ey（j）：x（i，j））=a（i）；）；
@for（sy（k）：@sum（ey（j）：y（j，k））=b（k）；）；
@for（ey（j）：@sum（ey（i）：x（i，j））=@sum（sy（k）：y（j，
k））；）；
@for（ey（j）：@sum（ey（i）：x（i，j））<=h（j）*w（j）；）；
@for（ey：@bin（w））；
end
```

五、总结

本文以物流综合选址模型实验的 LINGO 集方法教学为例，探讨了正迁移规律在课堂教学中的教材概念解读、内容呈现与相应教材内容的重新编排问题。基于物流运筹学的学科特点，笔者本着实验教学为理论教学服务的原则，对本专业多届学生的课程教学实践的摸索和总结取得了较好的教学效果。但因专业课程设置及其他原因，该课程的实际教学效果与期望仍然存在相当的差距。在后续教学研究中，结合本学科的专业教材建设进行课堂教学研究仍是一个需要不懈努力的过程。

参考文献：

［1］谢家平，等.管理运筹学：管理科学方法［M］.2 版.北京：中国人民大学出版社，2014.

"电子商务数据运营"
"三学·三导"教学范式探讨①

刘四青　詹川

（重庆工商大学管理科学与工程学院，重庆，400067）

摘　要： 适应教学数字化转型，迎合新时代变革要求，针对电商运营人才培养方式的局限性，教师课堂教学"疲软"和学生实战能力不足，大数据分析和电商运营不能有效融合等痛点，"电子商务数据运营"实施了创新改革。改革以"新工科"建设为指导，以学生为中心，以高阶能力培养为目标进行课程重构。一是打造课程生态协同培养，以教改研究引领，学校教学范式导向，企业课堂训练提升，学科竞赛创新，社会创业实战，培养卓越电商运营人才，服务国家疫情应急、一带一路和乡村振兴；二是构建以能力为导向的"三学·三导"教学范式，遵循电商学生认知规律，提高专业教学效果；三是增加疫情下电商应急运营、一带一路跨境电商运营、乡村振兴电商运营等思政教学内容，立足国家需要，贴合企业实战，剖析社会问题；四是建立以能力为导向的线上和线下、过程和结果、学生互评和教师考评的交叉评价体系。通过以上改革，本课程取得很好效果，有效解决电商数据运营痛点问题。

关键词： 三学·三导；教学范式；生态协同

一、课程背景

在新冠肺炎疫情下，高校各相关部门协同联动，网络协同功能显著，高校教学网络创新生态空前凝聚。政府、学校、企业、学生、家庭等主体力量通过高校网络和社会平台快速协同，疫情后的专业课程建设如何协同这些力量？

时代召唤，新时代变革，国家需求，产业瓶颈，社会问题……如何反映到专业课程建设中？在世界百年未有之大变局下，"电子商务数据运营"课程教学团队整合社会力量，成立课程发展委员会，积极探索专业课程教学创新，推动电子商务专业课程"立德树人"内核转型。

---

① **基金项目：** 重庆市高等教育改革研究项目"学习投入视阈下多态协同，'三学·三导'学教模式设计及应用研究"（2022）。

二、课程教学中的"痛点"问题

（一）高校电商运营人才培养方式存在局限性

高校电商运营人才培养方式以学校培养为主体，以学科知识为主要教学素材和学习任务，校地企共轴育人机制不全，导致"有使命"的教育和"有使命"的学习的有效途径缺乏（见图1）。

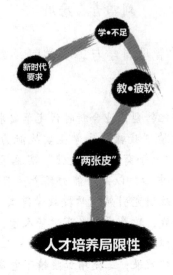

图1 "痛点"问题

（二）教师课堂教学"疲软"和学生实战能力不足

电商运营课程普遍停留在经验总结和理论分析阶段，实战类课程普遍未开设和平台缺乏。电商教师普遍缺乏项目实践经验，课堂教学效果不尽如人意。电商学生开设网店，易产生较大经济损失，增加课程开设成本与风险，导致学生能力不能有效提升。

（三）大数据分析和电商运营不能有效融合

大数据分析、人工智能是当前高校教育的热门学科，如何利用大数据为企业电商运营管理服务，突出电商运营中大数据的隐藏价值。如今高校大数据分析和电商运营相关课程"两张皮"，不能有效融合，促进学生能力提升。而培养出具备电商基本素养、掌握大数据分析能力的电商数据运营人才，将具有关乎电商行业未来发展的重大意义。

（四）适应教学数字化转型，迎合新时代变革要求

大数据时代下，促使多学科交叉中的电商运营不断发展变化，如何围绕"创新驱动发展""互联网+""大众创业、万众创新""一带一路""乡村振兴"等国家重大战略，开展教学数字化转型，迎合新时代变革要求是要解决的重点问题。

三、课程教学创新思路和措施

(一) 思路

新工科下，电商运营人才必备数据素养与文化素养，具有很强的学习力与创新力。本课程以学生为中心，培养学生高阶能力为目标，架构课程生态体系（见图2）。

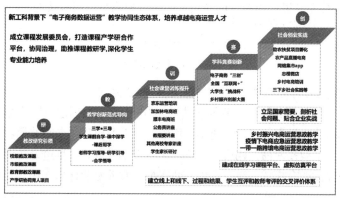

图 2　课程生态体系

(二) 措施

1. 打造专业课程"电商数据运营"协同生态

新时代"电商数据运营"课程的协同生态，是通过多方参与、多层次推进的卓越电商人才培养的知识循环进阶体系。该生态内容是以教改研究为引领，教师课堂教学创新范式为导向，企业课堂训练为提升，学科竞赛为创新，社会创业为实战，培养卓越电商运营人才，服务国家疫情应急、一带一路和乡村振兴战略。课程发展委员会为了深化课程实践能力高阶培养，加强课程理论与实践互动、互构与互塑，构建了包括校内外产教一体实践体系（见图3、图4）。

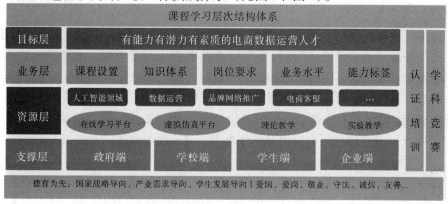

图 3　课程实践体系

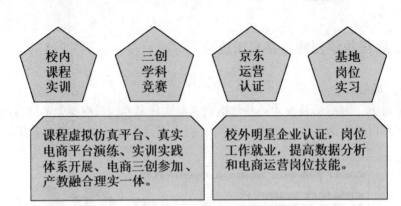

图4 课程实践体系

2. 构建以能力为导向的"三学·三导"教学范式

遵循学生认知规律，提高专业教学效果，"电子商务数据运营"教学贯穿课前、课中、课后三部分，由学生的自学、研学、用学三个学习历程，老师的学习引导、深学指导、会学辅导三个教授使命，构成"三学·三导"学教范式，推进专业课堂学教方式变革，形成学教穿插融合模式，激发学生专业兴趣，发挥专业课堂作用（见图5）。

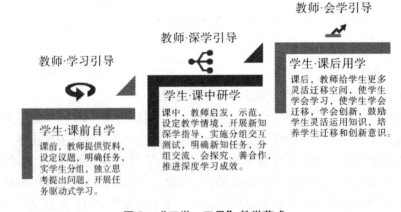

图5 "三学·三导"教学范式

（1）自学和学习引导

课前，教师提供资料，设定议题，明确任务，给学生分组，独立思考提出问题，开展任务驱动式学习。"乡村振兴"直播电商运营章节中，教学团队在课前，分别从直播在乡村振兴中的价值和作用，梳理直播电商法规，调查直播违法违规现象，分析直播电商运营架构和要素，准备助农等方面材料试播，要求学生根据议题和任务完成自学。比如在课前，教师提供"星查查、头榜"等直播数据分析平台，和"天眼查"企业信息平台，引导学生思考，进入学习状态。

（2）研学和深学指导

课中，教师通过启发、示范，组织学生开展深度学习。教师设定教学情景，开展新知深度学习指导，实施分组交互测试。同时明确新知应用任务，要求学生分组完成专业应用，学生会交流、会探究、善合作，推进深度学习成效。"乡村振兴"

直播电商运营章节中，直播电商模式与利益分配不同、直播合法合规性与法律风险、直播创建的专业性与OBS使用三个模块，分别翔实设计打磨。比如"直播电商的专业性——以京东直播助农为例"模块中，"新知学习"涵盖直播架构、直播六要素、能力链条、团队、场地、设施、OBS、内容、复盘等；"阶梯测试"包括分组讨论回答"乡村振兴"助农直播的架构、要素、团队、内容策划等问题；"专业应用"指导学生完成助农直播带货的要素设计，形成直播方案。

（3）用学和会学辅导

教师要给学生更多灵活迁移的空间，使学生学会学习。要使学生学会迁移，学会创新，鼓励学生灵活运用知识，培养学生创新意识。乡村振兴直播电商运营章节"直播电商的专业性——以京东直播助农为例"，"拓展与梳理"辅导学生完成"乡村振兴"专业应用部分的方案落地，实现直播创建与试播。

3. 增加"疫情应急""一带一路""乡村振兴"等思政教学内容

立足国家需要，剖析社会问题，贴合企业实战，"电商数据运营"教学团队增设电商数据运营专题思政章节，具体有：一带一路跨境电商运营；疫情下电商应急运营，涵盖疫情下跨境、国内和农村电商三个主题；乡村振兴电商运营，讲授乡村振兴电商运营瓶颈、突破点、模式创新、案例分析，还包括"乡村振兴"直播带货电商运营，讲授助农直播运营的模式与利益分割、合法合规性、专业性，分析直播乱象，非法违规问题（见图6）。

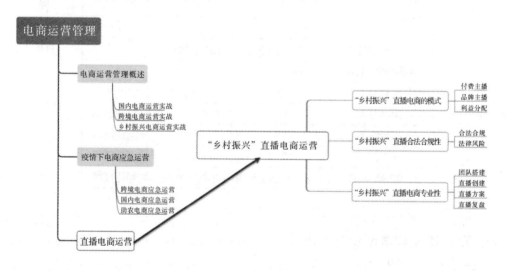

图6 增设思政教学内容

4. 建立线上线下、过程结果、学生互评和教师考评的交叉评价体系

我们通过在线开放学习平台、虚拟仿真平台、线下主题讨论和思考题，借助雨课堂，建成能力导向的交叉的课程评价体系，如图7所示。该体系深入到学生课前30%、课中40%和课后30%，实现线上30%和线下70%考评相结合，落实学生小组内互评50%、小组间互评30%和教师考评20%。具体算法，如表1所示。

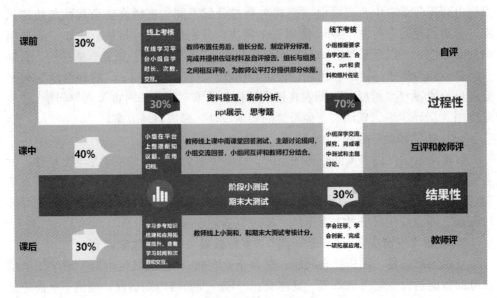

图7　交叉评价体系

表1　A 同学成绩计算示例

小组内互评 0.5	小组间互评 0.3	教师考评 0.2	课前成绩
80	90	70	81
*81 为学生组内、组间和教师考评分数与权重乘积			
A 同学的成绩	线上 0.4	线下 0.6	
课前 0.3	88	81	87.8/86.5
课中 0.4	95	88	是课前中
课后 0.3	78	90	后成绩与
87.02	87.8	86.5	权重乘积
***87.02** 是 A 同学线上 87.8 和线下 86.5 与权重乘积，为最终成绩			

四、课程教学创新与反思

（一）创新

1. 打造课程生态，形成了一支具有时代使命感的课程教师队伍

已形成 5 人核心教师团队，49 人课程发展委员会，与武隆、巴南、荣昌、綦江等重庆三之分二的区县建立了合作关系和电商帮扶基地；与京东等四个企业共建暑期培训特色班；与猪八戒网等建设了移动课堂基地。

2. 构建"三学·三导"教学范式，遵循学生认知规律，提升教学效果

明确教师在教育教学中的主导地位和学生在学习中的主体地位，对学生自主、合作、探究学习具有指导性，课程采用交互教学、研讨式教学方法，利用文本、图片、视频等各种媒介促进教学，教学效果显著，受益面大。符合学生认知规律，遵循知识点逻辑，线上线下混合教学，理论实践一体联动，学和教贯穿课前课中课后。在"新知学习"中，课程情景和内容线上延展，教师线下指导；在"专业应用""拓展与梳理"中，指导学生通过手机和电脑线上实战。课程专注岗位应用拓展，产教融合创新实践，任务驱动教学。课程教学从岗位实战专业性和知识素养高度性，协同企业阿里、京东等，打造一带一路、"乡村振兴"等课程任务驱动，开展助农策划、实施。

同时课程中增加学生安全环境，增加学生存在感，允许学生出错，增加归属感。引入家国情怀与乡村振兴、法治严明。导入学生公正严明，爱国爱家的情怀。分组讨论，PPT 展示短视频，国家领导人讲话，非法违规乱象，乡村振兴等。实现学习过程就是对话过程，增设雨课堂主题讨论抢答。学生自觉卷入交互环境，深度学习。

3. 培养了一批具有担当精神和卓越实践创新能力的电商运营人才

累计培养电商运营人才已超过 1 000 人，学生的能力、就业率、深造率和使命担当精神不断提升。近五年，以疫情下助农帮扶，一带一路跨境电商培训和乡村振兴参加的培训、学科竞赛或者假期实践项目实现全覆盖，参加省部级以上学科竞赛的学生累计超过 100 人次，在主讲教师指导下，学生获得 1 次国家特等奖（教育部高等学校电商教指委，2017），2 次省级特等奖（重庆市教委、重庆市商委），3 次省级一等奖、2 次三等奖（重庆市教委、重庆市高等教育学会，2016），1 次最佳电商物流奖（重庆市教委、重庆市高等教育学会，2016）1 次最佳创新奖，1 次最佳创意奖（教指委，2021），4 次省级最佳指导教师（重庆市教委、重庆市商委，2017），1 次国家最佳指导教师（电商教指委，2017）。2017 年以来，师生团队培训农村电商人才 1 000 多人次，帮助 81 家农户开展电商，帮助 56 户农户成功脱贫。

（二）反思

在课程建设中，我们致力于课程生态的协同，"三学·三导"课程内容的优化，响应时代和国家需要，以学生为中心，培养时代新人德育素养作为目标。目前，这种教学模式，已经取得了初步成效，在全国有一定的推广价值。但在教学中，我们也发现了不少需要进一步改进的问题，比如协同主导问题，导致沟通成本过高；学生课前自学和课后会学任务比较繁重问题，导致学生压力过大，影响学习效果。今后将调整学生课前课后任务量级，提升整体教学质量。

参考文献：

[1] 张学波、林书兵. 停课不停学：在线教学的应对策略与现象透视 [J]. 现

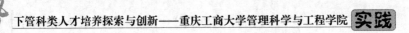

代教育技术，2020（11）：45-46.

　　[2] 张建卫，周愉凡，宣星宇. 疫情防控期高校在线教学与学生发展：基于 B 大学的案例研究 [J]. 中国高教研究，2020（6）：64-71.

　　[3] 刘曾军."三学·三导"历史教学模式的构建与探索 [J]. 中学教学参考，2021（7）：2.

合作学习模式指导下的
"网络营销"教学实践探索

张梁平

（重庆工商大学管理科学与工程学院，重庆，400067）

摘　要："网络营销"课程涉及营销学、互联网、新媒体、电子商务等多领域，教学内容具有创新性、综合性、应用性等特征，教学难度比较大。本文分析了在教学中引入合作学习模式的意义，重点介绍了以"异质分组""正相互依赖""个人责任""小组自评""社交技能"为特征来构建合作学习小组的方法。

关键词：电子商务；合作学习模式

一、引言

合作学习模式是目前在世界范围内被广泛使用的课堂教学组织形式，它是一种富有创意和实效的教学理论与策略，在改善课堂内的社会心理气氛、大面积提高学生的学业成绩、促进学生形成良好非认知品质等方面实效显著，成为当代主流教学理论与策略之一，被人们誉为"近十几年来最重要和最成功的教学改革"。针对"网络营销"课程的现状，引入合作学习的理论来改进教学形式，提高教学质量，应有较好的效果。

二、"网络营销"教学难度分析

随着信息时代的飞速发展，电子商务已经成为社会经济发展的基本商业形态，电子商务创业也形成了一股热潮。高校对于大学生创业教育越来越重视，"网络营销"这样的跨专业、综合性、应用性课程也应运而生。但课程的创新性、综合性、实践性特点，给教学带来了不小困难。

顾名思义，"网络营销"课程涉及营销学、互联网、新媒体、电子商务等方面的内容，要求学生通过学习，提升基于互联网的营销理论与实践。但在实际教学活动中，课程各部分内容相对独立，学生在学习时一下子要接触大量的知识，往往觉得一头雾水，摸不着门道，把握不住关键。

同时，"网络营销"实践性强，课堂教学的学时数有限，这也更让教师与学生双方都感到困难重重。显然教学知识的综合性，教学内容的实践性，给教与学带来了较大的考验，传统的讲授教学法难以实现好的教学质量，要提升课程的教学质量，就需要对教学模式进行改革探索。

三、合作学习模式的优点

合作学习（cooperative learning）由威廉·格拉塞提出，20世纪70年代后期在美国兴起。它是一系列促进学生共同完成学习任务的教学方法，通过同学之间的交互作用对学生的认知、发展、学习情感和同伴关系产生积极影响。1997年，美国著名教育评论家埃利斯指出，"如果让我举出一项真正符合'改革'这一术语的教育改革的话，那就是合作学习"，"合作学习如果不是当代最伟大的教育改革的话，那么它至少也是其中之一"。

该模式是根据需要把教学班分成多个学习小组，淡化教师信息发布人的作用，而学生则逐渐成为学习小组的参加者和决策人；鼓励学生在小组内相互协作，课堂教学形式以竞争性、协作性以及个性为特征。

合作学习模式与传统教学模式相比具有相对的优越性，既能提高学生的主动性和参与性，又有利于培养学生的团队协作精神，教师还可以通过"合作学习模式"提高教学质量。由于合作学习模式在改善教学气氛、大面积提高学生的学业成绩、促进学生形成良好非认知品质以及对于改善师生关系等方面效果显著，很快引起了世界各国的关注，合作学习必将成为课堂教学和学习的主流模式。我国自20世纪80年代末90年代初开始，在各学科的学习中也出现了一些合作学习的研究与实践，并取得了较好的效果；"合作学习模式"是课堂教学的一种创新和改革，成为推动课堂教学改革的一项有效的教学模式。把合作学习模式用于"网络营销"教学过程，使知识在愉快的课堂气氛中被掌握，并且可建立良好的新型师生关系，实现教学相长，师长共进的目标。

四、"网络营销"教学中引入合作学习模式

合作学习模式以"群体动力"理论为基础，以来自集体内部的"能源"为学习动力。首先，具有不同智慧水平、知识结构、思维方式、认知风格的成员可以互补；其次，合作的集体学习有利于学生自尊自重情感的产生。但是在教学实施中，不少教师容易把合作学习模式简单理解为"分组学习"，虽然也能克服普通教学方式的一些弊端，但是也带来了一些新的问题。真正的合作学习教学模式的实施，是需要一整套科学的方法，并且要掌握基本的要点，才能达到真正事半功倍的学习目标。具体而言，可按以下步骤推动开展。

（一）以"异质分组"为基本特征，构建学习小组

所谓异质分组就是指，在组建合作学习小组时，应当尽量保证一个小组内的学生各具特色，能够相互取长补短，即小组成员是异质的、互补的。对学生进行混合编组，一个重要的理由就是合作学习需要多样性。"网络营销"由于其创新性、综

合性、应用型的特征，如果时间和条件允许的情况下，可先对学生的"网络营销"相关课程进行调研，了解学生各方面知识的掌握情况，并将具有不同知识能力点擅长的学生组织成学习小组，共同推动各教学模块的学习。通过学习，不仅可以将相关知识串联起来，形成一个有机的完整的框架体系，而且可以让学生全面了解电子商务创业的基本内容和运行关键。混合编组也保证了小组成员的多样性，从而使小组活动中有更多、更丰富的信息输入和输出，可以激发出更多的观点，使全组形成更深入、更全面的认识。

（二）强调"正相互依赖"，明确小组成员的关系

正相互依赖代表了小组成员之间一种积极的相互关系，每个成员都认识到自己与小组及小组内其他成员之间是同舟共济、荣辱与共的关系。

所谓"正相互依赖"包括以下四个方面：（1）目标互赖：共同的小组目标；（2）奖励互赖：奖励小组而不是某一个体；（3）角色互赖：每人承担相互关联的具体责任；（4）资源互赖：有限制地发放学习与活动资源。总之，"正相互依赖"就意味着，每个人都要为自己所在小组的其他同伴的学习负责。显然，这种合作的集体学习有利于学生自尊自重情感的产生。

创业活动原本就强调团队组建，需要一群有共同目标、能力互补的同道中人共同合伙联手前行。在创业过程中，大家互相依赖，共同为创业成功而长期奋斗，这方面意识与能力的培养，在"网络营销"教学中也完全可以结合"正相互依赖"特征来模拟训练。具体而言，电子商务创业项目的一般会有首席执行官（CEO）、首席财务官（CFO）、首席营销官（CMO）、首席技术官（CTO）等职位。在教学中，可让小组成员分别扮演承担互补的、有内在关联的以上这些角色，同时也实现了从不同角度来感受、学习、理解"网络营销"这门课程内容的目的。

（三）强调"个人责任"，激发学生学习积极性

所谓个人责任，是指小组中每个成员都必须承担一定的任务，小组的成功取决于所有组员个人的学习。一般人容易把合作学习简单地理解为分组学习。社会心理学的研究表明，在群体活动中，如果成员没有明确的责任，就容易出现成员不参与群体活动，逃避工作的"责任扩散"现象。即在小组活动中每个组员都担当特定的角色，并且每个角色都是不可或缺的，不能替代的。同时，应强调"责任承包"的理解，将小组的总任务分解成若干子任务，每人承担一个子任务，小组完成总任务的质量取决于完成每个子任务的质量。在分组学习中，明确参与人的"个人责任"，显然能够有力地推动学生产生学习的动力。

比如，在"网络营销"各方面事务都让学生自己参与、亲自体会，并承担相应的责任。就案例中，也可选学生较为熟悉的网络营销案例进行具体分析，让学生自己来对问题提出规划意见和进行分析论证，使学生受到最生动、最直接的教育，从而增加学生的感性认识，这将极大地提高学生学习的积极性，对学生能力的培养无疑是十分有利的。

（四）开展"小组自评"活动，促进小组成员的交流

为保持学习小组活动的有效性，合作小组必须定期地评价小组成员共同活动的情况，这就是"小组自评"。总结有益的经验，使之明确。要提出对小组活动中好

的方面，教师要引导学生把这些小组合作的成功经验具体地表述出来，在不同小组之间交流。分析存在的问题及相关的原因。鼓励学生正视本组在合作中出现的问题，分析导致问题的可能原因并提出改进建议。

教师在组织合作学习时，对讨论的话题应先让小组成员独立思考，有自己的想法，再由小组长安排，各个成员各自说出自己的想法，其他同学认真倾听，然后开展讨论。在每个小组中设立组长、记录员、资料员、汇报员，小组中的角色担当是不确定的，轮流进行，保证每位成员都有机会了解所担任的工作。

（五）强调"社交技能"在实现小组目标实现的重要性

营销活动的核心是基于"人"、面向"人"活动，人与人的社交能力是能力的关键。而合作学习小组解体或不能顺利进展的最主要因素也就是小组成员不会合作。导致学生不合作的原因往往不是学生缺乏合作的愿望，而是学生缺乏合作的方法——社交技能。所以，教师最好在传授专业知识的同时教学生掌握必要的社交技能。

五、结语

实践证明，合作学习能够激发学生学习"网络营销"课程的兴趣，提高学业成绩，有利于培养和提高学生的学习能力和创新能力，促进学生人际交往，增强学生合作意识，培养合作技能，有助于减轻学习焦虑。但合作学习实践过程中，也存在着小组成员的参与度不均衡，学生合作技能欠缺，人数过多而影响合作学习效果等问题。因此，在教学的过程中，教师要坚持自己的主导地位，围绕教学内容，合理分组，采取灵活多变的合作学习的形式，充分调动学生学习的积极性，培养学生的合作精神和交际能力，全面提高"网络营销"课程的教学质量。

参考文献：

[1] 储君，和学新."互联网+合作学习"的内涵、特征与有效实现 [J]. 教学与管理，2017（6）：3.

[2] 彭绍东. 混合式协作学习设计研究的干预设计模型 [J]. 现代教育技术，2017，27（6）：9.

[3] 陶啸云. 分组合作学习策略研究 [J]. 湖北经济学院学报（人文社会科学版），2014，11（11）：2.

[4] 程晓兰. 论合作学习在高校专业课教学中的运用 [J]. 教育与职业，2010（9）：2.

[5] 黄学锦，向劲松. 谈高校课堂上的分组教学 [J]. 中国教育技术装备，2016（8）：12-14.

[6] 钟有为."参与式"教学模式与学生学习方式的转变 [J]. 合肥师范学院学报，2010（5）：4.

　　[7] 曲莉梅. 倡导小组合作学习，构建高效课堂教学："学习金字塔"理论的启示 [J]. 职业时空，2014，10（7）：101-103.

　　[8] 张亦含. "网络营销"教学方法改革的探讨 [J]. 中小企业管理与科技，2012（1）：7-9.

　　[9] 王巍，贾少华. 论电子商务创业课程体系的构建 [J]. 职教论坛，2011（35）：3.

基于 BIM 技术的装配式建筑工程项目
管理虚拟仿真实践教学研究

郑　欢

（重庆工商大学管理科学与工程学院，重庆，400067）

摘　要：本文结合财经类高校工程管理专业和社会发展的实际情况，提出重庆工商大学基于 BIM 技术的装配式建筑工程项目管理虚拟仿真实践教学研究的相应思考。该实践教学以能够大幅度提高学生实践能力和创新能力为核心，以现代信息技术为依托，以工程管理专业急需的实验教学信息化内容为指向，以完整的实验教学项目为基础，符合建设示范性虚拟仿真实验教学项目的要求，达到线上线下教学相结合的个性化、智能化、泛在化实验教学新模式，形成布局合理、教学效果优良、开放共享有效的高等教育信息化实验教学项目示范新体系。

一、问题提出

BIM 技术的推广和应用，是建设领域的一次革命，将给建筑业的发展带来巨大的推动力，支撑工业化建造、绿色施工、优化施工方案；促进工程项目实现精细化管理、提高工程质量、降低成本和安全风险；提升工程项目的效益和效率。

我国大力发展装配式建筑，在全面推进生态文明建设、加快推进新型城镇化、特别是实现中国梦的进程中发展意义重大，有利于大幅降低建造过程中的能源资源消耗，减少施工过程造成的环境污染影响，显著提高工程质量和安全，提高劳动生产率，同时有利于促进形成新兴产业。

然而，能够同时熟练掌握 BIM 和装配式建筑技术的人才却严重缺乏，这种缺乏不仅体现在人才数量上，更体现在技术应用能力上。BIM 和装配式建筑技术的行业需求越来越大，高校作为 BIM 和装配式建筑技术应用型人才培养的主要承担者，其 BIM 和装配式建筑技术人才的培养远远不能满足行业发展的需求。因此，培养具备 BIM 和装配式建筑技术的专业人才成为建筑行业进入数字化时代的重要因素，将基于 BIM 技术的装配式建筑工程项目管理的教育有机地融入目前的工程管理专业教育中显得尤为迫切。

二、解决方案

围绕构建基于 BIM 技术的装配式建筑工程项目管理多层次虚拟仿真实践教学

体系，进行人才培养新模式教学改革，具体内容、路径及拟创建的特色教学如下：

1. 具体内容

（1）围绕构建可持续发展的产学研综合实践基地的目标

致力于完成基于该产学研一体化实践基地，采用多种形式进行协同育人，促进产学合作、产教融合。具体形式包括企业导师深度参与学生在校期间的培养，讲授基于 BIM 技术的装配式建筑工程项目管理工程实践、项目全过程管理、建筑装配化技术等实践性较强的前沿课程等；让学生到合作企业或工程建设项目现场实习，行业专家讲授专业技术课程、行业规范、职业道德与企业文化等，并将实践任务融入企业生产中；校企共同举办基于 BIM 技术的装配式建筑工程项目管理技能培训；企业、学校双导师基于学科交叉与先进技术应用的实际工程项目，共同指导学生毕业设计和学科竞赛等。

（2）围绕构建开放式教学资源库和多元化师资队伍的目标

构建基于信息化的教学案例库开展案例教学是实践创新能力培养的一项重要举措，对于专业实践能力具有重要作用。建筑信息化案例库由企业导师或合作企业提供典型工程案例素材和资料，再由任课教师整理编制工程案例，通过具体工程案例的指导来提高学生实践能力。根据行业发展和社会需求，由校企共同组建基于 BIM 技术的装配式建筑工程项目管理虚拟仿真实践教学研发团队和教学师资团队，就基于 BIM 技术的装配式建筑工程项目管理项目实施、课程开发、技术研究等方面发挥各自优势，形成教材、学术论文、软件著作权或专利等形式的研究成果，并将成果反馈于实践教学过程中，与此同时，积极进行成果转化，应用于行业企业，促进校企可持续发展。

2. 路径

（1）组建团队：由教师团队成员与校企合作企业组建基于 BIM 技术的装配式建筑工程项目管理的虚拟仿真实践教学研究团队，进行项目规划、需求分析，共同研究制定实践基地建设方案。

（2）项目实施：由学院负责提供实践基地场地，由一名系领导负责产学研合作项目的协调与落实，配专职教师负责实践基地的建设及运营，校企共同完成软、硬件实践教学环境的搭建，完成实践基地的建设任务。

（3）成果共享：将教学、实践和社会服务等基于 BIM 技术的装配式建筑工程项目管理虚拟仿真实践基地建设成果向同类院校专业开放共享，组织进行各类学术交流活动，收集反馈信息，优化项目成果，实现多方资源共享与成果运用。

3. 特色教学

坚持"产教融合，校企合作"的人才培养模式，构筑联合培养的育人平台，本实践体系将基于 BIM 技术的装配式建筑工程项目管理人才培养和实际工程项目实践结合，实现基于 BIM 技术的装配式建筑工程项目管理虚拟仿真教学的实践应用，培养具备专业知识+项目管理思维+项目实操能力的复合型人才。依托教师承担的科研项目和校企合作项目，将实际工程项目引入基于 BIM 技术的装配式建筑工程项目管理虚拟仿真教学中，活化基于 BIM 技术的装配式建筑工程项目管理教学资源，将传统的"基于 BIM 技术的装配式建筑工程项目管理虚拟仿真教学"升级为"开放式基于 BIM 技术的装配式建筑工程项目管理实践",通过工程实践的引入,搭建基于 BIM 技术的装配式建筑工程项目管理虚拟仿真实践教学与基于 BIM 技术的装配式建筑工程项目管理应用之间的桥梁,促进学生在基于 BIM 技术的装配式建筑工程项目管理虚拟仿真实践过程中的专业知识的运用和创新能力的发挥,将基于 BIM 技术的装配式建筑工程项目管理教学成果转化为具体的可视化基于 BIM 技术的装配式建筑工程项目管理应用成果,从而实现基于 BIM 技术的装配式建筑工程项目管理复合型人才的培养,促进基于 BIM 技术的装配式建筑工程项目管理全过程运用的发展。通过本实践教学基地的建设,展现本实践体系的特色和亮点如下:

(1)建立基于 BIM 技术的装配式建筑工程项目管理校企合作实践条件和实践基地建设项目示范项目,着眼于基于 BIM 技术的装配式建筑工程项目管理全过程深度应用,从而提炼出专业学生实践能力融合培养的创新教育思路。

(2)通过本体系建设,接受合作企业的系统培训,进一步提升任课老师的授课能力和水平,培养成为行业内、高层次专业型、应用型、创新型、复合型高校专业课双师型师资队伍。

(3)以本专业 BIM 协会为平台,结合合作公司实际工程案例,提升基于 BIM 技术的装配式建筑工程项目管理虚拟仿真实践教学和创新创业教育等方面能力,将专业学科竞赛与技术梯级和能力层次对接,对工程项目管理的创新能力进行系统化解构和新定位,提出梯级—能力的工程管理专业创新能力培养新模式。采用"科创竞赛"和"工程实战"进行创新能力培养实践和效果评估。本项目通过 BIM 协会扩大学生的受益面,将能力的培养落实到每一位同学上,形成有示范推广效果的实践创新能力培养模式。

三、结论及预期效果

联合校企合作公司,依托重庆工商大学工程管理专业及 BIM 协会,以提升专业学生的 BIM 和装配式建筑技术的全过程实践应用能力,并初步达成以基于 BIM 技术的装配式建筑工程项目管理为培养特色的目标。具体的目标如下:

1. 构建基于 BIM 技术的装配式建筑工程项目管理的多层次虚拟仿真实践教学体系

梳理全寿命周期下工程管理人才所需实践技能,充分发挥 BIM 协会、企业与学校各自优势,共建工程实践案例库、创新能力实训平台,构建校企联合培养机制,开展基于 BIM 技术的装配式建筑工程项目管理的多样的、满足个性化培养需求的虚拟仿真实践创新项目,探索实践教学、竞赛锻炼、项目培育、创业扶持"四位一体"的多层次虚拟仿真实践教学体系。

2. 构建基于 BIM 技术的装配式建筑工程项目管理虚拟仿真实践教学资源和多元化师资团队

项目以斯维尔 BIM 和装配式建筑系列产品为基础,进行基于建模、算量、计价和项目管理的课程教学资源建设,形成包含教学大纲、考核大纲、教学 PPT、电子教案、教学视频讲解等内容的教学资源；师资团队形成基于 BIM 技术的装配式建筑工程项目管理虚拟仿真的实践教学、科研成果并反馈到教学过程中，积极利用信息化教学手段，共同建设在线课程，实现线上线下相结合的混合式教学模式。

3. 深化产教融合，完善校企联合培养机制，完善校内实训平台和校外企业实训基地的建设

基于产学研一体化实践基地，形成"理实一体"的人才培养模式，校企协同提升创新能力，进一步促进校企深度合作，资源多方共享，最终建成学校与校外合作公司长期合作，可持续发展的产学研综合实践基地。

参考文献：

［1］孙海涛，张玉腾. BIM 技术在高校基本建设项目管理中的应用［J］. 建筑机械化，2021，42（10）：88-91.

［2］游春华，尹影，刘传辉. 基于信息技术与校企协同的应用型土木类专业综合改革与实践［J］. 高等建筑教育，2021，30（5）：17-25.

［3］王照安. 工程管理专业 BIM 应用型人才培养课程体系研究［J］. 四川建筑，2021，41（4）：253-255，258.

［4］于凤娟，胡雪嫒. BIM 技术背景下高校工程管理类专业人才培养路径探究［J］. 当代农机，2021（8）：61-62.

［5］苏仁权. 产业转型升级背景下装配式建筑人才培养模式创新与实践［J］. 广东交通职业技术学院学报，2021，20（3）：88-92.

［6］张雪，齐永正，曾文杰，陈三波. 新工科视角下 BIM 工程实践能力培养框架及实证［J］. 高等工程教育研究，2021（4）：47-53.

工程测量学的虚拟现实
与实际操作的教学互动法

汪荣敏　李健

（重庆工商大学管理科学与工程学院，重庆，400067）

摘　要： 工程测量学是一门实践性很强的学科，但现实中教学课时不足，所以学生很难快速掌握，学生将知识点遗忘的情况占大多数。为了加强记忆，本文将虚拟现实与实际操作结合，将操作搬进教室，增强学生对知识点的记忆。

关键词： 工程测量学；虚拟现实与实际操作

　　工程测量学是从人类实践中发展起来的一门历史悠久的科学，从开工一直到工程结束，均离不开测量工作。工程测量贯通整个工程建设的全工程，工程测量为其涉及的各个领域提供各阶段服务，工程测量在国家经济建设和发展的各个领域中发挥着越来越重要的作用，本文主要简述工程测量在各领域的重要性[1]。

　　虚拟仿真技术又称模拟技术或虚拟现实技术，其本质就是用一个虚拟的系统来模仿另一个真实系统的技术。虚拟仿真技术主要利用三维图形构造技术、多传感交互技术以及可视化技术，生成三维的虚拟现实环境，使用者利用键盘、鼠标头盔、数据手套等传感设备作为输入设备，进入虚拟环境，在虚拟环境中进行实时交互，同时能够感知和操作三维虚拟现实环境中的各种对象，产生身临其境的体验和感受。关于虚拟仿真技术与教学的结合，国内相关研究已经有很多。刘烨在《虚拟仿真技术在高职物流管理专业实训教学中的应用》中将虚拟仿真技术应用到高职物流管理专业的实训教学中，建立了物流虚拟仿真实训室；黄晟在《对虚拟现实技术与室内设计专业教学的整合研究》中提出了虚拟现实技术与室内设计专业教学的整合途径，包括了虚拟空间的营造和教学过程的辅导两大过程。虚拟仿真教学系统目前主要分为桌面式虚拟仿真系统、沉浸式虚拟仿真系统、分布式虚拟仿真系统和增强式虚拟仿真系统四类。桌面式虚拟仿真系统是以普通计算机和低级工作站为依托来实现仿真功能，用户通过计算机的屏幕了解虚拟环境，通过计算机的键盘和鼠标等相关设备与虚拟环境互动。这种系统特点是真实感不足，但是成本较低，容易实现，因此得到了广泛的应用。沉浸式虚拟仿真系统，是通过使用头盔和手柄等电子设备让用户和虚拟环境进行互动，用户是虚拟环境中的参加者，这种方式沉浸性较强，目前在很多游戏中应用较广。分布式虚拟仿真系统不是用户参与的虚拟仿真，而是在不同地理位置的多个用户通过网络相连，共同分享信息。增强式虚拟仿真系统是以真实的环境为基础，同时结合虚拟环境来共同模拟所需的真实环境和系统[2]。

现阶段，教师在土木工程测量教学中运用虚拟仿真技术进行教学设计时，应充分发挥各种信息资源作用，一改传统灌输式理论教学法，积极构建以学生为主体、以实践教学为核心的教学模式，实现虚拟仿真技术与课堂教学的完美结合。可以先进行理论教学，再在虚拟仿真软件上操作，然后去实地操作，最后让学生拍实地操作的讲解视频从而实现学生对测量学的多角度的理解和反复记忆，以达到最好的教学效果。

参考文献：

［1］郭静. 浅谈工程测量的重要性［J］. 中国科技博览，2015（3）：14.

［2］黄志剑. 虚拟仿真技术在工程测量中的应用［J］. 科技风，2018（26）：1.

［3］王式太，殷敏. 虚拟现实技术在测量实践教学中的应用探讨［J］. 测绘与空间地理信息，2018，35（1）：3.

［4］姜胜辉，韩宗珠，林霖. 虚拟仿真技术在海底探测教学中的应用［J］. 实验科学与技术，2019，13（5）：4.

［5］孙晓明，成艳丽，吴国风，解观朋. 虚拟技术在解剖实验课中的应用探讨［J］. 课程教育研究，2015（20）：1.

工程管理专业发展现状
及 BIM 教学框架研究①

王初生　梁桂保　王子娟

（重庆工商大学管理科学与工程学院，重庆，400067）

摘　要：近 20 年的工程管理专业办学实践和学生发展证明，专业设置上的偏管理、偏技术这两种倾向均不可取。如何以新工科理念和 BIM 为中心再造工程管理专业培养方案，调整课程体系、教学方法、教学内容，将分散在不同课程、不同章节中的被碎片化的工程技术、管理、经济、法律知识形成学生"系统化""显性化"的职业能力，培养企业与市场需要的新一代工程管理人才，成为国内外工程管理专业发展近年来研究的热点。本文以 OBE、CDIO 为导向，根据现行《高等学校工程管理本科指导性专业规范》4 大平台课程体系与 BIM 关联度为依据，初步构建了基于 BIM 的工程管理专业知识碎片化与能力系统化联结框架。

关键词：工程管理；BIM；知识碎片化；能力系统化；框架

中图分类号：G642；TU17　**文献标志码**：A　**文章编号**：

建筑信息模型（Building Information Modeling，BIM）技术是以三维可视化数字技术为载体，将与建设项目相关的多维度信息集成的数据模型，是对工程项目设施实体和功能特性的数字化表达。通过参数模型整合各种项目的相关信息，在项目策划、运行和维护的全生命周期过程中进行共享和传递，使工程技术人员对各种建筑信息做出正确理解和高效应对，在提高生产效率、节约成本和缩短工期方面发挥重要作用。由于 BIM 技术能大量节约建造成本并提高建设效率，BIM 技术与工程经济管理的全面融合是当前碎片式工程管理模式革新的主要方向，迫切需要输送相关人才以适应日益增加的大型复杂项目。然而，目前我国工程管理专业课程教学难以满足相关需求，存在诸多问题，难以与时俱进，教学内容相对松散、固化。面对如今项目规模化与集成化以及投资主体的多元化，高校作为社会人才输出的重要基地，应紧跟建筑行业的发展，把 BIM 技术纳入教学体系改革中，顺应时代要求，

①　**基金项目**：重庆市教育科学规划重点课题"基于 BIM 的工程管理专业知识碎片化与能力系统化联结途径研究"（项目号：2021-GX-125）；重庆市高等教育教学改革研究项目"新工科与 BIM 双重视域下工程管理专业课程体系精准构建与教学创新研究"（项目号：203418）；重庆市高等教育学会高等教育科学研究课题"基于 OBE-CDIO 理念的工程管理专业 BIM 课程体系精准构"（项目号：CQGJ19B44）。**作者简介**：王初生（1975—），男，重庆工商大学工程管理系高级工程师，博士，主要从事工程管理与 BIM 技术教育研究等，E-mail：cs_ wang@126.com。

培养出复合型、应用型的工程管理人才。本文在工程管理专业课程体系及教学现状研究基础上，以培养能应对新型挑战与掌握前沿技术的实践和创新型人才为目标，探讨基于 BIM 的工程管理专业知识碎片化与能力系统化教学框架。

一、工程管理专业课程体系及教学现状

（一）工程管理专业蓬勃发展

工程管理专业人才培养已经成为当下国内外工程产业界和教育界共同关注的热点问题。工程管理专业旨在培养掌握土木工程技术知识，掌握与工程管理相关的管理、经济和法律等基础知识，能够在土木工程领域从事全过程工程管理的高级专门人才，是具有鲜明特色的、技术性和综合性很强的管理类专业，它是管理类专业中不可缺少的一个专业[1]，其重要性也逐渐得到广泛认可。据统计，设置工程管理专业的国内本科高校 2021 年达到 446 所，占全国 1265 所本科院校的 35%，每年输送工程管理专业本科毕业学生 4.2 万~4.4 万人，招生规模为管理科学与工程类第一大本科专业，土建类第二大本科专业，在校生约 15 万人，与土木工程专业相当。据调查，重庆地区的 27 所公办、民办本科院校中，包含所有综合、工科、财经师范类共 12 所高校设置了工程管理专业方向，占 45%，高于全国 35% 的比例（教育部阳光高考网站）。

（二）工程管理专业毕业生核心竞争力有待提升

根据多个高校的调查数据，工程管理专业毕业生就业率都名列前茅，市场需求量大，就业前景广阔。但根据中建总公司总经济师曾肇河对下属 8 个工程局万余名项目经理的大调查，工程管理（包括管理类其他非工程类）专业出身的项目经理仅占 4.9%，绝大多数为土木工程专业出身；工程管理的学生只有少数达到项目经理和副经理岗位层次；工程技术专业毕业生成长为项目经理的时间约 3~5 年，而工程管理专业毕业生需要 5~8 年。根据重庆工商大学工程管理专业 9 届毕业生的统计，69.82% 在基层岗位工作，中层管理者占 29%，高层管理者仅占 1.18%。想要晋升为高层管理者，除了要有一定的工作经历外，管理能力与技术缺一不可。可以看出，工程管理专业毕业生虽然就业形势不错，但由于就业方向与土木工程专业学生基本一致，技术能力偏弱，管理优势不突出，晋升面临比较大的问题。20 多年工程管理专业办学实践和学生发展证明，课程设置上以体现培养特色的名义掩盖偏技术、偏管理这两种倾向均不可取，也偏离了工程管理专业培养"技术+管理"型人才的初心[2]。

（三）新工科背景下工程管理专业回归工程实践动力亟待提升

2017 年以来，教育部积极推进新工科建设，先后形成了"复旦共识""天大行动"和"北京指南"。其主要目标是实现从学科导向转向产业需求导向、从专业分割转向跨界交叉融合，培养造就一大批多样化、创新型卓越工程科技人才，为我国产业发展和国际竞争提供智力和人才支撑[3]。

传统工程管理专业人才培养主要要求具有土木工程技术与工程建设领域经济、管理、法律法规等专业知识。在建筑行业面临深刻产业变革和新工科建设的背景

下，重点是对本专业知识域进行有效纵向拓展和横向延伸，核心是以技术管理为基础、多学科交叉融合创新的能力，尤其强调以建筑产业需求为导向，深入结合建筑信息技术、人工智能、虚拟仿真技术等交叉学科，跨界合作从而取得创新性成果的能力，其知识域从单一土木工程管理学科深化到依靠多学科的交叉与综合，其时间域从建造使用阶段拓展到全寿命周期。

新工科背景下工程管理课程设置不能继续无为而治，或者浅尝辄止，必须响应建筑工程业当前迫切需求及发展趋势，充分体现多学科交叉融合的特点[9]。在打好传统工程管理专业既有技术、经济等平台课程的基础上，需要尽快回归工程实践，加快 OBE（Outcome-based Education，学习产出导向教育）理念的建立，以学生学习产出为导向，构建 CDIO（构思、设计、实施和运作）"在实践中学"的教育模式，为实现教育范式由"内容为本"向"学生为本"的转变[4]。BIM 实践性强、综合性强的特点为高校工程管理专业教学回归工程实践提供了很好的平台和机会。

（四）工程管理专业四大平台课程体系亟待融合

各类院校大多采纳了工程管理学科专业指导委员会所确定的技术、经济、管理、法律 4 个专业平台课加信息课程的方案。部分学校在此基础上对课程设置做了调整和补充，主要调整的是技术平台课程，财经农林师范类大学开办的工程管理专业的技术平台课程相对较少，如中央财经大学的技术平台课程中只包括工程制图、房屋建筑学、土木工程概论等 5 门课程，而建筑类行业背景的学校则增加了技术类平台课程，如清华大学的技术平台课程主要包括：计算机类土木工程类等十几门。经调查我国通过建设部工程管理专业评估的 6 所学校的教学计划，统计分析其技术平台课程设置有很大的差别，所占总学时的比重在 19% 到 29% 之间变化，工程管理专业设置在土木类学院的，其技术平台课程所占比重较设置在管理类学院的高 30% 左右[5]。普遍的情况如图 1 所示。

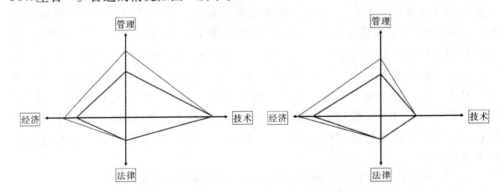

（a）工科类高校专业知识体系　　　　（b）财经农林师范类高校专业知识体系

图 1　工程管理专业工科类与财经农林师范类高校知识体系对比

从图 1 可以看出，工程管理专业现行课程体系亟待优化，其中最突出的问题之一是技术平台课程与经济、管理平台课程的有机融合和平衡问题，主要表现在以下两方面：

（1）开设在以大土木为教育背景的院校的技术课程和土木工程专业的技术课程所使用教材、教学大纲无实质性区别。由于总学时有限，而难度又大，导致学生不仅技术课程不能按要求掌握，同时经济、管理平台课程学习达不到预期效果。

（2）财经农林师范类院校由于没有建立与工程技术教学配套的工程实验室，或实验室配套设施不全，工程学科背景极其缺乏，而工程管理专业是以工程技术为基础的，脱离了工程技术，工程管理将成为无源之水、无本之木，这使得财经农林师范类院校工程管理专业在课程设置及教学中面临着一系列突出问题。

（五）碎片化知识与学生"系统化""显性化"能力需求差距越来越大

工程管理专业是多专业交叉学科，除了学习好管理类、经济类课程外，还需要对工程技术方面的课程有较广泛的涉及，学科跨度大、难度大、综合性强是公认的事实。《高等学校工程管理本科指导性专业规范》按 5 个知识领域、179 个知识单元和 631 个知识点构建工程管理专业知识体系，强调工程管理专业学生培养知识体系是由知识而不是课程构成（见图 2）。

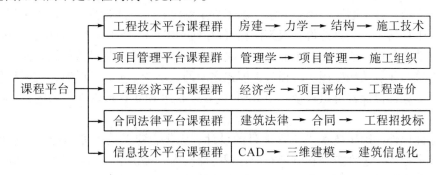

图 2　工程管理专业课程平台架构

而现实学科体系均由碎片化的知识要点按照相似度被组合成不同章节，不同章节组合成课程（见图 2），课程内容与完成工作任务的职业行动过程的联系并不紧密。学生毕业后，在完成实际工作任务的过程中，要在储存的众多知识中去判断、选择、系统化整合后，才能完成工作任务。学科式分散教学模式培养出来的学生大多存在动手能力差、上岗适应慢、综合能力较差等特点，这与工程管理专业培养工程中高级管理人才的目标以及企业对学生深度复合型要求相距甚远。

BIM 是当今全世界建筑业最为关注的信息化技术，在欧美国家正在强力推广 BIM 研究和应用，我国也正迎头赶上，是继 CAD 以后第二次技术性"革命"，是建筑业信息化发展的产物。目前我国建筑领域从政府到业主、施工企业都在积极推动和应用 BIM 技术，随着 BIM 技术成功落地必然从点到面逐步替换现有的工程项目管理碎片化工作模式[6]。

近 20 年的工程管理专业办学实践和学生发展证明，专业设置上的偏管理、偏技术这两种倾向均不可取。如何以新工科理念和 BIM 为中心再造工程管理专业培养方案，调整课程体系、教学方法、教学内容，将分散在不同课程、不同章节中的被碎片化的工程技术、管理、经济、法律知识形成学生"系统化""显性化"的职业能力，培养企业与市场需要的新一代工程管理人才，成为国内外工程管理专业发

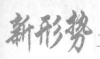

展近年来研究的热点，这也成为困扰全国开办工程管理专业高校，乃至全国工程管理专业教育指导委员会的一个棘手而迫切需要解决的问题[7-9]。

二、BIM 与工程管理专业课程体系的关联性

（一）BIM 与工程管理专业课程的契合度

工程管理本科专业课与 BIM 密切相关的有工程技术、管理和经济类平台课程，与其相关内容契合度也很高：借助 BIM 的三维建模技术辅助工程制图与 CAD、房屋建筑学、建筑构造与识图以及建筑设备工程等工程技术类课程，在教学中采用三维演示的方法或者让学生自主通过 BIM 设计软件完成实体楼房、实体构造的建模任务，可显著提高学生的空间感性认识能力、掌握空间结构，从而提高教学效果；将 BIM4D（3D+进度）、碰撞检查、虚拟施工技术融入工程项目管理、施工组织设计和工程质量安全管理等课程中，能够协助学生认知工程项目的完整建筑过程，理解不同专业的施工顺序、施工方法、施工方案制定、工程质量安全管理等工程管理问题；工程估价、工程造价管理等课程可以基于 BIM4D、5D 技术进行资源、进度、成本的动态分析，能够更直观准确的解决成本计划编制等工程经济问题，深刻理解工程造价与建筑结构模型、工程管理模式之间的数字孪生关系；同时，工程计量与计价及工程估价课程可以直接应用 Revit 或者广联达 BIM 算量软件等来进行三维算量与计价授课[10]。

除此以外，BIM 技术为工程项目的设计、优化、施工技术方案论证、造价管理、成本控制、进度控制和质量安全管理等课程内容提供了共享信息平台，利于该专业学生将分散在不同课程、不同章节中的被碎片化的工程技术、管理、经济、法律知识构建出"系统化""显性化"的工程实践能力和组织管理能力，形成对实习、实验等实践教学环节和毕业设计的有机补充（见表1）。

表1　工程管理专业课程与可应用 BIM 技术的对应关系

课程平台	课程名称	BIM 主要应用
工程技术类	建筑制图、房屋建筑学、工程结构、建筑设备工程、建筑施工技术	BIM3D 建模与可视化建筑模型
工程管理类	施工组织设计、工程项目管理、工程质量与安全管理	基于 BIM3D、BIM4D 施工组织设计、施工场地布置、施工方案演示、工程质量与安全管理方案制定
工程造价类	工程计量与计价、工程估价、工程造价管理	基于 BIM4D、5D 技术的工程造价文件编制、资源-进度-成本动态分析
工程法律类	建设法规、工程招投标与合同管理	基于 BIM 的工程招投标方案优化、商务合同管理
实践课程类	实践教学	基于 BIM 的工程项目管理、工程造价管理、工程招投标课程实训及毕业设计

（二）BIM 技术对现有相关课程的完善与提升

1. 以 BIM 为辅助教学手段，有效提高部分理论课程的教学效果

针对工程管理学科专业的技术核心课程，各高校工程管理专业相继开设的技术平台课程如画法几何、工程制图、房屋建筑学和土木施工技术等课程目前仍主要采用二维平面教学和黑板板书的教学方法，直观性较弱，空间想象力感性认识不强的学生很不易理解、掌握空间结构。如在教学中采用三维演示的方法来增强学生的空间感性认识，如工程制图、房屋建筑学、建筑设备通过三维模型让学生认识各种构部件及内部构造布置情况，了解相关结构、构造知识，并让学生自主通过 BIM 设计软件完成实体楼房的建模任务，可显著提高学生的空间认识能力，从而提高教学效果。

2. BIM 可有效实现各类专业知识的系统化

现有的工程管理专业，技术、经济和管理类课程各任课教师互为独立，课程内部联系不紧密、不系统，无法实现各课程知识间的相互贯通、递进，导致其集聚效应得不到发挥。如工程结构、建筑设备、施工技术、工程计价和工程项目管理等课程内容本是相互内嵌、相互递进，但由于目前这些课程的教学基于各课程教材，授课时没有一个共享平台或者一个核心，导致学生感觉所学知识零散、不系统，对这些专业核心课程不能做到融会贯通，教学效果不理想。而 BIM 技术为工程项目的设计、优化、施工技术方案论证、造价管理、成本控制和进度控制等课程内容提供了共享信息平台，利于该专业学生对项目全过程、管理知识及技术手段的全面掌握，能达到更好的教学效果。

3. BIM 可形成对学生职业能力的"显性化"

工程管理是一个实践性很强的专业，各高校根据理论课程体系的设置，从培养学生动手能力和综合素质出发，一般都安排了实习、实验、设计等实践教学环节，将该专业的学生在一定时间安排到各工地由相关技术人员或授课老师指导实习，以加强对施工工艺与步骤的熟悉与认知，但由于各个工程规模、进度、管理模式不一，造成学生对完整工程的实习存在难度；同时，大量学生分布到工程现场实习存在安全隐患，现场施工单位担心安全问题不愿意接纳，这样就造成实习流于形式，影响了工程实践能力的培养。BIM 技术中的虚拟施工、漫游检查为工程管理专业的生产环节实习提供了更为实际的工作环境，可更好地达到现场实习效果。

基于此，如何以新工科理念和 BIM 为中心再造工程管理专业培养方案，调整课程体系、教学方法、教学内容，进一步加强工程管理知识与学生职业能力的系统化和显性化，培养企业与市场需要的新一代工程管理类人才，成为国内外工程管理专业发展近年来研究的热点[11][12][13][14][15]。

三、BIM 融入工程管理专业教学体系的探索

针对 BIM 课程开设对象的不同，各高校引入 BIM 的目标不同。一些研究型或综合型大学成立 BIM 研究中心，多向前沿与科研方面发展，着重于理论研究和软件开发。如最早开展 BIM 研究的清华大学针对 BIM 标准现行工程管理专业教学体

系的现状开展研究、上海交通大学进行的 BIM 在协同方面的研究、同济大学就工程造价电算化教学及 BIM 技术进行的研究、东南大学工程管理专业在"一体两翼"人才培养模式的基础上，基于毕业设计的方式进行 BIM 课程建设。应用型高校强调实践教学及企业合作，培养具备 BIM 技术的项目管理应用型人才。如宁波工程学院、青岛理工大学、蚌埠学院等先后建立了 BIM 实验室，广东番禺职业技术学院、黑龙江东方学院进行校企合作，实施订单式培养方案，设立 BIM 项目工作组，让学生在实践中掌握 BIM 技术（见表 2）。

表 2 国内高校工程管理类专业 BIM 课程设置情况

类型	高校名称	课程/形式	BIM 培养目标
研究型大学	同济大学	与鲁班软件合作进行研究，开设"BIM 技术与工程应用"课程	学习 BIM 项目管理、工程估算
	重庆大学、天津大学	开设"建筑信息模型概论"课程等	BIM 理论教学和工程前沿应用等
	上海交通大学	校企合作成立 BIM 研究中心	致力于 BIM 研究和应用
	四川大学	成立 BIM 研究中心	进行 BIM 研究和教育研究
	深圳大学	与斯维尔公司合作设立实习基地	培养学生 BIM 软件运用能力
	哈尔滨工业大学	开设"BIM 技术应用"课程	BIM 在建筑设计和施工中应用等
	大连理工大学	成立 BIM 技术实训中心，举办软件培训与教学活动	培养学生 BIM 软件运用及教学
地方及应用型大学	南昌工学院	Revit 技术、BIM5D 施工管理、BIM6D 算量	瞄准造价员和施工员相关职业，最早开设 BIM5D 施工管理、BIM6D 算量课程
	大连民族学院	工程管理可视化综合实验	掌握 BIM 工程管理可视化技能
	江苏科技大学、青岛理工大学	与广联达合作建立 BIM 实验室	通过实训室完善 BIM 课程体系
	重庆工商大学、延安大学等	BIM 大赛为基础，与毕业设计结合	赛训融合和毕业设计

各高校工程管理专业针对 BIM 知识设置和教学方式主要有 4 种模式：BIM 新课程开设模式；BIM 多课程融入模式；BIM 课赛实训模式和毕业设计模式。从教学效果及专家访谈结果来看，以理论为主的教学模式难以有效对接行业需求，但理论教学很重要；课赛实训、毕业设计等模式可有效发挥学生学习主动性，对培养学生的 BIM 工程能力和行业拓展能力效果较好[16-18]。

四、基于 BIM 的工程管理专业知识碎片化与能力系统化连接教学框架

（一）教学面临的主要问题
BIM 技术属于现代管理理论、方法和手段，培养具有 BIM 技术的现代工程管

理人才是工程管理专业人才培养目标与时俱进的重要体现。这些手段在一定程度上起到了直观教学、辅助教学作用，但是仍没有突破传统教学内容和教学模式的限制，仅仅把 BIM 当作一种工具而不是中场串联核心，面临的问题主要有：

1. 工程技术、工程管理、工程经济、工程法律知识融合严重滞后

现有 4 大知识体系被简单化地设置成了 4 大课程平台，相互之间横向连接很少，没有太多地吸纳进 BIM 知识，要么跳出现有课程体系，新设 BIM 专业，重建课程体系；要么受限于现有课程体系，导致开设的 BIM 课程课时不足，学习难以深入，缺乏从整体上考虑 BIM 知识在工程管理专业中与技术、经济、管理和法律知识的系统化融合。

2. 缺乏对基于 BIM 的工程管理知识与工程职业能力之间的关系研究

BIM 不仅是一种工程技术，更是一种新型工程管理模式，学生可以利用 BIM 不断将碎片化的技术、管理、经济和法律知识逐渐整合起来，并与个人原有的知识体系实现对接，系统化的提高自己的能力水平。因此有必要在前人取得成果的基础上，积极探索在新工科指引下以 BIM 为中心重塑工程管理专业课程体系和教学模式，继续研究基于 BIM 的工程管理专业知识碎片化与能力系统化联结途径问题[19]。

3. 教师焦虑 BIM 知识教什么，学生能力如何系统化、显性化

工程管理专业基于过程的 BIM 技术，并不仅仅指的是计算机应用技术，更为困难的是 BIM 所要求的知识体系跨专业、跨阶段，并且实践性强。高校现有教师沿袭固有知识体系，接受新知识能力等方面存在不足。由于 BIM 课程设置和教学内容精确性不够，导致学时分配困难，师资配置困难，教师教学困难，教师焦虑 BIM 知识教什么，学生能力如何系统化、显性化。

4. 学生焦虑学什么 BIM 知识，怎么形成工程职业能力

现有的教学模式以讲授为主，同时辅之以 BIM 毕业设计，BIM 所要求的跨阶段、跨领域要求学生具有专业施工知识，对于缺乏实践经验的学生来讲不容易理解，BIM 实现过程对于计算机学习能力低的学生，是一种挑战。BIM 课程知识体系的精确度不够，令不少学生抓耳挠腮，不知道学哪些 BIM 知识，怎么形成自己的职业能力。

（二）基于 BIM 的工程管理专业知识碎片化与能力系统化连接教学框架

以 OBE、CDIO 为导向，根据现行《高等学校工程管理本科指导性专业规范》4 大平台课程体系与 BIM 关联度研究成果为依据，精准构建以 BIM 为中心的工程管理知识体系和职业能力体系（见图 3）：第一层面是 BIM 基础知识点，包括 BIM 概论、BIM 软件基本操作等，让学生获得 BIM 基础能力；第二层面是基于 BIM 与专业理论课和专业课之间的关联度特征，在相关理论课程中，应用 BIM 技术作为辅助教学工具，在专业课程具体知识点的讲授过程中，将 BIM 技术专业融合知识体系进行分解，合理地将各个专业基础具体知识点以 BIM 为中心进行加强与重塑，使得学生具备 BIM 建模能力；第三层面是通过第二阶段学习所得，通过课赛实践实训、顶岗实习和毕业设计，进行 BIM 工程应用能力和 BIM 工程管理能力教学，使学生获得系统化、显性化的工程管理职业能力，解决目前教师焦虑教什么 BIM 知识、学生焦虑如何通过 BIM 形成系统化、显性化职业能力的痛点[20]。

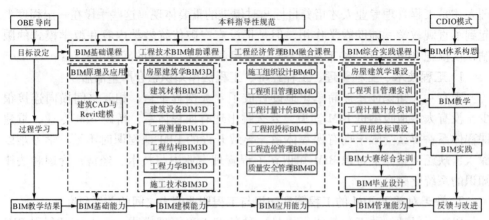

图3　基于BIM的工程管理专业知识碎片化与能力系统化连接教学框架

（三）BIM环境下工程管理专业教学改革对策

1. 建设BIM实验室

由于BIM技术教学需要软件与硬件两方面的支持，因此要求较大的投入。教师可依托学校支持及科研经费支持建立BIM实验室，采购相关高性能图形工作站以及BIM设计、施工管理等相关软件。以实验室为依托开展BIM技术的教学、研究与工程实践工作，使学生在校期间接触到工程前沿行业的有关理论，并对相关理论的具体实现工具进行学习与操作，尽早接触实际工作，熟悉工作流程。应对建筑行业从二维向三维发展的趋势，锻炼学生的二维识图以及三维建模、浏览与整合的能力，为进一步利用模型进行研究打下基础。

2. 建立健全BIM师资队伍

教师作为培养人才的主要承担者，不但要具备课程传授所需的专业知识和专业技能，又要与时俱进能解决现实问题，认清行业发展的趋势，转变观念，探索新的教学模式。由于教师是课程内容的传授者，其自身的实践水平是教学的基础。因此，BIM环境下师资队伍建设的重要任务之一就是提升有BIM理论与工程经历教师的比例。一方面，教师自己进行自学并参加校外培训学习；另一方面，邀请有实践经验的企业专家参与教学，甚至为企业进行定向联合培养。支持有能力的教师申请与承担相关工程项目，并且能够定期与行业专家进行工程技术应用方面的学习与交流，从而建立与培养一支与时俱进并且实践经验丰富的教师队伍。

3. 将BIM有效融入教学与实践环节

一方面，教师在传授传统工程项目管理课程相关理论时借助BIM技术进行可视化的演示，使得复杂的问题变得易学易懂。同时，在课堂上教师通过口头讲授理论，组织学生进行案例学习，甚至通过课堂游戏使得学生融入工程管理角色，为学生提供项目相关的全面理论知识。另一方面，通过学校初步技能的学习，在暑期期间推荐学生去工程企业实习。由指导教师把关，学生便可到企业实习，教师定期协助指导学生解决实际工程问题。除此以外，通过选拔成绩优秀又对BIM感兴趣的本科学生参与教师的项目实践工作，增加其对BIM的理解深度与实践参与度。还可以推荐参与大型的科研竞赛活动或者教师承担的基金项目等，使得学生能够锻炼科研能力。

4. 积极推进校企联合教学模式

学生的职业评价最有发言权的无疑是用人单位，必须重点关注工程企业对工程管理专业学生的培养意见，以进一步改进教学。工程管理教学与实践脱节的情况非常普遍，实践教学效果不显著。要改变这一状况，必须构建工程管理优质实践和训练平台，建立校企联合教学平台，强调与工程企业实质性的深度合作。

五、结语

我国工程管理专业 BIM 建设需要紧紧依托《高等学校工程管理本科指导性专业规范》，在专业技能与管理技能加强 BIM 融合。工程管理 BIM 教育应先从理念引导，基本技能培养，专业实践素质培养，核心能力形成社会实践应用等 5 个阶段，实现简单建模到高级技能的初中级应用。同时，BIM 课程建设应该立足工程管理专业本身特点，尽量平衡施工技术、工程管理和工程经济课程。突出 BIM 的基本原理与技术应用基础，强调 BIM 的数据集成平台核心地位，进行课程体系的构建、相关知识单元和知识点的融合。BIM 的课程建设不能仅仅通过设置一门或者两门专业课程解决，而是通过 BIM 与工程管理专业知识领域和知识点的系统规划进行有机整合，通过多个学期的教学目标分布，渗透在相应的专业课程建设和发展中，实现工程管理专业知识碎片化与学生能力系统化的连接。

参考文献：

[1] 任宏，晏永刚. 工程管理专业平台课程集成模式与教学体系创新 [J]. 高等工程教育研究，2009（2）：80-83.

[2] 梅生启，宋玉香. 普通高校 BIM 课程设置问题综述与分析 [J]. 高等建筑教育，2020，29（5）：167-177.

[3] 张尚，段红霞，Shane Galvin. 工程管理专业学生竞争力提升的探讨：基于校企合作的多元模式 [J]. 工程经济，2019，29（5）：70-76.

[4] 肖艳. 工程管理专业毕业生就业现状调查及建议：以重庆工商大学为例 [J]. 高等建筑教育，2017，26（1）：49-55.

[5] 曾德珩，杨宇，等.《工程管理本科指导性专业规范》的研究与制定 [J]. 高等建筑教育，2015，24（2）：15-20.

[6] 刘红霞，赵峰. 基于 BIM 的工程管理专业人才培养改革探讨 [J]. 建筑经济，2017（6）：102-104.

[7] 张恒，唐根丽. 基于 BIM 的财经类高校工程管理专业实践课程教学改革研究 [J]. 长春师范大学学报，2018，37（12）：140-143.

[8] 李兴苏，廖奇云. 基于 BIM 的工程管理专业教学改革探索 [J]. 高等建筑教育，2020，29（6）：88-95.

[9] 张静晓，李慧. 工程管理 BIM 教育课程建设与融合分析 [J]. 工程管理

学报，2016，30（3）：153-158.

［10］Abbas A，Din Z U，Farooqui R. Integration of BIM in construction management education：an overview of Pakistani Engineering universities［J］. Procedia Engineering，2016（145）：151-157.

［11］Leite F. Project based learning in a Building Information Modeling for construction management course［J］. Journal of Information Technology in Construction，2016，（21）：164-179.

［12］赵金先，李堃，王苗苗，等. 基于 BIM 的工程管理专业课程体系与教学实践［J］. 高等建筑教育，2018（3）：13-16.

［13］任晓宇，张大富. 基于 BIM 技术工程管理专业新工科升级改造路径研究［J］. 建筑技术，2018，49（12）：1335-1337.

［14］吴晓伟，田俊. 基于 BIM 的复合型人才培养模式改革研究［J］. 东莞理工学院学报，2019，26（1）：106-110.

［15］唐惠，龙亮. 以 OBE 为导向的工程管理专业核心课程实训项目建设实践［J］. 开封教育学院学报，2017，37（5）：110-111.

［16］张静晓，王引，李慧. 结果导向的 BIM 工程能力培养路径研究［J］. 工程管理学报，2017，31（6）：23-28.

［17］刘爱芳，张大富，杨志刚. 基于 OBE 的工程管理专业毕业设计改革［J］. 高等教育，2019，（3）：184-185.

［18］陈瑞. CDIO 理论结合 BIM 技术在施工组织学教学中的应用探讨［J］. 科教文化，2019，（463）：73-75.

［19］宫培松，罗仁玉秋. 基于 OBE-CDIO 理念的工程管理专业 BIM 实践教学改革［J］. 工程管理学报. 2020，34（3）：153-158.

［20］张静晓，赵传档. 学科融合视角下 BIM 多专业毕业设计教学框架与实证研究［J］. 高等工程教育研究，2020（3）：68-73.

财经类高校工程管理专业
BIM 课程体系构建研究[①]

王初生　王子娟　梁桂保

（重庆工商大学管理科学与工程学院，重庆，400067）

摘　要： 财经类高校缺乏工程技术专业背景支撑，实践教学条件相对薄弱，迫切需要将 BIM 技术融入工程管理专业教学中，而 BIM 课程体系如何构建成为难点。国内外大学 BIM 课程开设情况、财经类高校专业教学优缺点及文献研究表明，财经类高校工程管理专业 BIM 课程体系应以有效提高工程技术理论课程教学效果、与工程经济管理核心课程充分融合、用课赛实训夯实实践教学环节为主要目标，设置 BIM 基础理论与软件操作课程群、工程技术理论辅助课程群、工程经济管理融合课程群、综合实践应用提高课程群，形成将理论和实训融为一体的 "1+3" BIM 课程体系，为财经类以至师范农林类高校工程管理专业 BIM 教学课程体系构建提供具有指导意义的思路和方法。

关键词： BIM；课程体系；工程管理；财经类高校

建筑信息模型技术（BIM）是建筑领域继 CAD 以后的第二次技术"革命"，是当今全世界建筑业最为关注的信息化技术。通过 BIM 技术实现工程可视化、参数化、智慧化是我国建筑业实现数字化生产和经营的主要模式，BIM 技术与工程经济管理的全面融合是当前工程管理模式革新的主要方向[1]。

工程管理专业 20 多年办学实践和学生发展证明，课程设置偏技术、偏管理这两种倾向弊端较大，也偏离了培养工程"技术+管理"型人才初心[2][3]。BIM 技术的快速发展和新工科、回归工程实践理念的及时提出为纠正这两种倾向，加快《高等学校工程管理本科指导性专业规范》推荐的工程技术、经济、管理、法律 4 大平台课程融合提供了绝佳机会。国内外众多学者进行了 BIM 课程设置和教学改革研究工作，大多数高校仅将 BIM 作为一种三维建模工具（modeling），忽视或者轻视对管理、造价信息（information）的综合应用，而且"信息"可能比"模型"

① **基金项目：** 重庆市高等教育教学改革研究项目"新工科与 BIM 双重视域下工程管理专业课程体系精准构建与教学创新研究"（项目号：203418）；重庆市高等教育学会高等教育科学研究课题"基于 OBE-CDIO 理念的工程管理专业 BIM 课程体系精准构"（项目号：CQGJ19B44）；重庆市教育科学规划课题"基于 BIM 的工程管理专业知识碎片化与能力系统化联结途径研究"（项目号：2021-GX-125）。**作者简介：** 王初生（1975—），男，重庆工商大学工程管理系高级工程师，博士，主要从事工程管理与 BIM 技术教育研究等，E-mail：cs_ wang@126.com。

更重要[4]。缺乏工程背景支撑、技术教学实验室和技术师资力量的财经类高校，迫切需要将 BIM 技术融入工程管理专业课程体系中，然而 BIM 课程体系如何构建成为重点和难点。通过 BIM 与工程管理专业课程契合度、工程管理专业 BIM 课程设置现状和相关文献研究，提出了将理论和实训融为一体的财经类高校工程管理专业"1+3"BIM 课程体系，为财经类高校 BIM 课程体系设置提供一种新的参考。

一、基于 BIM 的课程设置及教学现状

为调查工程管理专业 BIM 课程设置及教学改革现状，通过文献分析和现状调研分析对 BIM 课程设置具体策略、教学模式作综述性分析，为财经类工程管理专业 BIM 课程具体设置及教学提供目标和方向。

（一）文献分析

在中国知网（CNKI）中使用关键词"BIM+工程管理专业""BIM+课程""BIM+教学"搜索，范围为 2010 年至 2020 年之间发表的所有期刊和会议论文，检索结果分别为 157 篇、603 篇和 815 篇，人工剔除高职类文献后分别为 132 篇、516 篇和 668 篇，统计分析如图 1 所示。检索结果显示，工程管理专业 BIM 课程设置与教学改革实践得到了教育界的广泛重视，尤其在 2016 年以后呈现高速增长态势，说明本领域关注度和研究成果正在显著地提高（2020 年可能由于疫情缘故降低）。本文选取了其中的 86 篇核心文献，对 BIM 课程研究趋势作概述，重点分析目前本科院校工程管理专业 BIM 课程设置和教学方法、措施。总体来说，本科院校工程管理专业 BIM 课程设置、教学内容与方法差异性较大。

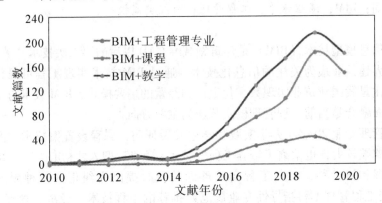

图 1 知网 BIM 课程研究文献趋势

对文献分析发现，BIM 课程设置一般采用 4 种策略：（1）BIM 单一课程模式；（2）BIM 植入模式；（3）课赛实训模式；（4）毕业设计模式。典型文献如表 1 所示。

表 1　工程管理专业 BIM 课程设置及教学改革典型文献研究

作者	课程内容	课程设置模式	主要教学方法
张尚、任宏（2015）	BIM3D、4D 和 5D 技术	BIM 概论＋专业课植入	课堂教学、试验教学、行业专家讲座、案例教学
娄黎星（2016）	四大课程平台 BIM 融入	单项课程过渡到平台集成	虚拟实验室、行业专家讲座
王宪杰（2019）	BIM 理论＋实操＋整合	总论＋分课程植入	理论、案例分析和软件操作
蒋必凤（2018）	专业课、专业选修课融合建立 BIM 课程体系	BIM 软件操作＋专业课植入＋综合实训＋毕业设计	BIM 软件操作、课程实训
宫培松（2020）	BIM 理论课程＋BIM 实践	理论植入＋实践	理论讲解＋综合实训
高云莉（2019）	专业基本技能训练、专业综合实践能力训练	BIM 专业课植入＋毕业设计	以学生为中心的任务驱动教学模式
张志静（2016）	以同一个 BIM 技术模型作为核心教学内容	BIM 专业课植入＋毕业设计	跨科目教学团队
颜红艳（2018）	BIM 概念、操作、应用和协作技能	BIM 概论＋专业课融合＋BIM 三级实践教学体系	虚拟实验室、"项目驱动式"与"CDIO"融合模式
蒋杰（2017）	BIM 建模、BIM5D 等技能	BIM 专业课植入＋毕业设计	连续开设实践类课程
张静晓（2016）	OBE 导向 BIM 工程能力培养	BIM 概论＋BIM 设计大赛＋毕业设计	教师、企业和学生跨界整合，小组学习
尚华艳（2017）	实践环节结合 BIM 技术	实践类课程植入	案例分析，翻转课堂
李世蓉（2019）	基于 BIM 的毕业设计	毕业设计	小组毕业设计

　　根据课程预期和资源可得性，采取多种教学手段进行辅导教学，主要包括虚拟实验室、综合实训、行业专家讲座、跨学科教学、小组学习、翻转课程等多种形式[5][6]。由于 BIM 知识内容丰富，课程设置困难，主要教学导向是团队合作，教师扮演导师和促进者双重角色，设置合适的 BIM 教学目标，学生由被动学习转为主动学习[7]。

（二）现状调研分析

国内外高校工程管理类专业 BIM 课程设置及教学现状见表 2。

表 2　国内外高校工程管理类专业 BIM 课程设置及教学现状

类型	高校名称	课程/形式	BIM 培养目标
美国大学	奥本大学	建筑信息系统	探索，创建和实现 BIM
	费城大学	建筑信息建模	BIM 与工程全过程管理全面结合
	阿肯色大学	BIM 理论	关注住宅和商业建筑的 BIM 基本功能
	华盛顿大学	虚拟建筑	BIM 施工管理，促进利益相关者合作
	南加州大学	BIM 辅助工程管理	BIM 项目计划、组织、估算及合作模型
	蒙大拿州立大学	BIM 施工	理解 BIM 角色，掌握 BIM 软件应用
	普渡大学	商业建筑 BIM	强调可视化与合作
国内研究型大学	上海交通大学	校企合作成立 BIM 研究中心	致力于 BIM 研究和应用
	天津大学、重庆大学	开设"建筑信息模型概论"课程	BIM 理论教学和工程前沿应用等
	同济大学	与鲁班软件合作进行研究，开设"BIM 技术与工程应用"课程	学习 BIM 项目管理、工程估算
	四川大学	成立 BIM 研究中心	进行 BIM 研究和教育研究
	深圳大学	与斯维尔公司合作设立实习基地	培养学生 BIM 软件运用能力
	哈尔滨工业大学	开设"BIM 技术应用"课程	BIM 在建筑设计和施工中应用等
	大连理工大学	成立 BIM 技术实训中心	培养学生 BIM 软件运用及教学
国内地方及应用型大学	南昌工学院	Revit 技术、BIM5D 施工管理、BIM6D 算量	最早开设 BIM5D 施工管理、BIM6D 算量课程
	大连民族学院	工程管理可视化综合实验	掌握 BIM 工程管理可视化技能
	江苏科技大学、青岛理工大学	与广联达合作建立 BIM 实验室	通过实训室完善 BIM 课程体系
	重庆工商大学、延安大学	以全国高等院校 BIM 大赛为基础，与毕业设计结合	以赛带学和毕业设计

美国华盛顿大学、英国萨尔福大学等高校工程管理类专业 BIM 课程设置有单一课程模式、交互教学模式、多课程联合模式和毕业设计模式等 4 种[8]。国内研究型或综合型大学普遍成立 BIM 研究中心向前沿与科研方面发展，着重于理论研究和软件开发；地方和应用型高校强调实践教学及校企合作，培养具备 BIM 技术的

项目管理应用型人才。

（三）基于 BIM 的课程设置及教学现状评述

BIM 课程的实际开设方式与文献分析基本一致，可分为四种：

（1）BIM 新课程开设模式。在教学计划中新开设 BIM 课程，系统地讲授 BIM 技术的相关知识和应用，如同济大学"BIM 技术与工程应用"课程、重庆大学"建筑信息模型概论"课程、哈尔滨工业大学"BIM 技术应用"课程等。开设新课程成为各高校最普遍模式[22]。

（2）BIM 多课程融入模式。对现有核心课程进行更新，将 BIM 技术理念融入现有教学课程体系中，在每门课程的核心内容中加入 BIM 的具体应用：将 BIM3D 建模知识融入工程制图与 CAD 课程；将 BIM4D 虚拟施工、碰撞检查技术融入施工组织设计等课程；将 BIM5D 进度、成本动态分析技术融入工程项目管理、工程造价管理等课程[29]。这是目前教改的核心方向，但如何融入探讨多，实际落地少。

（3）BIM 课赛实训模式。除了在工程项目组织、工程计量与计价、工程招投标等课程实践环节纳入 BIM 内容以外，几乎全国所有开设建筑技术类、工程管理类专业院校都以不同方式集中组织长时间赛前培训，参加全国高等院校 BIM 应用技能大赛、"龙图杯"全国 BIM 大赛等各种 BIM 比赛。课赛实训模式强化对学生工程素质的训练，着力培养学生实践能力和创新意识，提高其就业竞争力，成为各高校培养 BIM 人才和教学师资的有效方式。

（4）BIM 毕业设计综合模式。毕业设计是专业知识体系间相互交融、相互贯通的最后一个阶段，将 BIM 技术植入毕业设计，强化 BIM 软件应用学习，以 BIM 软件为基础进行毕业设计文件的编制，非常契合工程管理专业人才的培养初衷，也无须改动现有教学体系。

BIM 技术属于现代管理理论、方法和手段，培养具有 BIM 技术的现代工程管理人才是培养目标与时俱进的重要体现。国内工程管理专业 BIM 教学正在走上正轨，有一些做法值得财经类高校参考，比如 BIM 三维辅助教学功能开发、跨学科教学团队架构、强调工程实践以及施工管理、造价管理一体化知识体系构建、课赛实训等[9][10]。

二、财经类高校工程管理专业 BIM 课程改革的优势与不足

（一）优势

财经类高校通常是以经济学、管理学为主体，融文、理、工、法、艺等为一体的多学科大学。与综合类、理工类院校的工程管理专业相比，设置在财经类高校的工程管理专业培养特点较突出，BIM 教学改革的优势主要表现在以下三个方面：

（1）**工程管理专业知识结构与财经类院校的学科结构更相符**。工程管理专业设置的初衷是为工程行业培养掌握现代经济管理理论方法的高级经营管理人才，研究在工程技术活动过程中所涉及的计划、组织、资源配置、指挥与领导等管理问题。总体来说，还是偏重于经济、管理科学，其人才培养的知识结构与财经类院校的学科结构基本一致，财经类高校具有开设本专业的便利条件。

（2）**BIM教学更具有融合性**。财经类高校以培养经济管理人才为目标，优势是经济和管理领域，其经济管理知识融合较彻底，工程管理专业要求的经济学和管理学教学环境更好。比如，与综合类高校比较，财经类高校经济、管理学科下二级学科分类更加细致、齐全。经济、管理知识的丰富，有助于工程管理专业学生在工程可行性研究、工程造价管理、工程风险评估时进行更为科学的评判。与理工类院校注重"工程"本身相比，财经类高校学生更注重"人"，其项目经营意识、管理意识和沟通协调能力更强。

（3）**BIM教学更具实用性**。与理工类院校纵向联系紧密、强调工程技术稳妥性不同，财经类院校普遍具备较强商科背景，与社会和企业横向联系更紧密，在培养应用型经济管理人才方面更具优势，更强调工程经济优化与过程管理，BIM教学实用性更强。

（二）不足

由于缺乏工程技术专业背景支撑，缺少实验室和实习基地，工程技术教学和实践教学成为财经类院校工程管理专业课程教学的薄弱环节，体现在：

（1）**BIM技术课程在工程管理教学改革中的目标不明确**。虽然越来越多的国内外高校将BIM技术融入工程管理教学体系中，但是由于BIM课程本身所应该涵盖的知识体系是一个复杂的系统，暂时没有一个具体的内容参考，教师在教学时缺乏标准，无法将BIM技术与工程管理的内容做到有效结合，以及在融合后没有做到一个明确的教学目标，让高校教学无法有效进行。

（2）**BIM教学需要的工程技术理论支撑不足**。工程管理专业的学科基础是工程技术，离开了学科基础，工程管理无从谈起。工程技术类课程涉及范围广，对理工科基础要求很高。同时开设大量与工程实践脱节的工程经济、工程管理类课程，导致教学团队和学生对专业核心价值观出现偏离，无法深入理解工程经济管理中工程技术的基础地位。

（3）**BIM实验室资源严重缺乏，实践环节薄弱**。目前我国建筑领域从政府到业主方、施工企业都在积极推动和应用BIM技术，现有的工程项目管理工作模式必然会BIM化。财经类高校离主流建筑市场较远，从学校层面来看，与基本不需要实体实验室的经济管理类专业相比，工程管理专业重资产教学属于"异类"，很容易遭遇实验室瓶颈，导致课程设计不系统、实践环节走过场。而工程管理专业不同于其他，要求具备相当实践能力。实验室等实习基地建设的不完善使得学生无法深入理解课程内容，降低了实践操作能力。

（4）**教师队伍较为缺乏工程学科背景，BIM教学师资不足**。我国工程管理教育起步晚，许多工程管理专业教师都是从土木工程、建筑施工、经济管理队伍转行而来。而财经类高校工程管理专业教师更侧重于管理，并不清楚BIM"技术+管理"应用的潜力。在此情况下，把复杂的BIM知识体系进行分解，融合到工程管理类专业各年级的课程体系中，形成有机的知识体系就变得很困难。

（5）**新工科背景下财经类院校工程管理专业回归工程实践动力不足**。2017年教育部推出"新工科"建设计划，以工程项目高级管理人才培养为目标的工程管理专业改革须跟上"新工科"的步伐[16]。在课程设置和教学方法上，需要尽快回归工程实践，加快 OBE（outcome-based education，学习产出导向教育）理念的建立，以学生学习产出为导向，构建 CDIO（构思、设计、实施和运作）"在实践中学"的教育模式，为实现教育范式由"内容为本"向"学生为本"的转变。BIM 实践性强、综合性强的特点为财经类高校工程管理专业教学回归工程实践提供了很好的平台和机会。

三、财经类高校工程管理专业 BIM 课程体系构建

财经类高校工程管理专业应明确 BIM 课程教学目标、课程讲授和融入内容，以回归工程实践、OBE、CDIO 为导向，发挥经济管理课程优势，有效改善工程技术课程教学效果较差、实践环节薄弱、教学师资缺乏的局面。

（一）BIM 课程教学目标

工程管理 BIM 教学目标主要包括 BIM 技术基础理论与发展趋势、工程管理领域 BIM 的应用技能、BIM 软件操作三个方面。重视 BIM 初级技能和管理方法的学习，是国内外高校工程管理专业 BIM 教育的共识。而对于财经类高校工程管理 BIM 课程如何进行，需要以《高等学校工程管理本科指导性专业规范》所要求掌握的四大平台课程为基础，合理规划 BIM 教育目标、学习内容和课程安排。

从工程管理专业 BIM 课程设置及教学改革现状文献分析、现状调研分析以及财经类高校优势与不足分析可以得出，财经类高校工程管理专业 BIM 课程教学目标应以 BIM3D 为辅助教学手段，以工程管理和工程经济核心课程融合和实践实训为主要着力点：了解 BIM 技术基础理论与发展趋势、熟悉 BIM 三维建模技术、掌握 BIM 虚拟施工模拟和工程计量与计价技能，实现对工程项目进度、质量、成本、安全及合同的综合管控。

（二）基于 OBE-CDIO 理念的工程管理专业 BIM 课程体系

针对财经类高校工程管理专业 BIM 教学改革目标不明确、融入内容不精确、工程技术理论支撑不足、实践环节薄弱和经济管理优势突出的特点，BIM 教学课程改革要结合现有教学计划，合理规划 BIM 课程理论教学体系和实践教学体系。财经类高校工程管理专业 BIM 课程应以 OBE、CDIO 为导向，根据现行《高等学校工程管理本科指导性专业规范》4 大平台课程体系为依据，以有效提高工程技术理论课程教学效果、与工程管理和工程经济核心课程融合、用课赛实训等模式夯实实践教学环节为主要目标，设置 BIM 基础理论与软件操作课程群、工程技术理论辅助课程群、工程经济管理融合课程群、综合实践应用（BIM 大赛、毕业设计等）提高课程群，形成将理论和实训融为一体的"1+3"BIM 课程体系。通过课堂理论教学、专业课程设计和毕业设计三级教学平台，连续进行 BIM 基础认知能力、BIM 建模能力、BIM 工程应用能力和 BIM 工程管理能力教学，使学生系统地掌握 BIM 专业知识，满足行业对 BIM 人才的需求。具体如下：

1. BIM 基础理论与软件操作课程群

新开 BIM 原理与应用课程。包括 BIM 起源、发展及应用，讲授 BIM 技术概念、模型格式、支撑技术、协同设计原理以及可视化技术等理论知识，工程各阶段常用

BIM 软件及其交互应用，了解如何构建信息平台。教师要进行重点教授数据信息集成技术、协同工作技术，使学生熟悉 BIM 工作概念和协同技术概念。

在建筑 CAD 课程中融合 Revit 建模基础知识。指导学生在传统二维制图基础上，要求学生运用 Revit（或 MagicCAD 等）软件进行三维建模，建立学生对建筑物（设备管道及线路）从二维到三维的想象能力，熟悉 BIM 参数化建模方法。软件操作不必强调效率，而是着重理解。

BIM 基础课程主要是普及 BIM 的基本概念和基础知识，让学生对 BIM 形成初步的感性认识和基本的软件操作能力，为后续 BIM4D、BIM5D 内容的学习打下基础。

2. 工程技术理论 BIM 辅助课程群

以 BIM3D 为辅助教学手段，有效提高技术理论课程教学效果。在教学中采用三维演示的方法来增强学生的空间感性认识，如工程制图、房屋建筑学、建筑设备通过三维模型让学生认识各种构部件及内部构造布置情况，了解相关结构、构造知识。也可让学生自主通过 BIM 建模软件完成实体楼房的建模任务，培养学生 BIM 软件的应用和基本建模能力，显著提高学生的空间认识能力，从而弥补财经类高校技术课程教学效果相对较差的局面。

3. 工程经济管理 BIM 融合课程群

以 BIM4D/5D 技术实现平台专业知识的系统化。如工程结构、建筑设备、施工技术、工程计价和工程项目管理等课程内容本是相互内嵌、相互递进，但由于目前这些课程的教学基于各课程教材，导致学生感觉所学知识零散、不系统，对这些专业核心课程不能做到融会贯通，教学效果不理想。而 BIM 技术提供了共享信息平台，学生可以利用 BIM4D/5D 知识不断将碎片化的技术、管理、经济和法律知识逐渐整合起来，实现四大平台专业知识的系统化[37]。如计量计价实训涉及招投标、施工阶段，其主要使用 BIM 计价软件；工程项目管理实训施工、管理均有涉及，编制施工组织设计中的进度计划时可用梦龙网络或 Project，布置现场可用三维场布 GCB 软件，进行 BIM4D/5D 施工模拟。

4. BIM 综合实践应用课程群

以课赛实训、毕业设计为主形成有效的实践教学，夯实实践教学环节。工程管理是一个实践性很强的专业，课程知识博杂，课程难度本身较高，需要更为重视以工程技术知识为基础的经济管理 BIM 知识的实际应用，因此应该以课程设计、BIM 大赛实训等实践性教学为主。而财经类高校普遍缺少实验室和实习基地，而且考虑到工程现场实习存在安全隐患，实习实践环节还浮于形式，影响了学生工程实践能力的培养。BIM 技术中的三维建造、虚拟施工、漫游检查、工程造价分析为工程管理专业的房屋建筑学课程设计、工程项目管理实训、工程计量与计价实训、生产环节实习等核心教学内容提供了更为实际的工作环境，有利于学生工程技术能力、造价能力和管理能力的有效融合。

四大课程群不要求全部课程都要开展 BIM 教学，也不现实。从财经类院校的实际出发，可以采用 BIM 原理与应用→Revit 建模→房屋建筑学 3D 融合→工程计量与计价 BIM 实训、工程项目管理 BIM5D 实训→BIM 大赛实训→BIM 毕业设计为主线开展教学。

（三）BIM 课程教学形式及保障措施

工程管理专业 BIM 课程教学主要包括课堂理论教学、虚拟实验室、项目式教学、案例教学法、翻转课程等多种形式，具体实施有 BIM 工程中心、校企合作、BIM 学生社团、行业专家讲座、共同备课、BIM 竞赛实训、团队教学、小组学习等多种模式。在低年级可以先讲述 BIM 协同工作原理、常用 BIM 软件及其交互应用等理论知识，并学习 Revit 等 BIM 软件操作；采用案例教学法教授基于 BIM 技术的房屋建筑学、工程结构、建筑设备 3D 实例。在高年级采用"课堂+实训"的方法开展施工技术、工程项目管理、工程计价和工程、工程造价管理等 BIM4D/5D 融合课程，开设各类 BIM 竞赛实训，促进学生应用能力进一步提升，让工程经济管理理论知识与工程技术课程联系起来，变得更加直观、生动，教师作为引导者让学生自主操作，提升解决问题能力和分析能力[11]。

财经类高校工程管理专业 BIM 教学保障措施主要有：

（1）**切实增强改革意识**。相当多的财经类院校缺乏工程管理专业进行 BIM 教学改革的意识，人才培养目标、课程设置、校企合作、BIM 实验室建设等各个方面均未进行有实际意义的尝试，导致专业竞争力越来越弱，生源减少，与行业需求脱节。无论院系领导还是任课教师，都应认识到开展 BIM 教学的紧迫性，拿出有效的解决方案。

（2）**大力建设 BIM 实验实训平台**。综合类及理工类院校开展 BIM 教学取得了较好的效果，财经类院校可在充分调研基础上，以"够用"为原则建设 BIM 综合实验实训平台，为 BIM 教学提供基本的物质条件，全面提升工程管理专业人才的培养效果。

（3）**加强教师 BIM 技术融合教学水平**。教师应主动基于 BIM 功能不断开发所教授课程相应的案例模型，探索互动式教学模式，夯实实践教学环节，将以知识点为导向的教学模式转变为以学生获得感为导向的教学模式。同时，各院系要采取有效措施，调动教师参与 BIM 教学应用的热情，积极培训教师 BIM 技能，构建 BIM 教学团队，开展 BIM 教学实践研讨会，切实提高教师 BIM 融合教学水平。

（4）**积极深化校企合作**。校企合作是工程类专业发展的必经之路，是实现产学研结合、培养应用型人才的重要途径。在当前环境与基础下，要想在短时期内解决硬件建设与 BIM 资源的问题，校企合作是比较好的方案。各种 BIM 软件企业、施工应用单位也应积极探索参与工程管理专业 BIM 人才培养方案、BIM 实践实训基地、学生实习、教师交流、课题研究等方面的体制机制[12]。

四、总结与展望

BIM 知识和能力的培养是未来工程管理专业人才能力体系构建中的重点。财经类高校工程管理专业 BIM 教学改革目标不明确、融入内容不精确、工程技术理论支撑不足、实践环节薄弱和经济管理特点突出，其 BIM 课程体系设置应以 OBE、CDIO 为导向，以有效提高工程技术理论课程教学效果、与工程管理和工程经济核心课程融合、用课赛实训等模式夯实实践教学环节为主要目标，设置 BIM 基础理论与软件操作课程群、工程技术理论辅助课程群、工程经济管理融合课程群、综合实践应用（BIM 大赛、毕业设计等）提高课程群，形成将理论和实训融为一体的"1+3"BIM 课程体系。在低年级主要学习 BIM 协同工作原理，学习 Revit 等 BIM 软件操作，采用案例教学法、小组学习等多种方式学习基于 BIM 技术的房屋建筑学等工程技术课程，得学生具备 BIM 建模能力，高年级采用"课堂+实训"的模式，主要借助课赛实训完成 BIM 工程管理应用知识体系教学，获得 BIM 应用能力。最后在此基础上通过顶岗实习和毕业设计，综合运用工程技术知识、工程经济管理知识，使学生具备"工程技术基础扎实，经济管理能力突出"的 BIM 工程管理能力。同时，财经类高校工程管理专业应切实增强改革意识，在校企合作、BIM 实验室建设、构建 BIM 教学团队、夯实实践教学环节等方面做好保障工作。

参考文献：

[1] 张尚，任宏，Albert P，等. BIM 的工程管理教学改革问题研究（二）：BIM 教学改革的作用、规划与建议 [J]. 建筑经济，2015，36（2）：92-96.

[2] 晏永刚，姚秋霞. 工程管理专业平台课程融合三维体系的构建研究 [J]. 高等建筑教育，2016，25（5）：116-120.

[3] 许波，张耀雄，等. 地方应用型高校土木工程专业 BIM 技能人才培养模式研究 [J]. 高教学刊，2021（1）：141-144.

[4] 赵金先，李堃，等. 基于 BIM 的工程管理专业课程体系与教学实践 [J]. 高等建筑教育，2018（3）：13-16.

[5] 李兴苏，廖奇云. 基于 BIM 的工程管理专业教学改革探索 [J]. 高等建筑教育，2020，29（6）：88-95.

[6] 张志静，胡素雅. 基于 BIM 的工程管理专业核心竞争力研究 [J]. 高教学刊，2016（16）：263-264.

[7] 刘爱芳，张大富，杨志刚. 基于 OBE 的工程管理专业毕业设计改革 [J]. 高等教育，2019，（3）：184-185.

[8] 梅生启，宋玉香，等. 普通高校 BIM 课程设置问题综述与分析 [J]. 高等建筑教育，2020，29（5）：167-177.

[9] 张恒，唐根丽，等. 基于 BIM 的财经类高校工程管理专业实践课程教学改革研究 [J]. 长春师范大学学报，2018，37（12）：140-143.

[10] 高云莉，姜蕾，等. "新工科"视角下工程管理人才培养的路径研究-以大连民族大学为例 [J]. 高教学刊，2019（2）：14-18.

[11] 代春泉，龙燕霞. 基于 OBSE-CDIO 理念的土建类专业 BIM 人才培养研究 [J]. 建筑经济，2018，39（7）：108-112.

[12] 戴晓燕，刘超. 面向新工科的新建本科院校工程管理专业实践教学改革 [J]. 实验室探索与研究，2019（12）221-224，228.

基于智能建造的工程造价
课程教学改革探索研究

孔繁钰[1,2]

（1. 重庆工商大学管理科学与工程学院，重庆，400067；
2. 重庆市发展信息管理工程技术研究中心，重庆，400067）

摘　要： 智能建造正推动着工程造价管理向智能化的方向不断发展。围绕国家在智能建造领域的重大发展战略和相关重大战略布局，结合工程造价课程教学体系的现状，本文在着重分析智能建造对工程造价专业的要求基础上，提出智能建造背景下工程造价课程改革的思路和路径。

关键词： 智能建造；工程造价；教学改革；课程体系

一、前言

习近平总书记在 2022 年 1 月 16 日出版的第 2 期《求是》杂志发表的重要文章"不断做强做优做大我国数字经济"中，提出要"加快建设以 5G 网络、全国一体化数据中心体系、国家产业互联网等为抓手的高速泛在、天地一体、云网融合、智能敏捷、绿色低碳、安全可控的智能化综合性数字信息基础设施"。智能建造领域是新型基础设施的重要组成部分，提高建造业的数字经济占比契合国家对经济发展的新要求。智能建造以实现工程要素资源信息化为基础，将工程建造与包括数字孪生城市、人工智能和区块链等在内的信息技术相融合，通过自动感知、智能诊断、协同互动、主动学习和智能决策等手段进行工程化应用，实现数字链驱动下的立项策划、规划设计、施（加）工生产、运维服务一体化集成与高效协同，交付以人为本、智能化的绿色可持续工程产品与服务[1]。

工程造价是推动智能建造快速发展，实现建设工程项目全寿命期质量、安全、进度、投资、环保的精细化和智能化管理的重要基础支撑。工程造价专业人才的培养对于壮大数字经济实体、推进新型基础设施建设、增强智能建造实力具有较强的现实意义。高校工程管理专业中的工程造价课程教学应本着着力推动培养精通工程管理、工程技术、信息技术的复合型人才，增强智能建造领域的工程造价人员在数字经济等方面的知识储备和专业技能为目的。

叶子铭[2]以工程教育专业认证为背景，就工程造价专业实践教学发展现状与

存在问题进行分析，提出了实习任务体系、持续改进机制等改革措施；田国锋等提出基于任务驱动的工程造价课程教学实践的方法和思路；韩灵杰[3] 从 BIM 技术应用出发，通过重构课程体系、增加 BIM 教学内容、改革教学方法、实行课证融合、完善线上线下教学资源等方式，探索适应新基建发展的工程造价人才培养路径。上述既有研究多以传统的工程建造为背景，对智能建造领域的新趋势、新特点和新技术分析较少，对数字经济和智能建造背景下的工程造价的课程教学改革的思路及方法探索有待进一步深入。本文围绕国家在智能建造领域的重大发展战略，结合成渝地区双城经济圈等重大战略布局，在着重分析智能建造对工程造价专业的要求及工程造价课程现状基础上，提出智能建造背景下工程造价课程改革的思路和路径。

二、智能建造对工程造价的要求

智能建造体系是利用新一代信息技术，发展面向全产业链一体化的工程软件、面向智能工地的工程物联网、面向人机共融的智能化工程机械、面向智能决策的工程大数据等领域技术，支持工程建造全过程、全要素、全参与方协同和产业转型。

（一）智能建造体系要求造价管理应具备全寿命创新理念

智能建造不仅要从项目前期和建设阶段的增量阶段出发，更要顺应包括各类基础设施在内的我国建设项目已进入了存量阶段的时代背景，转向重点兼顾项目后期的运行维护阶段，由此智能建造造价管理理念应实现全过程造价管理向全寿命期造价管理跨越，在项目全寿命价值最大化的理念下，从项目前期策划和规划阶段开始，不仅应对建设实施过程的造价价进行预测和控制，更要综合考虑项目运营产生的成本支出，并强化质量、进度、安全、生态、等其他目标，将项目全寿命期需要的费用作为整体综合考虑。通过平衡建设投资和运维费用，衡量全寿命期成本与工程项目建设效益的比值，以此控制项目的整体造价水平，提高经济性。

（二）BIM、数字孪生城市等大数据、深度学习技术要求智能建造造价体系不断优化

在造价计价依据方面，智能建造行业已广泛应用 BIM、云计算、数字孪生城市等技术，并不断与机器学习、大数据等深度融合，已大幅度提升了建造项目的工艺建设效率，优化了资源配置[4]。智能建造背景下的工程造价标准体系全寿命期创新理念指引下，依据人工智能、深度学习技术的发展趋势以及智能建造本身技术发展现状等，对工程造体系中的定额子目类别、造价构成、消耗量定额以及价格指标体系等内容进行及时修正、补充和完善。同时新技术条件下的工程量清单的分解结构、编码体系、计算规则等也应与深度学习等人工智能算法和应用相适应，确保在新的工程量清单计价模式下的工程造价结果更为合理。

在造价标准表现形式方面，BIM、GIS 以及数字孪生城市等在智能建造方面的广泛应用，从前期策划、规划设计到建设实施阶段的传统平面表现形式，已向多维化、立体化和可视化方向转变，如对现有的平法图集表现形式进行 3D 可视化改进，可直观地反映构件钢筋复杂的构造，从而极大地提高平法识图的效率。基于 BIM 的虚拟施工碰撞检查技术通过增强协同设计、净高碰撞检查、管线碰撞检查、

空间优化、可视化设计及交底、自动审图等途径，可有效优化项目在设计阶段的工程造价管控。

（三）围绕 CIM、BIM 等智能建造技术的应用场景开发要求造价人员应具备智能建造技术与造价融合的复合型能力。

传统的工程造价控制和预测多依靠常规的计算软件，工作手段单一，工作量大，主观性强，工作效率不高。而基于 CIM 和 BIM 的造价管理平台的开发应用，通过实现全寿命期造价信息实时采集、工程设备材料价格智能预测、基于施工组织个性化的智能计价、工程超概算智能预警、资金流向实时监控、施工成本快速结算、造价水平影响因素挖掘分析等功能集成，可加强造价管理过程中各责任主体的动态监管、协同协作和资源共享。在有效提升造价管理效率的同时，也要求造价人员不仅要熟练掌握 BIM 等技术的应用，更应具备智能建造的相关信息标准以及深度学习、建筑机器人等场景的开发应用能力。

三、工程造价课程教学现状

以重庆工商大学"工程造价"课程体系为例，课程任务和性质为以工程造价的形成规律、编制理论和方法为研究对象，以造价组成、以造价计算依据及方法为主要研究内容。本门课程以工程造价构成及编审为体系，以介绍基本方法、基本技能为出发点，介绍必须的工程基本知识和国家现行的造价制度中的基本内容。本门课程在教学实践中通过结合工程实际，对工程造价的一般规律和方法进行了介绍，并通过配合相关的操作实践课程，提升学生在理论和操作能力，根据教学考核结果，基本达到了预定教学目标。但与国内现有的工程造价课程相同，仅从传统的工程建造技术和手段出发，尚未能根据智能建造下的工程造价理论发展现状和实践要求进行调整和改进，提出适应新时代、新形势和新发展阶段下的工程造价课程体系要求。目前工作造价课程体系尚存在以下问题：

（一）课程体系单一，缺乏与相关学科的融合性

教学目标和任务以及课程体系设计大多沿用传统的造价标准、计价规则和方法，形式单一，教学环节中，对相关学科如人工智能、机器学习在本课程体系中的应用介绍较少，这与整个工程造价行业和领域正处于转型阶段有关。BIM 技术的应用实践已在工程造价专业的相关课程中有所体现，但 BIM 和 GIS 等数字化应用场景与工程造价的融合课程教学实践内容相对较少，学生在实际学习中，无法将二者之间进行有效连接，解决实际问题能力亟需得到提升。

（二）课程设置与实践需求尚存在一定脱节

如前所述，智能建造背景下的数字孪生城市、CIM 和 BIM 急需造价人员具备大数据和人工智能的相关操作及开发能力，现有的课程体系中，偏重于传统工程建造方法的介绍，对新工艺、新方法的介绍偏少，偏重于前期规划、实施多，对基于全寿命周期的工程造价内容介绍少，偏重于传统工程造价软件的应用学习多，对基于大数据的人工智能造价软件应用介绍少。导致工程造价人才培养，无法有效适应当前数字经济时代的需求。

（三）教学模式、方法和手段创新性不强

目前的工程造价课程教学模式以单向传授为主，教师按照教学大纲设定的内容和方法授课，形式单一，学生在教学中多处于被动状态，不能发挥主观能动性。工程造价课程的实践性较强，在实际教学中，对于如何结合具体项目的工程特性，特别是介绍智能建造新技术的发展，提高学生对新技术的认知和应用能力，来真正达到"解决复杂工程问题"的要求，思考和实践不多。

（四）课程评价考核体系机制需完善

工程造价课程的内容和方法的评价和持续改进机制中，存在教学过程质量监控大多重点关注教师课堂教学表现，而对学生的成果限于作业和考试，对于学生具体操作项目的实践成效缺乏明确的评价机制，影响了实践教学质量评价的准确性

四、以智能建造为核心的工程造价教改探讨

结合上述讨论分析，可知工程造价作为一门与实际工作关联紧密的课程，在国家大力发展数字经济及推行智能建造背景下，应着力提高课程体系在数字化、智能化和信息化方面的建设，加强与相关学科的融合，并强化该门课程在创新实践教育中的作用，推动课程的考核评价机制的完善。具体为：

一是加强与智能建造相关的课程体系建设。智能建造涉及的课程较多，除工程造价外，工程项目管理、国土空间规划、建造理论与实践中智能建造相关的内容占比应进一步加大，并强化大数据、人工智能、深度学习和BIM、数字孪生城市等相关知识体系的构建，尽快建立围绕智能建造为方向的综合学科及课程体系。

二是进一步增强智能建造工程造价的实践培养环节。除既有的BIM课程、常规通用工程造价软件的实践外，应从基于智能建造的全寿命期造价管理平台的学习为前提，与相关学科合作，开发或者引入相关信息化造价平台系统，为学生提供高水平、前瞻性的实践和创新学习环境。加强与行业和社会单位的合作，切实落实产学研一体化策略目标和任务，保障实践教学效果。

三是加强教师团队体系的建设。工程造价涉及门类较多，除土建和安装外，还包括交通、水利等专业。智能建造要求教师应一专多能和跨学科融合，应组建智能建造工程造价课程组，包含规划、工程经济、信息化、大数据及双碳等专业的教师团队，并设立相关的专家咨询团队，实时掌握智能建造领域的最新政策需求、技术创新和专业应用等。

参考文献：

［1］张飞涟，刘佳鑫，钟明琳，杨中杰. 铁路智能建造对造价管理模式创新的需求分析［J］. 铁道科学与工程学报，2021，18（11）：3057-3065.

［2］叶子铭，吴泽斌，倪俊. 专业认证标准下工程造价专业实践教学改革［J］. 中国冶金教育，2021（6）：83-86.

［3］韩灵杰. 新工科背景下工程造价 BIM 技术应用型人才培养路径研究［J］. 郑州铁路职业技术学院学报，2021，33（3）：76-79.

［4］周翔. 浅谈 CIM+智能建造应用［J］. 中国建设信息化，2021（15）：68-69.

基于 PBL 的 GPS 应用实验教学研究

陈久梅　　何　鹏

（重庆工商大学管理科学与工程学院，重庆，400067）

摘　要： 针对 GPS 应用实验"教师详细讲解和演示—学生实践操作—课后完成实验报告—教师依据报告评分"传统教学存在的不足，本文提出基于 PBL（Problem-Based Learning）的 GPS 应用实验教学。教学过程中，教师首先根据学生日常取快递的亲自经历，启发学生提出问题；然后，引导学生查看文献资料、深入分析问题并提出解决方案；最后，由学生自行设计实验、完成实验，并对解决方案进行验证和复盘分析。从学生的学习状态、实验完成情况以及学生的实验复盘和总结来看，基于 PBL 的 GPS 应用实验教学效果良好。

关键词： PBL；GPS；物流；配送调度优化；实验教学

一、引言

物流产业的系统性、交叉性和复杂性，决定了物流人才培养需要紧密结合新时代的新环境和新机遇。无论是应用型物流人才培养还是研究型物流人才培养，都必须注重加强实践能力培养[1]。物流信息管理实验课程作为物流管理专业核心课，有助于培养学生的思考能力，创新能力以及实践能力。

然而，目前大多数课堂仍然沿袭"教师详细讲解和演示—学生实践操作—课后完成实验报告—教师依据报告评分"的传统教学模式。这种教学模式虽能确保教学过程较为顺利地进行，让学生掌握一定的知识和技能，但也存在诸多问题。例如，教师讲解过多，不仅占用学生的实践时间，还会造成学生对教师产生过度依赖，最终懒于思考，"依葫芦画瓢"完成实验；考核时重结果轻过程，难以对学生做出全面、客观、真实的评价，还会诱导学生把精力转移到实验报告书写上去[2]。因此，有学者对物流实验教学展开了研究，如李娜等[3]用课桌模拟货架，将扑克牌作为货物，模拟库位选择、订单处理、分拣、包装、发货、配送等作业环节。林秋平和李元辉[4]设计了理论与实践相结合的教学体系，以物流实验项目为例，将教学过程分为调研、数据处理、构建模型、输出分析四个部分，鼓励学生从中发现问题并解决问题。秦春节等[5]建立了模拟实际企业制造系统的专业综合实验室，并仿真还原从用户下单—生产计划—采购物流—车间生产物流—销售物流的物料流通全过程。黄永福和季六祥[6] 提出基于虚拟现实技术建立物流管理虚拟仿真实验教学中心。

PBL（Problem-Based Learning）是一种基于问题、强调"问题驱动学习"的教与学理念，主张课堂要以"学习者为中心"，"让学习者主动研究，把理论用于实践，应用所学知识和技术，解决特定的问题"。与传统的以教师为中心的教学法不同，PBL 教学法是"以学生为中心，以问题为基础"，能更好地培养学生自主学习能力和创新能力。因此，PBL 教学法已被广泛应用到生物学[7]、生理学[8]、心理学[9、10]、工程力学[11]、实验力学[12] 等多学科领域的教学中。

本研究以物流信息管理实验课程中具有高阶性、创新性、挑战度的一个实验——GPS 应用实验为例，阐述基于 PBL 教学法的实验教学改革实践过程，为物流信息管理实验及其他物流管理专业实验课程教学改革提供借鉴。

二、GPS 应用实验教学设计

基于 PBL 的 GPS 应用实验教学改革的具体实验设计如下：

（一）实验目的

借助 GPS 导航地图，按照课程实验要求进行确定性调度实验，结合生活了解快递员调度相关知识及方法。

（二）实验内容

假设校园内各快递点的取件快件数如下：教工 8 栋快递 3 个，教工 9 栋菜鸟驿站 2 个，京东物流（兰园对面）3 个，教工 16 栋快递 1 个，教工 17 栋快递 1 个，图书馆南馆门口顺丰速递 2 个，商智楼邮政 2 个，原翠园处快递 2 个，南五快递 1 个，北五快递 1 个，北十快递 2 个，外语活动中心快递 2 个，新北菜鸟驿站 2 个。

（三）实验要求

· 以学习小组为单位完成本次实验。

· 快递员每次最多持有 5 个包裹，快递员人数不限。

· 从实验室（所在地为学创园）到大楼门口上下楼各需要 3 分钟，其余路线时间按照重庆工商大学官网校园 GIS 地图步行时间计算。

· 从实验室出发，将校园内所有快递点的快件取回到实验室。

· 所有快递员取快件的总时间最少。

二、基于 PBL 的 GPS 应用实验教学实施

（一）提出问题

PBL 的过程主要包括提出问题、分析问题和解决问题等几个阶段。与传统的教学法不同，其强调以学生的主动学习为主，其核心是问题的设计与解决。如何调动学生积极性，通过深入探索分析问题，设计出明确具体的目标，并最终解决是 PBL 研究的主要内容。

本实验中，教师以学生日常到校园各快递点收取快递的真实情景，结合物流管

理学术界以及实践界广泛关注且非常重要的调度问题，启发学生创设性地提出确定性调度问题和随机动态调度问题，引导学生在知网查找、研读调度问题的相关文献。随即开展小组讨论，进一步明确问题是什么，该问题的假设有哪些，约束条件有哪些，需要达到的目标，适合问题求解的方法是什么等。

与传统的教学方法相比，这样的实验教学过程，既避免了教师填鸭式空洞乏味的讲授，又能节约授课时间，留出更多的时间，以便学生进行实验操作。同时，通过文献资料的查找与研讨，也能开阔学生的知识面，接触到相关内容和学科最前沿的资料。

（二）开展实验

1. 首先绘制快递点分布散点图

学生借助重庆工商大学官网校园地图绘制快递点分布散点图（如图 1 所示）、标识出点与点之间的步行时间（如表 1 所示）。

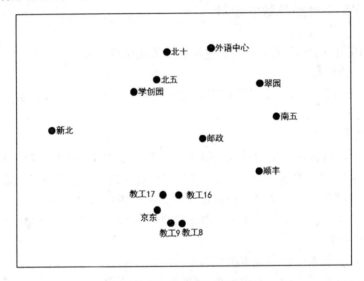

图 1　实验一快递点分布散点图

表 1 快递点之间的步行时间

	学创园	教工 8	教工 9	教工 16	教工 17	京东	顺丰	邮政	翠园快递	南五	北五	北十	外语活动中心	新北菜鸟驿站
学创园	0													
教工 8	15 分 30 秒	0												
教工 9	14 分钟 32 秒	1 分 5 秒	0											
教工 16	11 分钟 45 秒	4 分钟 48 秒	5 分钟 7 秒	0										
教工 17	11 分钟 31 秒	6 分钟	4 分钟 58 秒	1 分钟 24 秒	0									
京东	12 分钟 42 秒	2 分 42 秒	2 分 14 秒	3 分钟 35 秒	3 分钟 8 秒	0								
顺丰	13 分钟 30 秒	8 分钟 41 秒	9 分钟	6 分钟 20 秒	7 分钟 30 秒	14 分 1 秒	0							
邮政	12 分钟 5 秒	3 分 41 秒	9 分钟 52 秒	7 分钟 12 秒	8 分钟 21 秒	9 分 28 秒	9 分 57 秒	0						
翠园快递	14 分钟 44 秒	22 分钟 15 秒	22 分钟 34 秒	19 分钟 54 秒	19 分钟 5 秒	21 分 31 秒	11 分 10 秒	11 分 22 秒	0					
南五	16 分钟 41 秒	19 分钟 55 秒	20 分钟 14 秒	17 分钟 34 秒	18 分钟 7 秒	22 分 11 秒	6 分 17 秒	10 分 37 秒	5 分钟 50 秒	0				
北五	2 分钟 34 秒	15 分 38 秒	14 分钟 32 秒	11 分钟 45 秒	11 分 31 秒	16 分 37 秒	16 分 41 秒	7 分 50 秒	12 分钟 21 秒	16 分钟 47 秒	0			
北十	7 分钟 52 秒	19 分钟 4 秒	19 分钟 22 秒	16 分钟 17 秒	16 分钟 32 秒	20 分 41 秒	16 分 12 秒	10 分 10 秒	12 分钟 21 秒	15 分钟 37 秒	7 分钟 1 秒	0		
外语活动中心	9 分钟 55 秒	17 分钟 27 秒	17 分钟 45 秒	14 分钟 38 秒	14 分钟 55 秒	19 分 58 秒	15 分 25 秒	9 分 22 秒	12 分钟 5 秒	14 分钟	8 分钟 5 秒	6 分钟 18 秒	0	
新北菜鸟驿站	14 分钟 41 秒	22 分钟 7 秒	21 分钟 1 秒	18 分钟 14 秒	18 分钟	22 分 20 秒	23 分 31 秒	14 分 37 秒	25 分钟 35 秒	23 分钟 19 秒	14 分钟 50 秒	20 分钟	19 分钟 51 秒	0

2. 选择求解方法

可选择的求解方法很多，如 C-W 节约算法、扫描法、分区法等。C-W 节约算法的基本思想：首先，将每个快递点（记为"1，2，…，n"）直接与配送中心（记为"0"）相连，形成 n 条初始路线，然后计算任意两点 i 和 j 的节约值：$s_{ij} = c_{i0} + c_{0j} - c_{ji}$，其 c_{ji} 表示点 i 和 j 的距离。s_{ij} 越大，表示将 i 和 j 两点连接后行驶时间节省的越多。将 s_{ij} 按照从大到小排序后，首先选择使得 s_{ij} 最大的两个点 i 和 j，然后按照 s_{ij} 从大到小的顺序依次连接各点，使得总距离最小。如果在连接过程中出现了此条路径快递总量超过快递员单次取包裹数，则结束该路线的连接，开始其他路径的连接。扫描法是利用极坐标来表示各快递点的区位，然后任取一快递点为起点，以快递员一次可取快递数为分群的约束，再以该快递点为零度按顺时针或逆时针的方向，进行快递点的扫描分群。分区法是根据各快递点的地理位置进行划分，划分后再连接各区域中的快递点。

3. 进行求解

以分区法为例。将校园内各快递点根据南区、北区、教工、新北进行区域的划分，如图 2 所示。其中南区包括翠园快递、南五快递、图书馆南馆门口顺丰速递和商智楼邮政；北区包括北五快递、北十快递和外语活动中心；教工区域包括教工 8、教工 9、教工 16、教工 17 和京东。

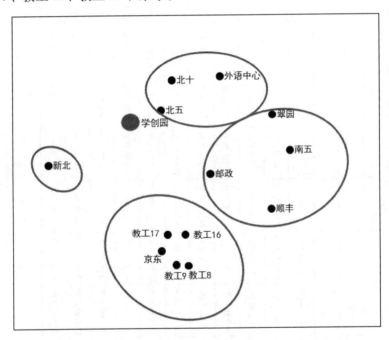

图 2　分区法划分区域

（三）解决问题

新北区只有一个快递点，由快递员 1 负责；北区的 3 个快递点正好是 5 个快递，由快递员 2 负责；南区共有 4 个快递点 7 个货物，一个快递员无法完成任务，因此将其分为 3+1 模式，快递员 3 负责 3 个快递点，剩余有 2 个快递的快递点由快递员 4 负责；教工区域，直接根据其地域接近程度和快递量，快递员 5 负责教工 8、教工 9，快递员 6 负责教工 16、教工 17 和京东。6 位快递员总时间消耗为 214 分 48 秒。

实验完毕后，针对学生出现的问题，教师引导学生思考和总结并进行讨论。学生根据实验过程或结果书写成实验报告。教师从实验目的是否明确、实验思路是否清晰、数据分析是否实事求是、结论是否简单明确、问题与讨论是否简明扼要等方面，给学生的实验报告打分。

四、PBL 在 GPS 应用实验教学效果

采用 PBL 完成了 2019 级物流管理四个班实验课程的教学。基于问题式学习教学模式理念，引导学生提出实验问题，通过对问题讨论引出实验内容，在实验教学过程中引导学生发现科学问题，通过设计实验方案来回答科学问题。从实验问题的提出、实验方案的制定、实验方法的选择到实验结果分析等的过程环节，激发了学生的好奇心和研究兴趣，调动了学生学习的主动性和积极性。

学生积极主动参与课程任务的完成过程。在回答科学问题的任务过程中潜移默化地理解了实验任务背后的科学原理、解决问题的方法和技术手段。通过系统的科学思维训练，提高了学生分析问题和解决问题的能力。该方法注重对学生探索精神和发散思维的培养，鼓励学生尽可能地寻找更多的方法去解决问题，激发了学生的积极性、主动性和创造性。

从实验完成的效果看，学生完成实验任务的质量也比较高。从学生对实验原理的阐述到实验方法的选择、从实验操作过程的认真程度到实验数据的可信、从实验数据的分析到结果的讨论，可以看出学生对课程学习有比较高的热情程度和积极的探索精神。

从学生的实验总结看，效果良好。以下内容来自部分小组的总结：（1）"在进行实验时，我们发现动态问题下很难求解，对于我们来说，是很有难度和挑战的"；（2）"通过这次实验，我们小组学会了在解决问题应该如何思考、如何合作、如何沟通，并且通过在网上查找资料，我们又学会了一项新的技能，为以后写论文、学习都有不少帮助。不仅回顾了理论课的内容，还通过实验探索了更多的知识"；（3）"在小组沟通中交换彼此的信息和想法更利于合作"；（4）"对实验过程中遇到的问题进行总结，有助于我们端正学习心态，培养自身积极面对生活中遇到各种问题的能力"。

参考文献：

[1] 赵林度. 产教融合视域下物流人才培养模式创新 [J]. 中国大学教学，2021（12）：18-23.

[2] 舒朋华，魏夏兰，鞠志宇，等. 基于奥尔堡 PBL 模式的有机实验教学改

革［J］. 实验技术与管理，2020，37（2）：157-159，173.

［3］李娜，杨华龙，徐奇，靳志宏. 物流中心运作管理体验式实验课程设计与实践［J］. 实验室研究与探索，2015，34（12）：252-255，265.

［4］林秋平，李元辉. 物流系统仿真建模类实验课程教学探索［J］. 实验技术与管理，2016，33（1）：215-217，231.

［5］秦春节，陈珋，王成，鲁建厦，陈勇. 基于工程实践的物流工程专业实验教学［J］. 实验室研究与探索，2016，35（1）：179-182.

［6］黄永福，季六祥. 基于VR技术的物流管理虚拟仿真实验教学中心建设探索［J］. 实验技术与管理，2020，37（8）：238-242.

［7］Sekarwinahyu M, Rustaman N Y, Widodo A, et al. Problem-based learning skills and reflection skills of biology education students through the problem-online tutorial［J］. Journal of Physics：Conference Series, 2019, 1280（3）：032004.

［8］Kumar M, Sunita, Sharan A, et al. Should problem based learning be included in teaching physiology along with traditional method of learning? A student´s perception［J］. International Journal of Physiology, 2019, 7（2）：140.

［9］董亓易如. PBL教学模式在应用心理学本科教学中的应用［J］. 心理月刊，2021，16（16）：210-211.

［10］王秀超，史康，刘旭峰，王卉，武圣君. PBL教学模式在医学心理学实验教学中的应用［J］. 教育教学论坛，2019，446（52）：198-200.

［11］孙艳丽，郭飞. 以"PBL+翻转课堂"为导向的教学方法在工程力学教学中的应用效果［J］. 南方农机，2021，52（21）：151-153+175.

［12］耿小亮，赵彬，王佩艳，高宗战. PBL教学模式的实验力学课程教学方法探索［J］. 实验室研究与探索，2021，40（7）：232-236.

以培养应用型人才为目标的
数据结构教学改革探讨

王 政 解 婷

（重庆工商大学电子商务系，重庆，400067）

摘 要："数据结构"课程是高校计算机相关专业的专业基础课程，针对教学过程出现的问题，我们利用校企合作方式对课程进行了改革。本文结合教学观察分析传统教学中出现的若干问题，从教学内容、教学方法、教学手段等方面对教学改革的研究方向进行探讨，以达到应用型人才培养的目标。

关键词：应用型人才；数据结构；教学改革

一、引言

数据结构是计算机相关专业一门承上启下的课程，上接程序设计语言，下连移动开发及人工智能等后续课程的一门基础核心课程。学好数据结构是培养计算机应用型人才的关键课程，该课程能够培养学生兴趣，运用计算机编程技术对问题抽象，并建立模型，然后使用合适的算法编写出程序来解决实际问题。根据我校电子商务系培养学生体系中提到的为了落实《重庆高等学校人工智能+学科群建设行动计划》工作部署，重点面向先进制造业、现代服务业和战略性新兴产业商务活动的大数据智能化升级需求，依托人工智能学科与工商管理优势学科交叉融合，以培养智能商务领域卓越人才为核心目标，打造智慧商业与O2O电商、大数据智能化决策分析等智能商务优势研究方向与标志性综合示范项目可知，如何提高学生的编程写作能力、算法设计能力、智能分析与解决实际问题能力、商务创新能力已成为该课程的教改重点。为此，本文将从本专业教学授课特点、本专业教学中遇到的问题、教学创新思考、教学改革具体举措等四方面进行论述。

二、教学授课特点

"数据结构"这门课给学生的感觉主要有以下特点：比较难、比较抽象、没有实际用处，工作量巨大，对编程能力的要求很高。针对这门课给学生的印象，本节从教材的选择和学生的心理角度分别对课程的授课特点进行阐述。

首先是教材的选择。本系在选用教材上有个特点，由于本系学生在之前只学习了 JAVA 语言，没有学习其他语言，例如 C 语言和 PYTHON 语言都没有学习。这个特点说明，如果不使用 JAVA 语言，其他语言学生会比较陌生。这时候本课程的上课就分为两个步骤的内容，一是语言的介绍和使用方法以及语法的培训，二是数据结构知识的介绍。这样课业内容就比较复杂，任务比较艰巨。所以，本课程在选择教材上，首先就只可以选择 JAVA 语言编写的教材体系。由于课时的设计，专业的理论课为 48 课时，实验课为 32 课时。根据这样的设置，我们发现本课程的授课体系以理论为主，实验为辅的特征，为此本文需要指定的教材分为理论用书和实验用书。国内同类课程有的侧重于基础理论的教学，有的兼顾理论和应用两个方面，但是内容较为宽泛没有特别的侧重点和细节讲述，通过比较，我们主要采用清华大学出版社出版的李春葆编的教材，分别包含了理论书和实验用书。根据我系对工具学科的定位，本书难度适中，内容丰富。

其次，是学生的心理特点。由于本系是技术应用型，学生对这种比较专业的计算机基础课有一定的抵触心理，觉得本课程的用处不大。并且由于该课程比较抽象，学生 JAVA 基础有限，学起来相对吃力，对本课程的学习热情不高。这种心理特点在教学过程中很明显，略微抽象，复杂一点的知识点，需要讲解的时间就比较多。这个特点就要求授课稳打稳扎，前面没弄明白，如果进度过快，会导致后面学不明白，极大影响学习兴趣和学习效果。学生的这个心理特点，还要求授课的讲解要深入浅出，把抽象的内容具象化，让学生产生并培养学习兴趣。

三、数据结构教学中存在的主要问题

通过上一节授课特点的讲述，我们发现本系学生在学习"数据结构"这门课的过程中，问题主要集中在学生的接受度和授课的讲解上。为此本节总结以下三点存在的问题[1]。

（一）前导课学习不扎实

本课程是用 JAVA 语言程序设计进行授课的，学生是在大一时候学的该门语言，并且没有学习离散数学等前导课程。由于学生学习本课程的时候，已经是大三，中间完全脱离了 JAVA 语言环境一年以上，从而使得学生对 JAVA 课程的熟悉、掌握程度较低，这将直接关系到数据结构课程的教学效果。由于学生之前没有接触过离散数学，在讲述本课程数据结构中的部分结构和分析算法的时候，会因为没有离散数学的支撑，不太能够将算法讲清楚，特别是在讲述最优二叉树生成算法中怎么样生成最优化二叉树、最短路径求解算法中如何实现最短路径的发现等算法思想，同时需要和实验课时配合，通过上机实践才可以把这些内容讲透彻。

（二）数据结构课程教学难度高

数据结构这门课程的特点是很理论化，但是需要编程把思想落实到程序中，并通过具体的 JAVA 语言使得抽象和严谨的算法思想体现在程序的实现上。这就对课程讲授提出了一定的要求。首先是将程序设计的思想落实到程序的读取和写作上，这体现在如何设计类，如何设计类里面的方法，通过这些类和方法去实现算法思想，特别是方法的构成分为有参数和无参数方法的设计上，什么样的方法需要有返回值。这就对本系学生的程序设计功底有要求。其次，在数据结构这门课程中，JAVA 语言本身是没有指针设置的，如何建立指针这个概念，并让学生理解指针的概念，并用 JAVA 语言描述出来很有难度。因为本部分知识点的过渡对结构层次和指针介绍得不够，再加上上机时间少，怎么让学生实现知识点的掌握并完美过渡是一个重要问题，如果没有掌握该知识点，学生不能够将本课程数据结构的理论性和抽象性理解透彻，进而使利用 JAVA 对数据结构中存储结构以及相关算法的描述变得很困难。

（三）理论教学与实际应用脱节

数据结构课程内容抽象性很强，理论性更强。例如在二叉平衡树中，如何利用算法实现树的平衡，把理论中关于平衡数的限制条件落实到实际应用中，是一个很重要的问题。并且学生在编程的时候、把细小的问题考虑全面，把庞杂的知识点汇总到一起，形成一个整体的知识框架体系较为困难，后续遇到实际问题，学生还是不能够把之前学到的知识点运用到实际问题的解决中。

四、教学创新思考

（一）学生的兴趣培养

通过上面授课特点的描述，我们发现，学生对这门课是有一定偏见的。激发学生的学习兴趣是数据结构这门课教改成功的关键。数据结构这门课程从理论的角度进入是有一定的枯燥性，特别是从表到栈到队列等定义出发，转化为实际程序算法的过程中，缺少趣味性，这就导致学生在学习这门课程的时候，很容易将其与编程联系在一起，认为这就是一门编程课。同时由于学生在大一学的 JAVA 课程，在大三的时候，已经很生疏，对这门课程天生产生排斥感，这种排斥感会让他们在后续的学习过程中没有兴趣可言。而且由于数据结构这门课程中，各种定义和算法很多，比如说到链表，有单向、双向、双向循环、单项循环等不同的算法思想。每种思想都需要通过编程实现。所以该课程的讲授，不能够平均用力，在可能把学生绕晕的同时，会让学生产生枯燥乏味的感觉，并且很易使学生产生畏难情绪。

（二）进一步加强前导课的教学

上文提及了离散数学、程序设计语言等课程是数据结构这门课程的前导课程，学生对这些课程的掌握情况会影响到本课程的授课环境的变化。特别是说到部分语法和算法思想的时候，学生不能够理解就会直接影响教学进度。特别是本系学生在大一学的 JAVA 语言，对指针的概念没有建立，离散数学中关于算法思想的介绍很浅薄。所以本门课程的授课不但不能够上来就提及算法部分，还应该帮助学生回忆并逐渐熟悉前导课程的知识点。而这部分环节如果放在课堂上进行，那么就会导致本门课程在 48 课时的时间里无法按照预想的安排，将教学内容完整的传授下去。这也说明前导课的教学需要安排好应当在什么时候进行复习，花费多少节课来讲授。

根据本系的学生基础，程序语言设计这门前导课程的教学应当分为三步进行，

首先是在讲述顺序表的时候，对数据类型、列表、字典等常规数据基础知识进行简单回顾；其次是在讲链表和栈的时候，让同学们逐渐熟悉泛型的使用，并且让学生领会泛型在数据结构这门课程中扮演的角色，让学生在后续的程序训练中重视它，并且通过继承和公共类等基础知识的教学，让学生能够很清晰地了解程序的功能模块；最后是在二叉树和查找算法中，对程序设计的功能模块与算法思想进行杂糅，让学生体会程序设计思想和算法思想的综合应用。

根据本系的学生基础，离散数学这门前导课程的教学由于同学们没有学习过，所以从最基本的理论知识说起，这些理论知识应当和数据结构中的实践结合起来。主要分为两步，首先是在理论课上对集合和自然数集的描述、图的概念、树的概念以及欧拉图与哈密顿图等概念转向对集合的表达运算、图树的矩阵表达，带权图及其应用将数据结构相应的章节带入进去；然后在上机实验课里，让学生通过对程序的编辑调试，理解并掌握理论概念并产生应用。

（三）"动画启发式""课堂互动式"等多种形式相结合的教学手段

本课程在课堂教学的重点是让学生领会并掌握实现算法思想的能力，难点是将书本中关于程序介绍和算法思想的抽象和运算的动态性让学生有直观并且深刻的理解与记忆。据此，在本课程的教学中，应当综合运用"动画启发式""课堂互动式"等多种形式相结合的教学手段来培养学生提出问题、分析问题、如何解决问题的能力[2]。

在备课中，我们发现网络上有很多网页实现了数据结构的动态模拟，特别是在查找和排序算法中，十大经典排序算法（动图演示）很能够深入浅出地用动画的形式在同学们的视野上展现。这些算法很是一目了然，并能够让同学们对这些算法进行比较，比如冒泡算法、插入排序、选择排序等方法有很多相似但是又有细微的差别。这些都可以通过PPT的手段在课堂上演示。这就摒弃了直接采用理论介绍的枯燥性和语言描述的复杂性。

课堂互动教学可以在理论教学中，逐渐渗入正常的教学内容中来，通过引导学生思考，让学生自我思考并运用理性思维去对算法进行改进，这个过程不但能激发学生的学习兴趣，还有助于学生对基础知识的理解与记忆，同时也能培养学生的积极思考的能力，发挥学习的主观能动性，达到培养学生提出问题、分析问题、如何解决问题能力的目的。举例来说，在讲完基础排序算法后，可以通过引导学生去思考提升算法的效率，减少时间复杂度等方面，让学生深入思考，并适时地将希尔排序和归并排序等排序算法从基本的插入和选择算法中引出来，并让学生自我比较这些算法的优缺点，进而让学生理解这些算法的优秀之处，在结合上述的动画启发教学，就可以实现对相关算法的立体介绍，这种立体介绍包含了三个维度：第一，时间轴上的迭代，如何从简单到复杂；第二，视觉和思维上的层层推进；第三，算法思想和引入问题并解决问题的逻辑递进。

（四）科学的教学评价

教学评价分两方面，一方面是对学生学习情况，另一方面是教师授课情况。对于学生的学习情况来说，对学生考察不仅仅反映在课后作业和期末考试中，而应带贯穿在平时的理论教学和实验教学中。这门课的评价不应当只是让学生成为答题机器人，也不是为了考察而考察，而是让学生在学习的过程中培养思考能力、动手能力，从而需要联动培养学生对理论的理解以及上机实践的能力。也就是说，不能单一地将理论部分和实验部分割裂开，因为离开理论，就无法指导我们的上机实践，离开上机实践，就无法将理解的理论进行现实呈现。这就要求老师于理论教学部分，主要考察同学们对程序的掌握分析能力以及如何将基本的思想转化为程序的问题解决能力。对于实验教学部分，主要考察同学们分析程序并创作程序的能力。

对于教师授课情况，也是一样，如果学生还没有理解前述的理论，没有实现对前述理论的上机实践，完全按照授课计划继续讲述后续知识点，那务必会导致越学越迷茫，学生听不明白，更加丧失学习兴趣。比如在说指针这个概念的时候，如果没有介绍明白，没有在链表中讲述清楚，学生学到链栈的时候，就会很迷茫，不能理解链栈中数据元素的出栈和入栈，同样不理解并掌握在 JAVA 语言中如何对指针进行定义并传递，就无法在实验教学中完成实践，就更不能理解链栈关于出栈和入栈的程序语言设计以及相关构造方法的设计内容。所以，必须要实时对学生的掌握情况进行摸底排查，了解学生的问题，分析学生的困惑，进而有针对性的分配课时，并调整教学方案[3]。

五、教学改革具体举措

（一）充分利用第一次课

第一次课至关重要，其重要性体现在两个方面，首先是让学生了解什么是数据结构这门课，特别是让学生了解什么是数据、什么是结构，从而知道应该掌握哪些知识。我系的学生大多早已将 JAVA 程序遗忘，不能够有效地回忆起 JAVA 程序语言设计，这时候就需要让同学们有个大概印象，需要课下准备哪些知识点。其次，让同学培养学习兴趣，虽然学习情趣的培养是一个渐进的过程，但是第一节课应当给同学们塑造一个思路，这门课并没有那么难，不让同学对这门课产生排斥，同时告诉同学们为什么需要学习这门课程，学习这门课程的重要性，让同学们对这门课程的重视程度提高起来，并产生主观能动性，进而对后续的学习起到积极有效的作用。

（二）课前准备

通过第一节课让学生的程序设计基础有个大致了解，也对数据结构这门课是讲什么的，这门课主要培养什么能力进行有效讲解以后。就需要同学们培养主观能动性，让自己产生学习的兴趣和主动性，进而进行课前准备。这种课前的准备分为两方面，首先是前导课程的学习，这部分在第一节课的时候，已经告诉同学们需要用到哪些前导课程的知识，让同学们去回忆并翻找大一时候上的 JAVA 程序语言设计这门课的笔记与教学书。其次是在每节课教授学生的时候，要告诉学生接下来要学习什么内容，让学生知道知识衔接点的位置，从而让同学们对陌生的名词有个印象，并主动翻书查找。另外，在讲授课程的时候，根据上文提及的动画启发式教学手段中也提及了要让同学们有立体印象，实现第一，时间轴上的迭代，如何从简单到复杂；第二，视觉和思维上的层层推进；第三，算法思想和引入问题并解决问题

的逻辑递进三方面的立体形象，需要在教授课程之前，认真备课，对每个概念，每个算法思想准备动画效果，并配合深入浅出的定义描述，让学生不立即接触专业的名词定义以及算法思想。例如，在讲述红黑树的时候，要适时的通过二叉平衡树的优缺点描述，慢慢引入红黑树，而不是立即对红黑树的定义规则进行复述。

4.3 教学方法

目前来说，有很多种教改方法的提出，例如发现型教学法、启发式教学法、任务驱动型教学法、讨论式教学法、案例教学法等。结合本系学生的现状，我们发现学生的兴趣度的培养和动手实践能力是相对薄弱的环节。所以本系在教授本课程的时候，需要综合利用上述教学方法刺激并激发学生的学习兴趣，引导学生编写程序的意愿。例如，利用案例和动画启发教学让学生明确算法定义，动态掌握算法的精髓。实验教学中，可以利用填空的方法让学生逐渐掌握算法的动手能力，例如把一段程序中的部分方法抽出来，让学生补全，而不是让学生默写全部程序。这样可以克服学生畏难的情绪以及遇到问题茫然失措不知如何下手的情况。例如对于程序中对 toString 方法的重写，就可以让同学们熟悉程序的写入以及节点或者列表元素的清晰判断，让学生知道这些节点或者列表元素中包含哪些数据项。这也能够带动学生的动手写作能力。

4.4 教学手段

利用多媒体课件等现代化教学手段确实极大提高了课程的教学效果。但就事论事，在数据结构这门课程的教学中，如果完全依赖 PPT 效果不佳，因为算法部分，往往会结合着动态的变化。这种变化如果通过 PPT 讲解，会发现需要经常上下翻动 PPT，这就很容易造成教学过程的混乱，以及学生看屏幕的迟滞衔接，以至于会造成理解上的困难和误解。如在讲二叉树非递归遍历算法时，这时候需要一个栈出现，并实现数据元素的出栈入栈操作，并与之配合的是二叉树元素的调入变动，左叉右叉树的遍历，并索求左叉右叉树根节点的其他分支。为了消除学生对这些知识点的迟滞掌握。本课程在授课的时候，可以利用动画以慢动作的方式在黑板进行展示，展示完以后进行一帧帧的分析，实现动态掌握，这时候配合企业微信和雨课堂等手段，让学生理解程序的实现，这样能更好地达到教学效果。

5 结语

作为一门需要实践的课程，理论上又很抽象，本课程的教授确实需要深度讨论。要充分认识到理论教学的深入浅出，实验教学的延伸，以及前导课程的衔接，以实现学生对知识点的熟练掌握。本文从"数据结构"的教学特点出发，结合本系的专业定位、人才培养目标和教学要求，从学生实际情况出发，结合学生特点和授课特点阐述了对"数据结构"这门课程所进行的改革。这些改革尝试，实现了"数据结构"课程理论性和我系人才培养过程实践性的有机结合，获得了很好的教学效果。通过实验教学，学生不仅对所学知识加深了理解，更重要的是培养了学生分析问题、解决问题的能力。

参考文献：

［1］李婷，许鸿儒．"数据结构与算法"的教改问题研究［J］．教育教学论坛，2017（23）：128-129.

［2］耿淼，包莹莹．数据结构课程初步教改的探讨［J］．电脑与信息技术，2017. 25（1）：72-74.

［3］孟凡荣，张斌，杨雷．数据结构实践课程的研究性学习及创新实践能力的教改探索［J］．教育教学论坛，2014（49）：135-137.

数字经济+大数据+新文科教学探讨

数字经济背景下重庆工商大学建设智慧物流实验室的必要性研究[①]

周继祥　　邱晗光

（重庆工商大学管理科学与工程学院，重庆，400067）

摘　要：随着大数据、物联网、云计算、人工智能、区块链等加速创新，日益融入经济社会发展的各领域、全过程，数字经济得到了快速发展，已经成为重塑全球经济结构和改变全球竞争格局的关键力量。作为推动数字经济发展的关键生产要素，大数据、现代信息技术等越来越受到高校的重视，并开设了相关专业。作为保障相关教学活动顺利开展的基础，实验室建设不可或缺。本文以重庆工商大学为例，分析了建设智慧物流管理实验室的必要性，构建了实验室建设的内容体系，实验室建设应达到的建设目标，评估了实验室建设将会取得的效益。本文为重庆工商大学建设智慧物流实验室提供了决策依据。

关键词：数字经济；大数据；智慧物流实验室；重庆工商大学

一、引言

2021 年 10 月 18 日下午，中共中央政治局就推动我国数字经济健康发展进行第三十四次集体学习。中共中央总书记习近平在主持学习时强调，近年来，互联网、大数据、云计算、人工智能、区块链等技术加速创新，日益融入经济社会发展的各领域、全过程，数字经济发展速度之快、辐射范围之广、影响程度之深前所未有，正在成为重组全球要素资源、重塑全球经济结构、改变全球竞争格局的关键力量。要站在统筹中华民族伟大复兴战略全局和世界百年未有之大变局的高度，统筹国内国际两个大局、发展安全两件大事，充分发挥海量数据和丰富应用场景优势，促进数字技术与实体经济深度融合，赋能传统产业转型升级，催生新产业新业态新模式，不断做大做强做优我国数字经济。

作为推动数字经济发展的关键生产要素，大数据、现代信息技术越来越受到国家、企业和高校的关注，相关人才也成为人力资源市场备受追捧的新宠。鉴于此，

---

① **基金项目**：重庆市研究生教育教学改革研究项目（项目号：yjg203094）；重庆工商大学教育教学改革与研究项目（项目号：2020304）；重庆工商大学 2018 年课程改革建设项目（物料管理及 ERP 应用）。

很多高校开设了大数据等相关专业。高校实验室是进行实验教学、科研创新等活动的重要平台[1]。教育部于 2018 年发布的《关于加快建设高水平本科教育，全面提高人才培养能力的意见》中明确提出：要"开展智慧课堂、智慧实验室、智慧校园建设"[2]。王士国指出，实验室建设是对世界一流大学高地建设的有效支撑[3]。李阳认为，实验室作为国家实施科技战略、探索前沿理论研究、培育重大创新项目、培养探索创新型人才、开展产学研技术服务的平台，在国家规划中处于战略位置[4]。有鉴于此，本文以重庆工商大学物流管理专业为例，分析重庆工商大学建设智慧物流实验室的必要性以及由此带来的效益。

二、重庆工商大学建设智慧物流实验室的必要性

（一）区域经济发展的需要

重庆是中国西部重要的重工业基地，汽车、摩托车、化工、医药、纺织产业发达；同时，重庆也是长江上游最大的商贸口岸，辐射中国西南、西北和华中地区，第三产业发展迅猛，目前产值已达到全市 GDP 的 42.1%。重庆还拥有广阔的农村，农业、林业、养殖业发展潜力巨大。工业、农业和第三产业的良好发展为物流业带来了巨大的市场。

重庆工商大学基于现代信息技术的智慧物流创新实践基地建设项目完全可以立足于重庆这一优势地域，建设一个以物流为纽带，集物联网、电子商务等多学科于一体的综合公共实训实践基地，不仅对物流行业的实训实践基地具有重要意义，而且会对同类院校、同行业及社会经济等活动起到示范和支持作用。

（二）物流行业多元化人才的需要

人工智能、大数据技术、物联网技术、5G 网络信息技术、AVR 虚拟仿真技术、量子技术、区块链技术等新科技技术的发展正在带来一场新的科技革命，物流行业也随之发生了技术应用革新，新型多元化物流人才需求旺盛。

目前，各行各业都在拥抱大数据，大数据人才成为了"香饽饽"。然而，目前企业中大数据人才的缺口达到了 150 万。因此，以大数据行业发展为导向，结合大数据开发应用场景，将企业端真实的用人需求、职业标准以及岗位应用技能作为人才培养目标，针对学生的主要就业岗位，共同分析毕业生应具备的知识、技能、素质等要素，引入优质教育资源，基于岗位职业需求的模块化实验，开发一批适应国际化人才培养的教学标准、教学资源，形成特色的"大数据+"人才培养模式，建设多层次集群式项目实验体系和"大数据+"的实验教学资源，打造一支创新型、复合型双师团队，形成可供借鉴和推广的校企合作模式、人才培养模式及标准、制度体系等，为产业集群提供人才支撑和智力支持。

（三）构建创新型人才培养模式、提升人才培养质量的需要

重庆工商大学物流管理专业最新的人才培养方案要求培养掌握现代物流与供应链管理领域专业知识与技能，特别是在国际物流与第三方物流、智慧物流与城市配送等领域从事现代物流与供应链管理的应用型、复合型、国际化高素质人才。

根据物流管理专业人才培养方案，以市场和行业需求为导向，建设具有大数

据、互联网、供应链金融、物流交通等行业特色的实验体系，根据企业端用人的真实需求，将行业应用与专业学科的优势实验进行深度融合，采用课堂讲授和上机实操相结合的教学模式，设计创新性、趣味性实践实验，将学习与实践充分结合，将大数据在行业中的具体应用，解决相应问题的具体方法融入到教学活动中，实现专业与产业对接、实验内容与职业标准对接、教学过程与业务过程对接，主要培养掌握大数据的基本理论、方法和技能，同时了解大数据技术框架和生态系统，能够很好地使用大数据技术，能在 IT 行业、行政事业单位等行业从事大数据采集、清洗与存储、大数据系统搭建与运维、大数据可视化展示等技能型应用人才。

（四）构建多维度专业群，打造专业群资源库

专业群的构建以物流大数据作为群内核心，在专业群中发挥赋能作用，实现多专业间教学资源、师资团队资源、硬件设施资源、实训实践资源、数据资源、科研资源的最大化共享。专业之间互惠互利、相互带动、协同发展。将原有特色专业、优势专业与新兴专业、趋势专业搭配组合，在不断强化特色及优势专业的同时，让专业群能更加贴近技术发展快、创新能力强、融合度高的产业特点，优质高效地培养具备"能力综合、数据驱动"的复合型、创新型技术技能人才。

（五）重庆工商大学物流管理专业发展的需要

重庆工商大学现代智慧物流管理实验室始建于 2007 年 7 月，至今在重庆高校物流专业实验室里也处于领先的位置。但物流行业本身伴随着科技与商业模式的演变而不断创新，新技术带来的自动化作业及智能化的管理正一步步取代传统的手工作业环境。而这其中，技术带来的革新更被看作是对于客户需求和业务创新的内在驱动力。

管理科学与工程学院物流管理专业、信息管理与信息系统专业、电子商务专业、工程管理专业 2020 年最新人才培养方案要求培养掌握现代信息技术的应用型、复合型、国际化高素质人才，并且开设了大数据分析与应用、数据分析与挖掘等与大数据相融合的新文科的专业课程。

基于此，重庆工商大学物流管理实验室有必要利用大数据等技术进行改造升级，将实验室打造成为学生和教师提供知识交换的平台，使学生在实验过程中掌握最新物流管理的逻辑和准则。

三、重庆工商大学智慧物流实验室建设的基本内容

（一）物流大数据分析与应用中心

整合制造物流、运输物流、仓储物流和销售物流，建设统一的物流管理平台，形成物流大数据中心。

制造物流环节，实现均衡生产基于物联网的物流系统可以对生产线上的原材料、零部件、半成品及产成品进行全程识别与跟踪，实现多品种、多规格与多供应商的"多对多"网络式联通，自动形成详细补货信息，促使整条产业链时时连接，从而辅助实现流水线的均衡与稳步生产。

运输物流环节，进行智能调度通过在仓库、车辆、集装箱和货物中贴上 EPC

标签，在运输线的一些检查点装上接收转发装置，企业能实时了解货物目前所处的位置和状态，实现运输货物、线路、时间的可视化跟踪管理，并可以提前预测和安排最优的行车路线，帮助实现智能化调度和多式联运的高效管理。

仓储物流环节，从整体的管理架构上采用 RFID 对整个系统进行管理，提高在库管理作业效率，当货物进入仓库，阅读器将自动识读标签，并将信息自动录入数据库，在提高空间利用率的同时，快速、准确地监控库存水平；同时按指令准确高效地完成对多样化商品的提库，大大降低响应时间，提供高水准的供应商管理库存服务；更重要的是，仓储环境的各个节点通过读取器采集到的信息通过 wifi 信号传递回管理系统，在周期性的报表内容中将展示各环节操作情况、通过分析货物周转情况按 ABC 法则对在库产品进行的分类等信息，为降低库存成本，提高整体效益提供决策依据。

销售物流环节，完成主动营销当内嵌 EPC 标签的货物在配备扫描器的载体上被客户提取时，信息将会自动识别并向系统报告，并可通过互联网自动完成付款操作。销售信息按要求自动传入销售商、金融机构、供应商和物流商系统之中，物流企业由此可以实现敏捷反应，并通过历史记录推断物流需求和服务时机，从而对整条产业链中的物流需求展开主动式营销和服务。

将上述各环节采集到的数据上传到服务器，形成物流大数据，可供教师科研和教学所用，也可为学生的进一步数据分析提供素材。同时，物流大数据实验教学平台提供了企业真实的大数据，同时能够满足大数据分析的需要。

（二）物联网与信息技术处理平台

物流信息技术是实现物流活动智能化的基础载体，物流信息技术的运用能够对现代物流起到促进的作用。因此通过物流信息技术实验展板，学习物流信息技术在物流领域当中的应用，对于智能化物流的知识掌握是很有必要的。物联网与物流信息技术处理基础实验平台就是物流信息技术基础认知区的又一块区域，利用物联网与物流信息的采集、处理和反馈信息的展现，充分体现物联网与物流信息技术应用的三层架构：感知层、网络层和应用层创新实验。

物联网与物流信息技术处理基础实验平台能为学生提供多种实验内容，通过调整不同的参数进行实验，帮助学生更好地掌握和学习物流信息技术，条码、RFID 等小型应用实验，能够为以后智能化物流管理打下基础。平台能提供条码认知及应用实验、RFID 认知及应用实验、高频 RFID 的原理及功能认知实验、超高频 RFID 的原理及功能认知实验、ZIGBEE 认知及应用实验等实验。

四、重庆工商大学智慧物流实验室建设应达到的目标

重庆工商大学智慧物流管理实验室的建设应达到以下三个目标：

（1）重庆工商大学智慧物流管理实验室的核心目标是建立科学合理的，既能满足物流管理专业的实验教学，又能满足其他商科类专业的实验教学，并且还能够满足商科类专业的教师进行课题申报及科学研究，具备职业资格认证考试服务以及职业岗位认证的平台。

（2）作为物流行业高素质人才输出的主要来源，搭建适合物流管理专业"双一流"建设目标特点的基础教学实训平台、高端科研平台、生产实践平台、资源共享平台、技术创新平台、创业服务平台；打造适应现代智能物流产业发展需求的高技术人才培训示范基地和物流实践教学、基础科学研究与现代智能物流技术创新研发于一体的产学研基地，最终实现"西部领先、国内一流、特色鲜明、成效显著"的总体目标和"开放共享、功能实用、技术前沿、发展持续、合作示范"的建设目标。

（3）培养能够为重庆市着力打造国际性综合交通枢纽，充分发挥重庆位于"一带一路"和长江经济带交汇点的区位优势，建设通道物流和运营组织中心和西部陆海新通道战略发展做出应有贡献的高端人才。

五、重庆工商大学智慧物流实验室建设的效益分析

（一）物流及相关专业高技能人才培养的示范基地

智慧物流实验室的建设，对于提升物流专业的办学水平和培养能力，提高物流管理人才培养的质量，实现与就业岗位无缝对接有着重大的意义。同时，将是物流专业岗位技能人才的培养摇篮，其先进的教学理念、人才培养模式，丰富的教学资源是政府主管部门、企业的从业人员、教师、学生的资源共享平台；全面的培训课程是多岗位、多层次、高素质技能人才培养基地。实训基地建成之后，将不仅仅服务于物流专业学生，同时可以兼顾电子商务、市场营销、工商管理、软件工程、计算机专业的部分实训需求。

（二）辐射重庆及西南地区的技能培训高地

智慧物流管理实验室的建设，结合重庆及周边地区现代物流发展对技能人才的需求，开展物流专业技能培训，促进从业人员业务技能水平提升，以实训基地建设为平台，改革创新培训工作模式，建立以技能培训为主，完善以技能培训与技能鉴定相结合、培训课程与职业岗位相结合、社会需求与个人意向相结合的培训模式，提高实训技能培训质量，发挥服务社会功能，搭建培训、技能鉴定、就业服务等为一体的多元化平台，打造辐射重庆及西南地区的技能培训高地。

（三）物流产业技术集成与示范、推广、交流的平台

智慧物流实验室是政府、学校、行业共同参与建设，代表着最先进的技术、理念、最前沿的信息。该中心设备的先进性、产品的精品化、培训的全面化，科研的集成化，管理的开放化，会吸引政府主管部门、行业企业人员、教师、学生前来学习与专业技术交流，它是物流产业技术集成与示范、推广、交流的平台。

参考文献：

[1] 杨琦，陈晓猛. 新时代高校实验室安全管理新范式 [J]. 实验室研究与探索，2019，38（12）：308-311，315.

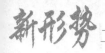
　　[2] 钟丽强，杨芷，苏淑贤.护理专业智慧实验室建设与实践 [J].实验室研究与探索，2020，39（9）：286-289.

　　[3] 王士国.世界一流大学高地建设视角下高校实验室管理综合改革研究 [J].实验技术与管理，2021，38（12）：249-254.

　　[4] 李阳.基于比较视角的中美国家级实验室建设研究 [D].长春：吉林大学，2021.

数字经济背景下重庆高校跨境电商人才培养模式的思考与实践

——以重庆工商大学为例

解　婷　王　政　郑宇婷　李春燕

（重庆工商大学管理科学与工程学院，重庆，400067）

摘　要：数字经济时代，跨境电商迅猛发展，社会对跨境电商人才数量和质量都提出了更高的要求。重庆作为西部唯一的直辖市、国家中心城市以及成渝地区双城经济圈"双核"之一，同样重视跨境电商人才的培养。本文通过分析重庆跨境电商行业的发展以及数字经济背景下重庆地区跨境电商人才需求，总结当前重庆高校跨境电商人才培养存在的主要问题，然后基于重庆工商大学跨境电商人才培养模式的实践，认为重庆高校还应从强化课程改革、强化教材和教学内容改革、将数字化技能纳入考核标准以及构建高校跨境电商联盟体，共享数字资源等方面发力，进一步提升复合型跨境电商人才培养数量与质量，为推动重庆跨境电商高质量发展提供人才智力保障。

关键词：数字经济；跨境电商；人才培养模式

大数据、物联网、人工智能以及云计算等技术的快速发展，将全球经济带入了一个崭新的发展阶段，数字经济已经站上世界经济发展的主舞台，并进入高速增长的阶段。我国在数字经济领域，正从跟跑者、并跑者逐渐变成领跑者[1]。作为数字经济驱动下的主要产业模式，跨境电商由于其全球性、即时性、无形性、匿名性、无纸化等多个数字化特点，已成为数字经济的重要组成部分[2]。2021年3月，新华社发布《中华人民共和国国民经济和社会发展第十四个五年规划和2035年远景目标纲要》（简称《纲要》），提出"加快发展跨境电商，鼓励建设海外仓，保证外贸产业链畅通运转"。2021年10月，商务部、中央网信办、发展改革委印发《"十四五"电子商务发展规划》（简称《规划》）。《规划》明确指出，将发展跨境电商列为"十四五"时期我国电子商务发展战略的七项主要任务之一。在国家政策的有力扶持下，加之信息技术和国际贸易的不断推进，我国跨境电商行业发展态势喜人。《规划》明确提出，到2025年，跨境电商交易额将达2.5万亿元，相较于2020年增长47.92%。跨境电商已经成为稳外贸的重要力量。但《规划》同样也指出，未来五年预计全国跨境电商人才缺口将达8 100亿元。跨境电商行业的

急速增长，带来对跨境电商人才的强烈需求，解决跨境电商日益增长的业务需求与人才短缺之间的矛盾显得极为迫切。

重庆作为西部唯一的直辖市、国家中心城市以及成渝地区双城经济圈"双核"之一，同时重庆又是西部大开发的重要战略支点，地处"一带一路"与长江经济带的联结点上，在发展跨境电商方面具有极强的政策优势与区位优势[3]。目前重庆跨境电商行业发展迅猛，但跨境电商人才的市场储备几乎为零。因此，重庆亟须探索和完善符合区域发展的人才培养体系，为企业输送大量专业跨境电商人才，带动跨境电商企业发展的积极性。高校作为人才培养的重要基地，其跨境电商教育是施行创新驱动发展战略的重要基石[4]。鉴于此，本文基于重庆工商大学培养跨境电商人才的实践，探讨数字经济背景下重庆高校应当如何培养跨境电商人才，为促进重庆地区跨境电商高质量发展提供人才智力保障。

一、数字经济背景下重庆跨境电商行业发展及人才需求分析

（一）数字经济背景下重庆跨境电商行业发展分析

近年来，重庆市大力推进以大数据智能化为引领的创新驱动发展战略，全市数字经济呈现加速发展态势[5]。《重庆市数字经济"十四五"发展规划（2021—2025年）》文件显示，"十三五"期间，重庆市累计建成开通 5G 基站 4.9 万个，两江国际云计算产业园形成 1.9 万架机柜、24 万台服务器的数据存储能力，数据中心规模位居西部前列。并且重庆已建成全国首条、针对单一国家、点对点的国际数据专用通道——中新（重庆）国际互联网数据专用通道，重庆未来将继续扩大数字经济开放合作能级，深度参与数字经济国际合作。数据治理方面，重庆已全面实施"云长制"，累计推动 2 458 个信息系统上云，上云率达到 98.9%。

数字经济的高速发展促使重庆跨境电商产业实现全产业链全面改良，生产、物流、支付等各个环节效率大幅提升[6]。重庆商务委的数据显示，2016 年以来，重庆跨境电商进出口总额保持年均两位数增长，2020 年重庆跨境电商进出口总额达到 78.1 亿元，其中跨境电商零售（B2C）进口交易额年均增速达到 21.93%，进口规模居中西部第一。2021 年第一季度，重庆跨境电商进出口 25.3 亿元，增长49.9%。目前 ebay、阿里巴巴菜鸟、考拉海购、京东等全国排名前列的跨境电商企业已全部落地重庆，一达通、蚂蚁金服、敦煌网、蜜芽宝贝等 200 多家行业龙头企业也落地运营，本土龙头企业渝欧股份也已成功从区域性跨境电商转型为全国性跨境电商。物流方面，重庆航空物流通道也不断拓宽。截至目前，重庆全货机国际航线总数达 24 条，国际（地区）航线达到 103 条。[7]中欧班列（渝新欧）自 2011 年开通以来，运行车次数量也呈现快速增长的态势。2020 年中欧班列开行数量达12 400 列，共计 113.5 万标准箱，分别同比增长 51% 和 56%，中欧班列回程空箱率持续下降[8]。

（二）数字经济背景下重庆跨境电商人才需求分析

1. 跨境电商人才数量需求分析

如前文所述，得益于国家政策以及重庆本身的区位优势，重庆跨境电商发展迅

猛，重庆对跨境电商人才的需求也与日俱增。但重庆目前专门设立跨境电商专业的高校仅有少数，且主要为职业院校，本科跨境电子商务人才主要来源于国际贸易专业，其次是电子商务和英语（国际贸易方向），同时掌握外语交流能力、国际贸易知识以及电子商务技术的跨境电商复合型人才在重庆极度缺乏。[9]重庆本地外贸企业开展跨境电商起步较晚，这导致重庆本地跨境电商从业者外语水平和跨境电商操作技能参差不齐，进一步加剧了跨境电商人才需求的缺口[10]。近年来重庆将发展跨境电商的视线主要放在"一带一路"沿线国家，与欧洲、北美市场相比，"一带一路"沿线各国家、地区之间巨大的文化、语言差异也使得重庆地区对跨境电商人才的需求持续增大[11]。

2. 跨境电商人才质量需求分析

数字经济背景下跨境电商行业的发展升级使得行业对人才的质量需求也在升级。聚焦重庆跨境电商发展特色，当前重庆对跨境电商人才质量还存在如下需求。

（1）平台运营人才

由于线下参加展会成本较高以及互联网平台的快速发展，阿里巴巴国际站、敦煌网等跨境 B2B 平台成为重庆大多数本土商家寻找客户的重要渠道。同时各个 B2B 平台各有特点，且每个平台都有自己的交易规则，并且平台的交易规则也都随着外部环境的变化而在不断变化，因此，跨境电商从业人员需要能够熟练掌握各平台特征以及熟悉各平台规则[12]。此外，《重庆市商务发展"十四五"规划（2021—2025 年）》提出要大力发展海外仓，商务部信息显示，重庆跨境电子商务业务在出口商品方面主要以电子信息、汽车摩托等工业产品为主，而上述产品对售后服务的要求也比较高，重庆市内一些企业也已通过建立海外仓或租用海外仓的模式，将产品存储在境外，然后再通过亚马逊、速卖通等跨境电商 B2C 平台实现产品的出口。因此重庆市也急需同时具备海外仓与跨境电商 C 端运营能力的人才[11][12]。

（2）品类开发人才

由于消费者的个性化需求，跨境电商特别是面向 C 端的跨境电商，具有多品种、小批量的特性。企业在销售过程中要想获得竞争优势，必须要实时掌握消费者的需求，有针对性地提供和升级产品，因此产品品类开发人才也是目前跨境电商企业急需的人才。此外，产品品类开发离不开数据的支持，品类开发人才还需要善于收集、分析市场数据信息，要对数据、信息非常敏感，要能够及时捕捉到客户的需求。同时品类开发人才还需要精通数据分析工具，要能够用专业化的数据分析工具对产品品类进行优化。

（3）营销推广人才

数字经济背景下，信息技术以及社交媒体的快速发展使得跨境电商营销人员不仅要具备电子邮件营销、搜索引擎营销等传统的营销推广技能，同时也要学会利用目标国的自媒体进行自媒体营销，比如 Facebook，Twitter。但由于自媒体营销对于用户创作内容要求较高，并且要求用户掌握一定的自媒体运营知识，因此优秀的海外自媒体运营人才也是跨境电商企业急需的。此外，在鼓励"品牌出海"的大背景下，一个优秀的跨境电商营销推广人才同样要具备能够帮助本土企业塑造品牌以及推广品牌的技能，要能够助推本土企业转型升级。

（4）法律人才

目前重庆大部分跨境电商企业主要是进行品牌商品代工[11]，保护以及尊重知识产权的意识比较薄弱，一旦其进入国际市场，很容易存在抄袭或者被抄袭的现象。此外，由于初期企业不熟悉跨境电商平台规则，甚至面对不断调整和变化的平台规则，企业往往会与平台、与买家产生一些不必要的纷争，而海外跨境电商平台通常会倾向于保护买家利益。因此企业在进入国际市场前后，急需专业的跨境电商法律人才提供法律顾问与支持。

（5）小语种人才

重庆跨境电商目前主要围绕"一带一路"沿线国家开展工作，而"一带一路"沿线各国家、地区之间巨大的语言差异，以及对于大多数"一带一路"沿线国家而言，英文也不是其母语，因此重庆地区急需培育"一带一路"沿线重点国家的小语种人才。

二、当前重庆高校跨境电商人才培养存在的主要问题

（一）跨境电商复合型专业人才数量不足

目前跨境电商行业发展迅猛，对从业人员的要求从初级的只需懂外语、会平台操作，到逐渐趋向复合型、高端型。即跨境电商从业人员既要懂外语，又要懂跨文化交流与互动；既要懂平台操作，又要懂营销策划，甚至美工设计。如前文所述，目前重庆高校培养的跨境电商人才主要来源于国际贸易专业，其次是电子商务和英语（国际贸易方向）专业。而国际贸易人才虽然熟悉精通国际贸易的流程，但对于跨境电商中的互联网技术了解有限，无法胜任网站的日常运营以及网站建设维护。而电商技术与运营人才又缺乏相关的国际贸易经验，无法精准把握跨国贸易的操作流程和注意事项。因此同时掌握外语、国际贸易知识以及电子商务运营和技术的跨境电商复合型人才极度缺乏。

（二）课程体系建设滞后于社会发展需求

当前重庆高校跨境电商的课程设置主要以国际贸易或者传统电商为基础，建立了基于国际贸易或者电商发展需求的教学大纲，导致课程设置无法准确定位数字经济背景下跨境电商人才需求。此外，学生在进行实训课程学习时，虽然部分高校引进了跨境电商虚拟仿真平台，但由于跨境电商的平台规则也在不断地变化，学生并不是在真实的商业环境中进行操作，导致学生实践经验不足，难以满足企业对跨境电商人才的需求，企业对毕业生能力认可度低。

（三）师资团队建设与教学需求不匹配

对于国际贸易专业而言，国际贸易师资更偏向商务[13]；对于电子商务专业而言，专任教师教学更偏向电商运营或者电商技术。双方对数字技术的应用能力都不强，而师资队伍直接决定了教学质量，因此高校急需建立熟悉数字经济发展，以及能将数字技术与电子商务、传统国际贸易专业知识融合的师资队伍。

三、跨境电商人才培养体系构建具体措施——以重庆工商大学为例

(一) 课程制定

跨境电商课程一般是在各个专业的第五学期或者第六学期开始教授，学生在选修跨境电商该门课之前，通常会掌握商务英语、国际贸易理论与实务、进出口报关等基础性专业学科知识。少数专业，比如管理科学与工程学院电子商务专业学生会掌握商务智能、python 编程、商务大数据分析等相关课程知识。此外，重庆工商大学所有的专业都设置创新创业类通识核心课程，引导和鼓励学生积极参加创新创业比赛。

(二) 教学模式

学术报告式教学。一方面引导学生自由探索，关注行业前沿，自选课题，要求以小组合作形式搜集资料、引用案例、整理文献、展示成果，逐步开发学生对跨境电商相关产品或商业模式的探索研究及实践创新能力，增强学生的研讨交流能力与团队合作意识。另一方面邀请区域内跨境电商相关企业导师进课堂，为学生开展座谈讲座，提升学生专业技能以及行业认知。

组建跨境电商实训室。目前学校建立了跨境电商全流程虚拟仿真实训平台，主要以跨境电商出口交易的基本过程为主线，包括 B2B、B2C 等跨境电商的不同模式，涵盖跨境电商整个交易过程。平台虚拟仿真以及真实平台演练，为学生提供了一个在仿真模拟实践中了解和掌握跨境电商基本程序和主要操作技能的有效途径。

校企共建育人基地。学校已与大龙网签订"跨境电商产业人才孵化基地"，将专业人才培养优势与大龙网产业优势进行充分整合，助推跨境电商人才培养模式改革，提升专业办学水平与开放办学程度，有效对接企业需求，提高人才培养质量。

推行"导师制"精细化培养人才。管理科学与工程学院电子商务专业以导师制为依托，充分发挥专任教师在学生成长成才方面的主导作用，从低年级开始渐进式人才培养。通过日常的辅导活动，包括专业实习、毕业实习、学业指导、社会实践调查等多种形式，培养学生的实践能力；通过引导学生参与导师主持的相关研究课题，提升学生的科研能力，最终提升专业人才的竞争力。

(三) 以赛促学

校内积极组织开展创新创业大赛，利用重庆市工商云+同创空间、工商之星微电商创业训练营、重庆海基众智商务大数据众创空间等重庆市级众创空间，将富有创新型思维的学生群体集中培养，开发具有可实践性的创新创业项目，加强学生实践能力，引导学生创业创新。

鼓励学生踊跃参加全国大学生电子商务"三创"大赛、中国"互联网+"大学生创新创业大赛、全国跨境电商创新创业能力大赛等，开展赛前动员和培育，鼓励高低年级配比参赛，增加低年级学生比赛经验，不断扩大参赛人数规模，形成阶梯式参赛队伍，为学校长期跨境电商人才培养提供有力保障。

四、数字经济背景下跨境电商专业人才培养的新思路

当前时代以发展数字经济为主题，2021 年 11 月 5 日，中央网络安全和信息化委员会印发《提升全民数字素养与技能行动纲要》，文件指出，提升全民数字素养与技能，是顺应数字时代要求，提升国民素质、促进人的全面发展的战略任务。《重庆市数字经济"十四五"发展规划（2021—2025 年）》文件也提出，要培育多层次数字经济人才。因此，对于高校而言，培养具备数字技能的人才是当前以及未来高校人才培养体系中的核心环节，跨境电商人才的培养也应同样如此。结合重庆工商大学培养跨境电商人才的具体举措以及重庆本土跨境电商发展需求，本文认为重庆高校还可在以下方面进行改革。

（一）强化课程改革

如前文所述，以重庆工商大学为例，目前仅有少数专业要求学生在学习跨境电商该门课之前掌握跟数据分析相关的课程。为了帮助学生在课程学习之前了解当前主流的数字化技术发展趋势以及掌握基本的数字化分析技能，高校应大力开展多种数字化特色课，比如商务智能、商务大数据分析，并应把上述课程作为学校公开的选修课，供学生自主选修。除了培养学生基本的数字素养与技能外，高校还应针对数字经济背景下跨境电商的行业发展与区域特色制定特色性课程，比如重庆高校可开设"一带一路"沿线重点国家的小语种课程。其他相关课程，比如国际贸易理论与实务、进出口报关、商务谈判，也都可针对性地设置专题课堂，聚焦"一带一路"沿线国家邀请学界及业界专家或学者对专业知识进行深入讲解与探讨，让学生在对专业技能有所了解的基础上同时聚焦特定领域，并且上述培养模式也符合地方发展需求。

（二）强化教材和教学内容改革

目前市面上的跨境电商教材以及专任教师讲授的内容多数还是基于传统的贸易流程或者电子商务流程，侧重于跨境电商的日常运营讲解，一方面对于跨境电商中的数字化特色挖掘不够，另一方面也不能很好地体现地方经济发展的需求。为了适应跨境电商快速发展的新动态、新变化，以及满足地方发展需求，高校应组织教师与政府、企业合作，依据本校的办学特色与地方经济发展需求，编写跨境电子商务系列教材[14]。比如，邀请区域内跨境电商贸易与数字化领域的专家，共同帮助挖掘行业需求，优化教材内容。高校也应鼓励教师从事跨境电商相关的研究，参加跨境电商相关的会议、展会，鼓励教师参加政府相关部门的研究课题等，科研反哺教学，教师也可将学科前沿知识和科研成果课上传递给学生，课下形成案例或者编写进教材，促进"产教融合"。此外，对于实训课程，还应融合如网络市场调研、采购、物流、营销等相关教学方案，打造供应链流程式教学，培养学生对跨境电商店铺的运营、维护和管理能力[4]。如果有条件的话，高校应直接对接真实跨境电商平台，或者向平台申请学生账号，让学生在真实的商业环境中进行操作，提高学生的实战经验。

（三）将数字化技能纳入考核标准

目前高校多以学习成绩或者实习表现综合打分作为课程考核衡量标准，数字化经济背景下，教师在考核学生学习成果时，可将数字化技术的应用和掌握能力作为考核标准，激发学生主动学习和提升自身数字化应用能力的意识[13]。反过来，教师的数字技术能力也应成为高校考核教师教学水平与教学成效的一项指标。教师在课堂教学时，是否有意识地引进数字化内容？是否有结合数字经济特点以及学生实际情况设计数字贸易创新创业课堂实践内容？这些都可制定相应的指标，激励教师不断提升自身的数字素养。此外，高校的创新创业项目也可将数字化技能作为项目的考评标准，提升学生在数字化背景下的创新创业与就业能力。

（四）构建高校跨境电商联盟体，共享数字资源

目前重庆市还未成立重庆跨境电商协会，重庆市高校之间也没有一个统一的跨境电商联盟体，重庆市有必要建立重庆市高校跨境电商联盟体，并且由高校或者政府牵头构建重庆地区跨境电商数字化教学平台。得益于成渝地区双城经济圈政策优势和建设需要，该跨境电商联盟体也可进一步与成都地区相关高校进行合作。高校跨境电商联盟体可帮助打破各个高校"数据孤岛"，推动高校间实现跨境电商数字资源共享，包括课程资源、实训资源、竞赛资源以及产学研资源共享。高校成员可通过数字化教学平台进行交流与合作，扩大数字资源的辐射面，解决数字资源配置失衡现象，提高数字资源的利用效率，降低数字教育成本[15]。此外，该教学平台必要时也可与跨境电商企业平台对接，加强学生对现实市场，尤其是"一带一路"市场的深入了解，帮助学生实现"学创融合"，使学生获得更多的学习和实践机会，提升学生的理论与实践结合能力，同时也可进一步丰富高校的课程资源与培养体系。

参考文献：

［1］余建斌. 做数字经济领跑者［J］. 智慧中国，2018：94-95.

［2］康艳楠. 数字经济视角下的跨境电商人才培养模式研究［J］. 理论研讨，2021（1）：15-17.

［3］李静."一带一路"背景下重庆市跨境电子商务发展策略研究. 现代商业，2018：32-33.

［4］张孝静，宋子瑛. 数字经济背景下跨境电商人才培养模式探究：以青岛理工大学（临沂）为例. 商业经济，2021（7）：107-109.

［5］许云林，赵茜，陈昱琦，等. 重庆市数字经济发展与展望. 农村经济与科技，2019（30）：280-281.

［6］刘佩佩，陈晓星. 数字经济背景下跨境电商专业人才培养模式研究［J］. 商场现代化，2021（14）：45-47.

［7］上游新闻. 产业带"抱团出海"，重庆跨境电商提升行动来了［EB/OL］.（2021-05-09）［2021-11-21］. http://html.1sapp.com/detail/2021/05/09/162432

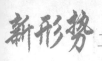

6936. html

[8] 丁汝俊，李宾."一带一路"倡议下中欧班列的发展现状、问题与建议 [J].东北亚经济研究，2021（5）：5-14.

[9] 杨桢."X+跨境电商"外贸特色人才培养与实践：以重庆地区高校为例 [J].现代营销（经营版），2020（9）：20-21.

[10] 周双燕."一带一路"倡议下重庆跨境电商发展现状及对策 [J].中国商论，2020（2）：71-74.

[11] 黄学锦，周晓雯，龙彩霞."一带一路"背景下重庆跨境电商发展研究 [J].江苏商论，2020（9）：32-35.

[12] 蒋艳.基于区域经济的商务英语跨境电商人才培养策略研究 [J].海外英语，2020（13）：62-63.

[13] 顾晓燕，华树春，朱玮玮."产教研学创"融合背景下数字贸易人才培养路径研究 [J].改革与开放，2020（22）：105-108.

[14] 李健欣.数字经济时代跨境电商人才培养模式探析 [J].才智，2021（32）：189-192.

[15] 张晓华.高等职业教育服务数字经济发展的适应性研究：基于环境嵌入理论 [J].创新创业理论研究与实践，2021（4）：1-3.

极客导向的新文科
创新创业能力培养路径研究[①]

李志国[1]，赵骅[2]，张洪武[3]

（1. 重庆工商大学管理科学与工程学院，重庆，400067；
2. 重庆工商大学，重庆，400067；
3. 重庆大学经济与工商管理学院，重庆，400067）

摘　要：构建世界水平、中国特色的文科人才培养体系对文科创新创业能力培养提出了新的要求。高等教育在创新创业培养中发挥独特作用，当前大学创新创业培养进入了细化分类、多元发展的阶段，而文科创新创业培养方面存在不少短板。本文从极客与创新创业意蕴的关联性出发，分析了极客对新文科创新创业的影响机理，构建了理论模型框架，从完善课程体系、充实赛事体系、构建孵化平台、增加创投平台等几方面提出了新文科创新创业教育的极客路径。

关键词：新文科；创新创业；极客；培养路径

一、研究背景

习近平总书记强调，创新是社会进步的灵魂，创业是推动经济社会发展、改善民生的重要途径。青年学生富有想象力和创造力，是创新创业的有生力量。加强创新创业教育和能力培养，是推进高等教育综合改革、提高人才培养质量的重要举措。自《国务院办公厅关于深化高等学校创新创业教育改革的实施意见》（国办发〔2015〕36 号）发布以来，教育部相继出台了开展深化创新创业教育改革示范高校认定、国家级大学生创新创业训练计划（简称"国创计划"）等措施、项目和赛事活动，并连续举办了六届"互联网+"大学生创新创业大赛。国内高校不断加强创新创业教育改革和探索，对提高高等教育质量、促进学生全面发展、推动毕业生创业就业、服务经济社会发展发挥了重要作用。

当前高校创新创业教育已经从尝试探索阶段发展到细化分层、多元发展的新阶

① **基金项目**：重庆市高等教育教学改革研究一般项目"新文科创新创业能力培养的极客路径研究与实践"（项目号：213194）；重庆市教育科学规划课题"极客导向的新文科创新创业培养路径研究"（项目号：2021-GX-353）。

段。教育部新文科建设工作组《新文科建设宣言》[1]指出，坚持走中国特色的文科教育发展之路，新文科的任务是构建世界水平、中国特色的文科人才培养体系。《教育部办公厅关于推荐新文科研究与改革实践项目的通知》（教高厅函〔2021〕10号）项目指南中把"新文科创新创业教育与实践"作为22个选题方向之一，特别关注推进分类培养和特色化培养模式改革。相对于理科、工科学生而言，文科创业教育普遍存在专业课程建设滞后、师资力量不足、服务平台缺乏的困境，文科学生更多将职业发展定位于公务员、金融机构、国企等，倾向于在大中型的组织内寻求职业发展。由于文科学生实践性专业技术相对较弱，缺乏技术和研发能力，加之针对文科创新创业的孵化资源较少关注，文科学生创新创业培养遭遇不少瓶颈。

二、极客与创新创业

极客来源于英文单词geek，本意是用于指代那些与众不同的"怪人"，已有动词含义表示对任何一个领域有强烈的兴趣和爱好。在互联网时代，极客的含义有所发展，通常指数字技术专家或者狂热爱好者，他们拥有超群的智力，掌握高超的计算机及网络技术，对一些特定的主题或活动有着强烈的兴趣。极客大多受过良好的教育，是某个领域或行业的"专家"，目前极客可以指代任何领域中走在最前沿的人。同时，极客是亚文化群体的典型代表，最重要的特点就是在于"极"字，追求极致、主张原创、寻求颠覆、喜欢钻研、追求完美，他们在互联网社区中经常会成为某一领域的意见领袖，成为各个领域的"大神"。

尽管创新和创业本质上看是两个类型的活动，但通常在谈到创新创业教育和能力培养时二者不可分割[2]。创新是新模式、新思路、新技术、新产品等认识形式，是创业活动的起点；创业是洞察需求、组建团队、统筹资源、承担风险等实践过程，是创新活动的转化。国外的研究表明，极客的内涵与新工具、游戏、科学、网络、博客空间、黑客等密切相关，主要涉及技术、科学、网络等领域[3]，而这些领域是创新创业高发的领域，孕育了不少科技巨头。国内有不少极客与创新创业的培育体系实践，例如长春工业大学的极客创业营和上海交通大学的"大零号湾"创新创业集聚区等。

极客伴随全球互联网而生、伴随新生代青年而生、伴随创新创业而生。"发烧友""怪杰""创客"都可以视为极客的表现形式和不同称谓，甚至形成了特有的"极客经济"现象[4]。以比尔·盖茨、乔布斯、马斯克为代表的极客们，成为不少青年学子创新创业的偶像。因此，以培养"极客"为导向探索新文科创新创业能力培养，在数字经济时代显得尤为重要。

三、极客对新文科创新创业的影响机理

（一）新文科创新创业培养的短板

广义的文科是指以人类社会政治、经济、文化等为研究对象的学科，即通常所说的人文社会科学；新文科包含文、史、哲，经、管、法，教、艺8个学科门类。

《新文科建设宣言》对构建世界水平、中国特色的文科人才培养体系提出了明确总体目标、强化价值引领、促进专业优化、夯实课程体系、推动模式创新、打造质量文化等任务。但是，具体到新文科创新创业培养，本文认为当前还存在以下几个方面的短板。

一是校内创新创业氛围较弱。《2020年中国大学生就业报告》数据显示2019届本科毕业生自主创业比例为1.6%，毕业三年内上升至8.1%。同时，以笔者所在高校的国家大学科技园在孵企业中，以技术创新型企业居多，文科背景创业的屈指可数。在为数不多的文科生参与创业的团队中，往往也是理工科背景的学生作为团队负责人。

二是课程资源和师资力量不足。尽管近年来各高校开展了创新创业学分管理，促进了相关课程资源的建设，但是整体而言当前高校的创新创业课程资源还比较少，作为公共选修课针对性相对较差，特别是针对文科学生知识背景案例、实践基地等建设还严重不足。并且，创新创业的实践性较强，为数不多的从事创新创业研究的师资队伍中，大部分专注于开展理论前沿学术研究，从事创新创业课程和实践教学培养的力量薄弱。

三是服务平台缺乏。从创新向创业的升级，往往需要政策、场地、人才、资金等要素保障，而当前的创投资源如国家大学科技园、各级大学双创空间，对入驻企业都有发明专利等偏技术性创新的指标要求，创投资金等更多也偏向于关注研发类的创新创业项目，针对新文科创新创业的服务平台明显缺乏。

（二）影响机理理论框架

针对当前新文科大学生创新创业存在的短板，本文认为极客作为创新创业榜样和文化现象，能够通过极客文化主张、创新案例和领袖特质来促进新文科创新创业的理念氛围、创新模式和创新团队，从而推动新文科大学生的创新创业行动。影响机理如图1所示。

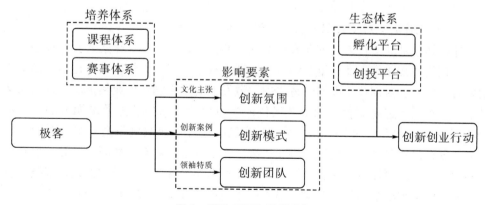

图1　影响机理和培养路径

首先，极客文化主张能够增强新文科创新创业的创新氛围。教育本质上是一种文化活动[5]，新文科创新创业教育也不例外。近年来大学校园充满亚文化，借助新媒体平台传播具有重要的影响力，具有娱乐性、风格化、兼容性等特征[6]。极客文化追求的本质特征是原创和新奇，绝不盲目跟从，这与高校青年亚文化张扬个

性、释放情绪一脉相承。针对文科大学生缺乏创业激情的短板，极客文化能够较好契合大学校园亚文化的传播特征，可以通过营造文化氛围推动文科学生转变理念，增强对创新创业的认识。

其次，极客创新案例能够激发新文科创新创业的创新模式。在 IT 时代特别是互联网时代，有不少具有相当影响力的成功创业者是文科背景甚至是辍学背景。例如 SpaceX 的创始人马斯克主修的专业是经济学，阿里巴巴的创始人马云毕业于杭州师范大学英语专业，京东的创始人刘强东毕业于中国人民大学社会学系。IT 行业的创业者辍学的比比皆是，最为知名的就是微软创始人比尔·盖茨、Facebook 创始人扎克伯格和苹果创始人乔布斯，比尔·盖茨和扎克伯格从哈佛辍学，而乔布斯在里德学院仅六个月就退学。这些创新创业的案例，在技术创新之外非常重要的是模式创新，特别是商业模式创新。而模式创新是文科学生的强项，因而极客创新创业案例能够激发文科学生更多聚焦模式创新开展创新创业。

最后，极客领袖特质能够激励新文科创新创业的创新团队。创新创业早已不是单打独斗的时代，创新团队是大学生创新创业的关键因素之一。每一个团队都需要一个带头人，都需要一个创新创业的领袖角色，团队带头人用他敏锐的商业判断力、资源组合力和人格魅力激励团队向既定目标前进。创新创业的领袖特质可以看作是一种企业家精神，而企业家精神与极客的追求是一致的，某种程度上都是"偏执狂"。尽管企业家精神不分专业背景，但是文科学生在团队领导、团队管理、团队建设和团队激励上有更为专业的知识体系，能够培养成为极客的领袖特质。

四、新文科创新创业教育的极客路径

基于极客对新文科创新创业影响机理的分析，结合当前大学创新创业培养的现状，从课程体系、赛事体系、孵化平台、创投平台 4 个方面提出新文科创新创业教育的路径。

（一）完善新文科创新创业教育的课程体系

课程体系是新文科创新创业教育的强心剂。一是把创客文化融入专业核心课程体系。把创客文化作为专门章节纳入核心课程教学，引导大学校园文化丰富创新创业内涵，融入创新创业氛围的营造之中，激发文科学生创新创业热情。二是面向文科学生创新创业选修课程增加极客案例的学习讨论。榜样的力量是无穷的，借鉴 MBA 的案例教学方法和手段，编写文科背景的极客创业案例教案，积极引导文科学生从创新模式等维度寻找创新创业机会。三是开设针对新文科职业生涯与创新创业的课程。通过请极客创业者进课堂、组织外出调研等多元化教学方式，选拔具有创新创业愿望和激情的学生参与，培养创业精神与素质，强化自主创新意识，提升创业成功率。

（二）充实新文科创新创业教育的赛事体系

赛事体系是新文科创新创业教育的催化剂。一是支持文科学生参与全国和地方性赛事。以教育部中国国际"互联网+"大学生创新创业大赛、国家级大学生创新创业训练计划项目、全国大学生电子商务"三创赛"和科技部中国创新创业大赛等国家级赛事为龙头，支持文科学生积极组队参与，选准商业模式创新、管理创新、应用创新等新赛道和产业赛道。二是鼓励文科学生参与全球知名的极客赛事。例如 Junction 全球科技马拉松竞赛，是欧洲规模最大、最有影响力的国际科技竞赛活动，自 2015 年创立至今有 107 个不同国家和地区的几万名参赛者参加。Junction 有新零售、智慧财富管理、智慧健康、社会资源等多种类型的创新赛代，适合文科背景的学生参与。三是鼓励文科学生参与产业界组办的创新创业赛事。近年来产业界许多行业企业积极组织或参与面向大学生的创新创业赛事，不少领域例如文创领域、新媒体、工业设计、乡村振兴、营销管理、品牌塑造等领域的项目适合新文科学生参与。

（三）构建新文科创新创业教育的孵化平台

孵化平台是新文科创新创业教育的孵化器。一是为新文科创新创业提供专业化极客空间。在政策性较强的大学科技孵化园，增加文科创新创业团队的场地保障，完善办公用品、水电、网络服务等配套设施，打破创新创业启动资源的约束。二是为新文科创新创业对接政策和市场等资源。加强创新创业政策宣传力度，加大对新文科创新创业的政策解读和宣传，解决创新创业团队学习与创新创业之间的矛盾；吸纳文科背景的校友、企业家、极客进入创新创业导师队伍，给予文科创新创业团队专题辅导，引导大学生创新创业团队对接市场资源。三是推动新文科创新创业的成果转化。针对文科创新创业成果偏解决方案、设计方案、服务模式创新而非实物产品的特点，探索建立适应文科创新创业成果知识产权服务的新机制，注重通过网络众筹、威客等服务交易撮合平台进行成果转化。

（四）增加新文科创新创业教育的创投平台

创投平台是新文科创新创业教育的加速器。一是加强与产业投资资本的沟通交流。利用赛事体系和孵化平台，鼓励产业资本关注管理创新、服务创新、商业模式创新等领域，在极客赛事中增设偏重模式创新的产业赛道。二是组建针对文科创新创业引导基金。有条件的大学，在创新创业母基金支持下，联合产业资本组建专门针对文科创新创业的引导基金，专注于支持文科背景的创新创业极客团队，构建天使基金、种子基金、股权基金等全生命周期的资金支持。三是完善支持新文科创新创业的风险分担机制。有条件的大学，设立专门的风险补偿基金，对产业资本和创投资本投资文科创新创业项目产生的失败风险，按照约定比例予以补偿，从而增强产业资本和创投资金投资的积极性。

五、结论

当今世界正经历百年未有之大变局，创新是引领发展的第一动力，大学在创新创业培养中承担不可推卸的历史重任。当前大学生创新创业教育进入分层和多元化时期，新文科对文科学生创新创业能力体系提出了新的要求。极客是 IT 时代以来的一种文化现象，一定程度上就是创新创业者的代名词，极客是创新创业的佼佼者。本文构建了极客与新文科创新创业的影响机理模型，通过极客文化主张、创新案例和领袖特质来促进新文科创新创业的理念氛围、创新模式和创新团队，从而推

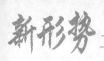
动新文科大学生的创新创业行动。针对文科大学生创新创业存在在短板，本文提出了极客导向的新文科创新创业培养路径，重点从课程体系、赛事体系、孵化平台、创投平台等方面着手，能够为高校新文科创新创业教育提供路径参考。

参考文献：

［1］教育部.《新文科建设宣言》正式发布［EB/OL］.（2020-11-03）［2021-11-23］.https://www.eol.cn/news/yaowen/202011/t20201103_2029763.shtml.

［2］王洪才.创新创业教育的意义、本质及其实现［J］.创新与创业教育，2020，11（6）：1-9.

［3］刘征驰，马滔，周莎，何焰.极客经济、社群生态与互联网众筹产品定价［J］.中国管理科学，2017，25（9）：107-115.

［4］罗勇.极客学院：用心打造中国版lynda［J］.中国远程教育，2014（10期）：74-75.

［5］赖明勇.高校教育要厚植创新创业文化［N］.光明日报，2015-09-07（2）.

［6］张运，冯小刚.数据透视青年亚文化［N］.中国教育报，2014-10-20（12）.

新文科视野下基于知识结构差异的
大数据课程教学模式探索①

龙剑军　　李志国

重庆工商大学管理科学与工程学院，重庆 400067

摘　要： 互联网、云计算、大数据、物联网、区块链等新兴信息技术正在深刻改变着人类的生产和生活方式，在传统文科学院开设大数据相关课程是贯彻国家大数据战略、落实新文科建设以及响应大数据智能化人才培养的时代要求。然而不同专业存在知识结构差异，为大数据课程教学带来困难。基于此，本文对知识结构差异背景下大数据教学问题进行了梳理，并从完善培养方案和课程设置、强化师资力量建设、实行产教融合协同育人、面向课程目标多元化考核等方面提出了相应的措施。

关键词： 新文科；大数据；知识结构差异；教学模式

随着新信息技术的兴起以及经济全球化的不断加深，互联网、云计算、大数据、物联网、区块链等新兴技术正在深刻改变着人类的生产和生活方式，例如，自新冠肺炎疫情暴发以来，大数据技术在疫情甄别、防疫、预测以及舆情防控等方面发挥着举足轻重的作用。全球数据也呈现爆发增长、海量集聚的特点，数据显示，2020 年全球数据量达到了 60ZB，其中中国数据量增速迅猛，预计 2025 年中国数据量将增至 48.6ZB，占全球数据量的 27.8%。大数据无时无刻无处不在，从阿里巴巴、京东商城等电子商务数据，到微信、QQ 等即时聊天内容，再到百度、谷歌，以及哔哩哔哩（Blibili）、微博数据等，都在生产、承载着海量数据。海量数据记录了企业的发展、运营以及人们生活和行为的点点滴滴，所以，分析、挖掘海量数据背后存在的模式、规律和趋势，并结合各行各业进行创新应用，已经成为大数据时代的重要课题。为适应行业发展需求以及大数据时代要求，国内很多高校在本科教学中陆续开设了与大数据相关的理论与实验课程。

新文科背景下大数据教学研究主要聚焦大数据与文科专业融合、人才培养、教学模式提升等方面。王洪艳[1]围绕电子商务专业数据挖掘课程从教学思路、教学

---

① **基金项目：** 重庆工商大学教育教学改革研究项目（项目号：217009，2020204）。**作者简介：** 龙剑军（1986—），男，江西宜春人，讲师，博士，研究方向为复杂博弈、企业集群管理；E-mail：longjianjun@ctbu.edu.cn；李志国（1977—），男，重庆人，教授，博士，研究方向为创新管理与产业链精准招商。

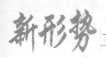

方法、教学内容等方面进行了思考；王雅楠[2]结合课程实践案例，从优化教学设计、教学问题精准施策、大数据评价课程教学等方面提出了实践对策；杜文超[3]对比了大数据专业和新文科专业，从思维模式、研究方法、评价体系、知识演化等方面提出了融合发展模式；孙建军等[4]探讨了新文科背景下"信息资源管理"课程的教学创新，提出要坚持思维、技术与人文的融合；赵星等[5]在对大数据管理与应用专业的 64 所院校培养目标与 10 所代表性院校的课程体系调研的基础上梳理出存在的问题，并从探索创新路径、优化培养生态、循环推动人才培养、多元评价提升学科质量等方面对人才培养方案提出了参考建议；王晰巍等[6]运用网络调查、网络爬虫和对比分析的研究方法分析了大数据管理与应用专业建设中的重点、难点和痛点，并提出以跨界学科联合培养为根基，多层次教育混合培养为方法，新文科实验室建设为手段，产学协同育人培养为导向的人才培养模式；付琳[7]从获取人才需求信息、专业建设、课程设置、考核方法等方面探索了大数据管理与应用专业人才培养路径。也有不少学者对新文科背景下的国际经贸人才培养路径[8]、经管类专业数智化升级改造路径[9]、旅游管理本科实验教学体系构建[10]、商科人才培养模式等进行了研究[11]。综合可知，现有文献大多从某一专业或整个学科的角度来探索大数据与文科专业的融合以及教学模式的提升，忽视了不同专业下的知识结构差异，基于此背景，本文试图梳理出知识结构差异背景下的大数据教学存在的问题，并提出相应的教学优化措施。

一、大数据课程的必要性

（一）国家大数据战略发展的需要

大数据是国家基础性战略资源，党中央、国务院高度重视大数据在经济社会发展中的作用，作为 21 世纪的"钻石矿"，大数据早在 2014 年便首次写入中央政府工作报告；2015 年 8 月 31 日，国务院发布了《促进大数据发展行动纲要》；2015年党的十八届五中全会正式提出"实施国家大数据战略，推进数据资源开放共享"；2016 年 12 月 18 日，工信部编制实施《大数据产业发展规划（2016—2020年）》；2021 年 11 月 30 日工信部发布《"十四五"大数据产业发展规划》，并提出到 2025 年我国大数据产业测算规模突破 3 万亿元的"十四五"总目标，保持年均复合增长率 25% 左右。随着大数据、云计算等信息技术的日趋成熟，基于大数据的数据密集型科学也成为继经验、理论、计算科学后的第四研究范式。为响应信息科技时代的需求，贯彻落实大数据发展战略，构建与大数据相关的学院、专业势不可挡。

（二）新文科建设的需要

"新文科"概念最早于 2017 年由美国希拉姆学院提出的，是对传统文科的学科重组与交叉，并将新技术融入重组的课程体系，实现跨学科的融合与交流，达到扩展知识和提高思维创新能力的学科目标。2018 年，党中央明确提出，"要推动高质量发展，进一步提升教育服务能力和贡献水平，发展新工科、新医科、新农科、新文科"；2019 年 4 月，教育部等 13 个部门联合启动"六卓越一拔尖"计划 2.0，全面推进新工科、新医科、新农科、新文科建设。2020 年 11 月 3 日，教育部发布《新文科建设宣言》，对新文科建设做出了全面部署，聚焦文科教育高质量发展。随着新信息技术的兴起以及经济全球化的不断加深，互联网、云计算、大数据、物联网、区块链等新技术多层次渗透社会各行各业，科学、人文、艺术等呈现集成创新以及融合交叉发展态势。金融科技、经济物理学、人工神经网络等交叉学科课程顺应而生，将大数据、人工智能等新科技与传统文科融合发展是新文科建设的重要组成部分。

（三）大数据人才短缺的需要

在产业结构优化升级、新旧动能转换的时代背景下，人工智能、大数据、区块链等新一代信息技术的应用正在颠覆传统的商业模式及社会范式，国家、社会和企业对具有数据思维的复合型人才的需求和渴望比以往任何时候更加强烈。根据 IDC 数据，到 2026 年，全球大数据市场规模将超过 3 600 亿美元；Statista 发布的统计数据显示，截至 2020 年年末，中国大数据中心数量占全球的比例 10%，且呈现不断上升的趋势；《2021—2022 中国大数据产业发展报告》预测，2023 年中国大数据产业市场整体规模将达到 11 522.5 亿元。大数据的发展前景有目共睹，但大数据人才的供不应求也是行业面临的一大困境。为全面贯彻国家大数据发展战略，落实教育部"产学合作、协同育人"国家战略，企业、高校、研究机构等主体积极加大对人工智能、大数据、区块链等前沿智能科技产品的持续研发投入，国内陆续独自或合作开设了与大数据、人工智能相关的研发中心、学院或对口专业，加快推进人工智能、大数据专业建设和人才培养。

二、知识结构差异背景下大数据教学存在的问题

与大数据相关的专业目前主要有"数据科学与大数据技术""数据计算及应用""大数据管理与应用"等，这些专业都需要先修高等数学、计算机科学、统计学等基础知识，不同之处是"数据科学与大数据技术""数据计算及应用"通常在人工智能学院、计算机学院等理工科学院设立，对技术要求更高，可以从事大数据技术相关的系统开发或维护；而"大数据管理与应用"则还需掌握经济、管理基础知识，一般设在经济学院、管理学院、信息管理学院、管理科学与工程学院等文科学院，侧重对数据的管理和应用。然而不同的新文科学院学生掌握的知识结构存在差异，例如经济学与管理学专业基本没有先修 C 语言、数据库系统等课程，而这些则是信息管理专业的必修课程。因此在大数据管理教学过程中会存在下述问题：

（一）专业培养方程与课程不匹配

新文科建设促使大数据等学科与经济学、管理学等交叉融合，专业培养方案种也增加了与大数据相关的课程。数据挖掘、商务智能等大数据课程一般安排在本科高年级开设，要求学生前期预修统计学、管理学、数据库等相关课程，若已掌握相关编程语言（C/C++、Java、python 等），比如信息管理、电子商务专业类学生，则更容易进行数据分析并以代码运行，然而大部分工商管理、金融学、会计学等专

业并未将数据库、编程语言作为必修课程，相当于零基础学数据分析，增加了课程理解难度，尤其是与大数据相关的理论课程。同时，部分专业转型建设浮于表面，受制于师资力量，专业化课程体系不够完善，仍保留较多的原有课程，或旧课换新壳。但是高素质的大数据人才培养需要相对完整的、系统的人才培养体系，培养方案与课程设置的脱节是当前大数据教学中存在的普遍问题。

（二）大数据专业师资力量欠缺

大数据人才的欠缺不仅仅体现在政府、企业对大数据人才的迫切需求，高校大数据专业师资力量同样存在巨大缺口。新文科建设要求将大数据、人工智能等新信息技术与传统学科交叉融合与沟通，专业培养方案及课程设置必须与时俱进，及时更新，积极响应国家大数据发展战略以及社会需求。新技术、新知识的迅速普及和快速更新换代要求高校教师不断充实自我，丰富知识储备，持续提升大数据专业素养。然而受制于高校薪资水平，高水平、高素质的大数据青年人才往往会选择更具优势的企业岗位，而原有师资力量在学习速度、学习动力等方面一定程度滞后于大数据时代要求，部分学院因为教师跨学科素养不足而选择不开设大数据相关课程或转由人工智能、计算机学院教师讲授。

（三）实践与理论的脱离

对于无高级语言、数据库知识等基础的专业，学生对理论课中的数据库、数据仓库、Olap等概念抽象难以理解，不少教师讲授大数据相关课程时多以文字、图片等材料展示理论知识和实践经验，缺乏大数据实验课程、大数据实践案例的支撑。对于信息管理、计算科学等具备高级语言基础的专业，虽然学生对相关概念的理解更为深刻，但教师存在偏重于传统的代码编写，数据阶段性、片段性处理等教学现象，实验教学与生产实践结合程度不够。新文科实验建设需要大量的数据、实践案例以及保证大数据实验教学运行的软硬件设备，而当前情况不同专业均存在不同程度的理论与实践的偏离。

（四）考核方式偏重"结果导向"

大数据管理专业具有鲜明的学科交叉融合特征，是新文科建设下人工智能、大数据等新技术融入传统文科的典型专业。虽然为适应大数据时代潮流，大多新文科专业开设了大数据管理相关课程，但课程考核方式侧重面向课程内容，偏于"结果导向"，与以提升学生大数据处理、分析能力、培养大数据思维为导向的课程目标相违背，新文科下大数据管理专业是要面向社会提供掌握管理学基本理论，熟悉现代信息管理技术与方法，善于利用大数据分析技术对商务数据开展定量分析，并实现智能化商业决策的复合型人才，因此大数据教学应杜绝当前存在的背概念、记要点的应试型教育，要侧重考核方式的过程管理。

三、知识结构差异背景下的大数据教学模式

进行基于知识结构差异的大数据教学模式探索，有助于培养学生大数据思维以及提高学生大数据分析的实践能力，有助于厘清基于知识结构差异的学生在大数据分析实验课程讲授过程中存在的差异，从而为授课老师有的放矢地进行差异化教

学。针对大数据课程教学中存在的问题，我们可从以下四个方面予以解决（见图1）。

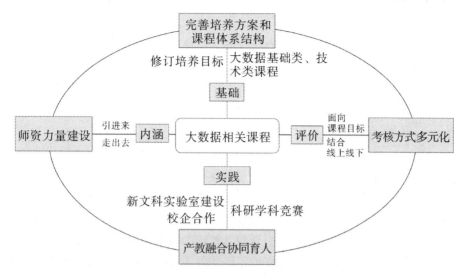

图1　大数据相关课程教学模式提升路径

（一）完善培养方案和课程设置

对于无编程语言要求的专业，培养方案强化大数据思维的构建，在课程体系中开设与大数据相关的课程，比如市场营销专业一般开设专业主干课程"大数据营销"，工商管理等专业开设商务智能、大数据概论等选修课程，同时在学科基础课程中增设数据库原理与应用等。对于有编程基础的专业，传统的课程体系更为偏向信息系统的开发与设计；新文科建设提出后，其培养方案应强调大数据采集、处理及分析能力的培养，课程体系对接培养目标，增设分布式数据库技术及应用、数据采集与建模、数据挖掘、行业大数据分析、社交网络与文本挖掘等核心课程的建设。表1给出了信息管理与信息系统专业响应新文科建设的主要课程转型变化情况。

表1　新文科建设前后教学课程设置比较——以信息管理与信息系统专业为例

课程性质	传统教学	转型后教学
公共基础课程	高等数学、线性代数、微积分、概率统计、运筹学、计算机基础、C语言等	高等数学、线性代数、微积分、概率统计、运筹学、计算机基础、C语言等
学科基础课程	管理学、西方经济学、SPSS统计分析、Java基础语言、数据结构、计算机网络工程、数据库系统原理与应用、网站建设与Web编程、管理信息系统、生产与运作管理等	管理学、西方经济学、Java高级程序设计、数据结构、计算机网络工程、数据库系统原理与应用、网站建设与Web编程、管理信息系统、生产与运作管理、Python开发与应用、大数据技术原理与应用等

表1(续)

课程性质	传统教学	转型后教学
专业核心课程	企业资源计划（ERP）原理与应用、信息资源检索与利用、信息系统分析与设计和IT项目管理等	信息系统分析与设计、数据采集与建模、机器学习、云计算与商务模式创新、大数据分析与决策支持、R语言与数据分析、社交网络与文本挖掘等

（二）师资力量引进来、走出去

教师队伍是培养方案的执行者，是提高人才培养质量的重要保障。面对当前大数据专业师资力量短缺的现状，通过"引进来""走出去"增强师资队伍。一方面大力引进高层次人才充实师资队伍，谋划引进兼职教师、实践导师、学业导师、导航校友等校外教师队伍，让师生了解、掌握企业第一手大数据人才需求信息；另一方面强化对既有师资力量的培养，引导现有教师学习新知识、新技术、新方法，向融合型、复合型教师转型，鼓励和支持年轻教师通过单科进修、攻读学位等培训方式，鼓励专任教师到企业顶岗实践，积累实践工作经历，提高实践教学能力。对于大数据管理与应用等专业来说，要同时狠抓"引进来""走出去"两条渠道，其中引进有大数据专业高层次人才有助于大数据教学的持续深化以及大数据特色课程的开设；对于工商管理、人力资源等专业来说，引导教师将大数据、人工智能等新技术融入学科课程有助于培养学生大数据思维，聘请企业优秀人才进校授课、实践教学。

（三）紧密结合实践，产教融合协同育人

针对无编程语言要求的专业，以往数据相关课程，如商务智能、大数据概论等，主要采用理论讲解，学生对数据仓库、数据库、Olap、数据挖掘等概念理解起来晦涩抽象；新文科建设推进后，增设商务智能实验、大数据分析实验等实验课程，加深理论理解，教师在理论课程上通过联系实际、引入实践案例、展示大数据软件帮助学生理解重点难点等，在实验课程中引导学生熟悉和掌握大数据分析流程，通过采用Tableau、FineBI、SpssModeler等无编程语言要求的大数据可视化、挖掘软件培养学生大数据分析思维和处理能力。对于有编程语言要求的专业，如信息管理与信息系统、大数据管理与应用等专业，以往存在数据阶段性、片段性处理等教学现象，与生产实践结合不够紧密。在新文科背景下完善培养方案与课程体系后，要对接培养目标，做好以下工作：一是推进新文科实验室建设，学校应联合各学院协同购买、共享Hadoop HDFS、MapReduce、Spark和Storm等主流大数据平台软硬件及数据资源，有效保证大数据实验教学的稳定性、流畅性、安全性；二是加强校企合作及实训基地建设。紧密结合实践，采用项目化教学，通过开设数据分析专题实践课程，让学生深入大数据行业企业进行实践，熟悉数据的收集、清洗、可视化以及算法挖掘等流程，产教融合协同育人，引导学生掌握最新企业需求；三是指导学生参与教师科研课题，鼓励教师将科研成果融入教学，积极推动开展校内或校企间的学科竞赛，激励学生参加更高级别的学科竞赛。

（四）创新考核方式，面向课程目标多元评价

构建面向大数据课程目标的多元评价考核方式，解决面向课程内容考核方式的片面性。首先，进行学情分析，了解知识基础。通过企业微信等软件开展问卷调查，了解掌握知识结构差异下学生的已修课程及学科知识掌握情况，根据问卷调查结果采用合适的课堂教学模式和教学内容，比如当前部分学校的工商管理本科专业低年级未开设数据库原理及应用这门课程，因此在讲授商务智能等课程时应补充数据库等相关知识。其次，线上线下结合教学，统计学习情况。课前，通过校内外学习平台发布课堂内容和相关微视频，布置学习任务，鼓励学生自学，了解学习重点难点；课中，针对重点难点精准施策，积极互动，提升学习效率；课后，通过学习平台布置课程作业和任务，掌握学习效果。最后，面向课程目标多元考核。结合线上学习完成情况、线下课堂表现等，多元评价学生学习情况，侧重以提升学生大数据分析能力目标，结合线上线下学习评价情况，实现大数据课程学习由"成绩导向"向"过程导向""成果导向"的转变。

四、总结

高校开设大数据相关课程是贯彻落实国家大数据战略发展、响应新文科建设、输送大数据人才的重要途径，是互联网、人工智能、物联网、区块链等新兴信息技术的时代呼唤。然而新文科不同专业存在知识结构差异，本文在此背景下梳理了知识结构差异下的大数据教学问题，并从培养方案、课程体系、师资力量建设、产教融合、课程考核方式等方面提出了相应的对策和建议。本文所思所想只是作者当前的粗陋认识，伴随知识的更新迭代、信息技术的日渐成熟，大数据教学模式的优化是一个任重而道远的课题。

参考文献：

[1] 王洪艳. 大数据背景下电子商务专业数据挖掘课程教学思考 [J]. 现代商贸工业，2017（28）：174-176.

[2] 王雅楠. 大数据背景下新文科课堂教学实践研究 [J]. 数字通信世界，2021（11）：253-255，258.

[3] 杜文超. 大数据时代新文科专业科技创新发展模式研究 [J]. 科技智囊，2021（2）：69-72.

[4] 孙建军，裴雷，柯青，李阳. 新文科背景下"信息资源管理"课程教学创新思考 [J]. 图书与情报，2020（6）：19-25.

[5] 赵星，俞晓婷，万玲玉. 新文科背景下大数据管理与应用专业培养特征的内容分析 [J]. 图书与情报，2020（6）：26-34，92.

[6] 王晰巍，李玥琪，贾若男，孟盈. 新文科背景下大数据管理与应用专业人才培养模式 [J]. 图书情报工作，2021，65（17）：45-56.

［7］付琳. 新文科背景下的大数据管理与应用专业人才培养路径［J］. 中阿科技论坛（中英文），2021（10）：144-146.

［8］王俊，廖成娟. 新文科背景下国际经贸人才培养跨界融合机制及实现路径［J］. 科教文汇（上旬刊），2021（8）：124-128.

［9］王维国，徐健，盖印. 新文科背景下经管类专业数智化升级改造的研究与探索：以东北财经大学为例［J］. 新文科教育研究，2021（2）：95-100+143.

［10］白刚，高元衡，张文菊. 新文科背景下旅游管理本科实验教学改革研究［J］. 旅游论坛，2021，14（4）：103-110.

［11］穆阿娟. 新文科背景下应用型本科院校商科人才培养模式研究［J］. 商业文化，2021（22）：111-112.

物流专业人才大数据分析能力提升困境及突破路径研究①

杨家权，方瑾瑜

（重庆工商大学管理科学与工程学院，重庆，400067）

摘　要： 物流行业的蓬勃发展带动物流数据的爆炸式增长，但市场却缺少技术熟练的专业人才来开展物流数据源管理、数据加工、数据分析和挖掘以及数据可视化等工作，日益增长的人才缺口下大数据人才的培养成为全球范围内的现实需求。本文以高等学校培养的物流专业人才为研究对象，从大数据思维能力、大数据工具使用能力和大数据场景应用能力三个方面，分析现阶段物流专业人才大数据分析能力提升的困境，提出物流专业人才大数据分析能力提升的突破路径。研究认为，加强物流人才大数据思维能力训练、丰富大数据分析工具以及强化校企合作应该成为高等学校提升物流专业人才大数据分析能力的主要手段，可以推动大数据时代物流行业的高质量可持续发展。

关键词： 物流人才；大数据分析；能力培养；提升困境；突破路径

一、引言

大数据时代是人类信息化事业发展的最新阶段，是自然资源、人力资源、资本资源之后又一重要的战略性资源，推动大数据发展成为世界各国的重大战略需求。习近平总书记在主持中共中央政治局国家大数据战略委员会第二次集中学习会议时表示[1]，要坚持大数据开放、市场导向政策，以数据为搭建桥梁促进产学研深度融合，形成数据驱动型创新体系和发展模式，哺育大数据领军企业，打造多层次和多类型的大数据人才队伍。为了贯彻落实党中央决策部署，我国先后出台了《促进大数据发展行动纲要》和《大数据产业发展规划（2016—2020 年）》等纲领[1]，鼓励大数据产业的积极发展，推动大数据行业的高质量成长，激发大数据

①　**基金项目：** 重庆市社会科学规划项目（项目号：2021NDYB060）；重庆市教育委员会科学技术研究项目（项目号：KJQN202000820）。**作者简介：** 杨家权（1988—），男，重庆武隆人，博士，硕士生导师，研究方向：物流与供应链管理，Email：yangjiaquan@ctbu.edu.cn；方瑾瑜（1998—），女，安徽铜陵人，硕士研究生，研究方向：物流与供应链管理，Email：fangjinyu662021@163.com。

市场潜在的活力。美国将大数据的价值类比于"未来的新石油",对"大数据战略"视为国家战略,把对数据的占据和使用视为海陆空权之外的另一种国家核心资产[2]。同样,法国颁布《数字化路线图》称,大数据属于大力支持的五项战略性高新技术之一。目前,在发展大数据的新赛道上,各国政府都认为推动经济数字化是促进社会经济变革的强有力推手,无论是前沿技术创新研究、数据云共享、隐私安全保护、人才发展培养等方面均踊跃开展着前瞻性布局。

物流行业快速发展,涌现了大量具有爆发增长、海量集聚的行业数据,对具有数据思维的专业人才提出了现实需求。王柳淋等[3]指出物流环节如运输、仓储、搬运、配送、包装和再加工等中的信息流量高达 PB、EB 甚至 ZB。目前,大部分物流企业和企业的物流部门均无法妥善储存并加以利用这些海量数据,急需"具备高级分析能力"的大数据专业人才的支持。林世昌等[4]研究发现只有具备全面物流基础知识体系同时掌握数据源管理、数据加工、数据分析和挖掘以及数据可视化等能力的中高级人才能为大数据时代下物流行业的发展提供支持与保障。但是未来很长一段时间内,大数据人才缺口大且结构化矛盾问题将成为大数据时代物流行业发展的新常态。

面对国家的战略需求和行业的现实需求,高等院校革新物流专业人才培养模式,培养国家战略需求和行业现实需求相匹配的复合型物流人才,成为高等学校物流专业面临的时代新课题。在此背景下,系统分析并总结现阶段物流专业技术人才大数据分析能力的提升困境,提出物流专业技术人才大数据分析能力的突破路径,具有重要的理论和实践意义。

二、物流专业人才大数据分析能力提升的困境

(一)大数据思维欠缺

大数据人才主要分为三类,技术型人才、应用型人才和业务型人才。其中,技术型人才主要任务是为企业搭建大数据平台框架;应用型人才面向业务问题,实地寻找数据,并利用大数据发现和解决具体的现实问题;业务型人才主要通过大数据推动业务工作,需找潜在客户。而在物流行业中,对应用型人才的要求尤为明显。应用型人才不仅仅要求相应的物流专业和大数据分析方面的知识,更离不开大数据思维的应用。大数据维侧重于从无关系的事件中发现之间的关联,并加以逻辑性分类与定量化处理,使惯性思想变为高智慧维度,也是大数据分析技术应用的关键前提。目前,部分院校已将大数据分析的有关学科列入物流学科培养方案中,强调培养懂物流、懂数据、懂技术、懂管理的大数据与物流复合型人才,但却忽略了大数据思维能力培养的重要性。

(二)大数据工具使用能力不强

大数据分析工具往往极具多样性和时效性。其中,早期大数据分析工具主要为 SPSS、Python、HiveSQL 等,但随着 IT 技术的进一步发展,物流企业同样也进行着技术变革,例如引入 Hadoop、非结构化数据库、数据可视化工具以及个性化推荐引擎等的新技术[5]。但是,多数高校开设的大数据课程缺乏前沿性和国际性,课

程内容和分析数据滞后于行业发展，导致学生们所掌握的许多专业知识都已经是物流企业早就不再使用的落伍方法。然而，出于节俭培训成本支出等方面因素的综合考虑，物流企业也不愿意单独为应届生开设培训课程。因此，刚入职的应届生容易陷入"学不能用"或者"学不够用"的尴尬处境。

（三）大数据应用能力有待提升

现代社会对于储备人才的要求，不仅仅体现在具有夯实的基础知识，更体现在处理现实问题的灵活变通上。尤其是对于具有大跨度性和复杂性的物流行业，工作人员只有熟悉需求预测、订单处理、配送、存货控制、运输、仓库管理、工厂和仓库的布局与选址等等环节的操作流程，才能与理论知识融会贯通。然而，在现有的物流专业人才培养中，学生们大多未深入了解物流企业的业务流程，更无法利用所学知识解决现实问题。目前，为解决理论知识与实践经历脱节的问题，大多数高校都与当地企业签订了系列联合培养计划[6]。但由于学生数量众多，而企业高管时间宝贵以及企业部分数据具有私密性，培养计划最终难以一一落实。

三、物流专业人才大数据分析能力的突破路径

针对物流专业人才大数据分析能力提升的困境，如图1所示，下文分别从大数据思维、分析工具和应用能力三个方面探讨可行的突破路径。

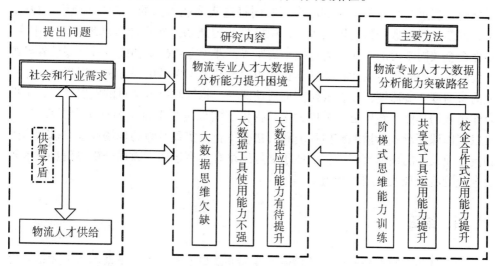

图1 提升困境和突破路线研究流程

（一）阶梯式思维能力训练

大数据思维的培养是潜移默化的积累过程。高校作为人才摇篮，将大数据思维糅合入物流专业课程是培养方案中不可或缺的目标。（1）前期：启发学生大数据思维萌芽。大数据思维的初步阶段着重于正确认识大数据的本质，可以通过保证物流专业基础课程的基础上增加大数据共性的理论课程。而大数据的教学不应局限于教条式概念，更应以实际案例为导向。从物流企业运营管理的层次提出问题，结合决策及智慧物流等方面，充分挖掘大数据的内涵意义。（2）中后期：激励学生大

数据思维发展。大数据思维度过初步阶段后，其进一步的发展离不开完善的培养机制。一方面，高校应加强对学科建设的投入。以学校层面接触各社会企业，聚集各类优秀案例以及实际数据，结合课堂云平台向学生开放。另一方面，高校应提升教学的多样性和趣味性。例如，以大数据竞赛、实验教学、跨专业交流等教学方式，创新单一化课堂教学并构建更丰富的教育体系。

（二）共享式工具运用能力提升

对于物流专业人才大数据分析能力的教学，不仅应增设数据处理的理论课程，更应引入及教授相关先进的专业工具。首先，物流系的实验室应当配置大数据分析中五个阶段的相关专业软件，例如 R/R studio、SAS 或 Python 等。同时，为与大数据实际量接轨，应为实验室升级至 EB 、ZB 级的数据库，为学生接触并使用到主流和高端的数据库提前做出充足准备。在实验室经费无法完全负担起高昂的维护费用时，可以考虑尝试引入双引擎云平台，包括图形式引擎与编程式引擎，内置对应实验所需的所有软件和依赖程序，可作为大数据相关专业教学与大数据领域科研的综合平台。另外，专业教师授课是学生获取知识的主要来源。然而，物流专业教师往往缺乏应用大数据工具的实际教学经验。因此，教师队伍应积极参加校内外举办的提升项目，深入合作企业及兄弟院校了解大数据工具应用的新方法和新环境。

（三）校企合作式应用能力提升

高校培养适合数字型物流产业发展的高素质复合型人才，仍应以处理现实问题为导向，促进与行业及企业的联合，共同打造实践能力强的"双导师型"教师队伍，创新发展大数据物流培训体系，积极打造智慧物流实训课程基地。①前中期：加强校企共同学习的方式。通过线下讲座或慕课等方式按星期或每月开展校外导师实践教学，或者聘请企业在职的学长学姐回校共享工作经历等方法，以提高合作企业的参与度。②后期：校企合作实训活动课程。将针对物流学科的发展特点，根据合作企业的具体实践项目，为广大学子提供了实训过程平台。通过实训课程平台，可以把以课程形式传播的校内环境和直接获得企业实践经验的现场环境有机融合到物流专业人才的训练流程中，以便于更好地培育学生运用大数据分析等信息技术解决企业物流中现实问题的能力。

四、结语

随着具备大数据分析能力的物流专业人才缺口不断扩大，革新物流人才培养模式成为政府和市场对高等学校物流人才培养的一致要求。综合已有文献和企业实践资料，本文发现高等学校物流专业人才大数据分析能力提升面临诸多困境。其中，大数据思维欠缺、大数据分析工具不足和大数据应用能力不强的问题已经成为高等学校和社会企业需要携手解决的时代课题。针对物流专业人才大数据分析能力提升的困境，本文针对性地提出阶梯式思维能力训练、共享式工具运用能力提升以及校企合作式应用能力提升，形成一套高等学校物流专业人才大数据分析能力提升的可行路径。

参考文献：

［1］中国政府网.习近平：实施国家大数据战略加快建设数字中国［EB/OL］.
（2017－12－09）［2021－12－02］.http://www.cac.gov.cn/2017－12/09/c_1122084
745.htm

［2］中国物流与采购联合会.大数据对采购与供应链的影响［EB/OL］.（2015－
1－16）［2021－12－02］.http://www.chinawuliu.com.cn/xsyj/201501/16/297635.shtml

［3］王柳淋.大数据对物流企业管理模式的影响探析［J］.中国市场，2021
（26）：2.

［4］林世昌.大数据背景下高校物流人才供需分析［J］.科技资讯，2019，17
（29）：2.

［5］翟大昆.计算机软件在大数据分析中的应用［J］.电子技术，2021，50
（11）：292-293.

［6］王正旭.基于大数据的物流管理学科教学改革研究［J］.教育现代化，
2020，7（21）：24-25，33.

推动物流管理专业
和大数据融合的教学改革探讨①

杨家权　孙　莹

（重庆工商大学管理科学与工程学院，重庆，400067）

摘　要： 为顺应大数据时代国家战略需求和市场现实需求，物流管理专业积极开展与大数据融合的教学改革探索。本文从教学改革目标、教学内容设置和教学方法创新三个方面，探讨合理的教学改革途径。研究认为，物流管理专业需要加强大数据思维能力、丰富大数据分析工具、加强理论与实践的有机结合，同时引入支架式教学、抛锚式教学和随机进入教学等，进而完成大数据时代背景下物流管理专业课程体系的重构。

关键词： 物流管理；大数据；融合；教学改革

一、引言

现代社会已经正式进入到大数据时代，包装、加工、运输、仓储及搬运装卸等物流环节都会产生大量数据和信息，传统物流行业的数据以 GB 和 TB 为单位进行储存，大数据时代下已经扩展为 PB 和 EB 来储存当前的数据，例如截至 2018 年底，京东平台累计采集和整合的大数据规模已经突破 800PB，且每日以 1.5PB 的速度增长[1]，这些数据有巨大的价值，利用大数据技术挖掘出隐藏在数据背后的信息价值，可以缩短运输与配送时间、减少企业在物流业务中的成本、提供客户满意度，同时提升企业的盈利能力。

随着大数据在物流活动各个环节的广泛应用，各大高校物流管理专业纷纷开展专业和大数据融合的教学改革探索，然而，在教学改革的探索过程中，出现了大数据思维训练重视程度低、大数据分析工具欠缺、大数据教学内容和市场需求不匹配等问题。赵晋等人[2]整理教育数据时发现，教师缺乏大数据意识，对大数据的理

───────────────

①　**基金项目：** 重庆市社会科学规划项目（项目号：2021NDYB060）；重庆市教育委员会科学技术研究项目（项目号：KJQN202000820）。**作者简介：** 杨家权（1988—），男，重庆武隆人，博士，硕士生导师，研究方向：物流与供应链管理，Email：yangjiaquan@ctbu.edu.cn；孙莹（1999—），女，河南南阳人，硕士研究生，研究方向：物流与供应链管理，Email：yingsun1999@163.com。

解还不透彻。王国耀[3]认为高校不重视对大数据工具使用能力的培训，缺乏大数据工具的应用。李志杰[4]认为大数据课程之间联系不紧密，且专业课程设置的教学内容不符合市场需求，开展校企合作可以提高教学内容和企业需求的融合度。

鉴于此，本文以物流管理专业和大数据融合为题，深入探讨物流管理专业和大数据融合过程中的教学改革目标、教学内容设置、教学方法革新和评价体系创新，以期形成一套具有物流管理专业特色的大数据教学体系，为大数据时代物流管理专业教学课程的重构提供参考。

二、教学改革目标

物流管理专业旨在培养具有物流系统理论与技术、大数据分析、智慧物流等领域相关知识，能够较为熟练地应用大数据分析工具解决物流运作过程中产生的大量复杂数据问题，从事物流与供应链管理的国际型、多元型和复合型的高素质人才。基于此，教学改革重点要培养和完善学生的理论与实践相结合的能力。

（1）理论层面，物流与大数据融合教学需要高校重视大数据思维训练，提升大数据分析工具的操作能力，完善大数据教学内容和企业需求匹配问题，使物流管理专业学生具备更加体系化的数据分类意识和大数据思维。

（2）实践层面，通过大型数据库的建立和完善，融合物流与大数据相关课程，培养应用型物流管理人才，使得物流管理过程更加智能化，有利于物流企业做出正确决策，为提升物流管理提供了新的思路和手段。

三、教学内容设置

融合多学科知识，提升学生发散思维。物流大数据是一门综合性的教学课程，具有集成性和交叉性。因此教学改革要解决的重点问题之一是设置物流方面和大数据方面涉及的所有学科内容，特别是两者交叉融合的基础理论知识，培养学生分析解决问题的综合实践能力。

具体而言，如图1所示，可以将教学内容按照难易程度由浅到深，由理论到实践，构建三阶段教学层次，即基础型学习、进阶型学习和实践型学习。

教学阶段	教学课程	教学内容
基础型	大数据思维	大数据共性的理论知识体系
进阶型	大数据工具	常用工具excel、python等
实践型	综合实践	物流领域内大数据问题解决思路和办法

图1 教学内容结构

（1）基础型学习，即大数据思维课程。大数据是一个新的领域，有自身形成

的一套理论知识，物流管理专业开设与大数据相关的培训课程，通过对大数据案例进行演示讲解，培训大数据思维，提高大数据能力，使学生明确大数据对物流行业的重要性。

（2）进阶型学习，即大数据分析工具课程。大数据学习过程中，没有合适的工具，就不能高效地处理分析数据，根据不同的学习重点，不同工具的熟练掌握程度不同，常用的大数据分析工具有：EXCEL、PYTHON、SPSS、SAS 等。

（3）实践型学习，即综合实践课程。学生具备大数据思维，掌握大数据工具的操作过程，理论上已经有解决大数据业务的能力。物流管理专业开设专业融合课程，用大数据的知识解决仓储、配送、运输等物流环节上出现的问题，使物流管理过程更加智能。

四、教学方法革新

目前，基于大数据下的物流管理专业采用的教学方法包括：

（1）支架式教学方法

支架式教学模式以学习者为中心，包括搭建手架、进入情景、独立探索、协同学习和效果评价 5 个循序渐进的环节。是通过"支架"的辅助作用逐渐地将学生的智力从一个水平引导到另一个更高的水平。

大数据分析处理的工作流程包括 6 个方面：数据源、数据汇集、数据湖、数据加工、分析挖掘和数据可视化。当使用支架式教学方法时，物流管理专业根据工作流程的进度由前到后，由简单到困难，由基础到综合的顺序进行教学。

（2）抛锚式教学方法

这种教学方法又被称为"案例式教学"，将学习者放在现实的环境中，通过讲述一个案例引导学生去感知和体验现状，只要在感知过程中明确了问题，就可以确定整个教学进度和教学形式。

对于大数据分析处理工作流程的教学，为使学生对其有更深刻的了解，通常采用讲述企业的实际案例方法让学生去发现问题，进而引入数据源的教学。

（3）随机进入教学方法

在教学过程中根据学习目的的不同，学生可以在不同的时间，采用不同的途径对同一教学内容展开学习，进而对某个问题产生多方面的理解[5]。

例如在大数据分析处理的 6 个工作流程的巩固学习中，学生如果需要用到分析挖掘方面的知识，可以不按照流程顺序进行学习，直接温习巩固数据挖掘相关内容。

五、总结

大数据时代的到来使得高校物流管理专业对教学理念发生了改变，高校应该抓住大数据时代带来的机遇，对物流管理专业进行合理的教学改革。具体而言，物流管理专业和大数据融合应该以理论和实践相结合为目标，设置从思想到操作最后到实践的三段式的教学内容，创新教学方法，结合支架式教学、抛锚式教学和随机进入教学三种方法，激发学生学习兴趣。利用大数据来完善和优化物流管理专业的教学内容，需要高校结合实际不断改进，使物流管理专业的课程更加符合时代要求。

参考文献：

［1］Intel. 英特尔助力京东应对"无界零售"新挑战［J］. 中国自动识别技术，2019，（3）：43-6.

［2］赵晋，张建军，王奕俊. 大数据思维下教育发展机遇与挑战的再思考［J］. 电化教育研究，2018，39（6）：21-6.

［3］王国耀. 互联网视域下大数据与高校课堂教学的深度融合［J］. 教育观察，2020，9（13）：3.

［4］李志杰. 基于翻转课堂的大数据课程教学改革［J］. 现代计算机，2019，（31）：4.

［5］刘邦奇. 为学习服务："互联网＋"时代的教育观念，模式及实现途径［J］. 中国电化教育，2017（8）：8.

大数据驱动的交叉学科人才培养画像研究设计

李红霞

（重庆工商大学管理科学与工程学院，重庆，400067）

摘要： 交叉学科作为一门综合性的新兴学科是当前高等教育中的教学热点和难点。高校的重点在于培养人才，借鉴业界的用户画像概念，本文提出建立精准的人才画像和标签化的过程，需要以文献计量与知识图谱方法、案例研究方法、问卷调查方法、访谈研究方法等多形式进行研究。本文通过聚焦交叉学科人才背后的关键信息、学习能力画像和卓越行为事件画像等方法，进行交叉学科人才画像。本文首先从知名人力资源公司获得交叉学科人才数据，然后应用人才行为数据建模和推荐算法对交叉学科人才画像进行建模，接着采用回归方法和非参数算法做交叉学科人才算法，最后采用人才画像方法培养交叉学科卓越人才。

关键词： 交叉学科；人才画像；大数据；数据驱动

一、研究问题分析

近几年来，我国高校都在轰轰烈烈地围绕着"双一流"建设开展行动。重庆市作为四大直辖市之一，也特别重视高校的"双一流"建设，先后评选一批"一流学科"和"一流专业"建设，交叉学科卓越人才培养显得尤为重要。这既是当前高等教育中的教学热点问题和难点问题，又将对推进重庆市高等教育教学改革有重大影响。

我国政府2015年发布了《促进大数据发展行动纲要》，2016年发布了《大数据产业发展规划（2016—2020年）》。从行动计划的落地来看，全国各地各行各业都纷纷响应了大数据发展行动计划。教育界也不例外，也在探索大数据驱动下的教育教学研究。

拥有大数据是时代特征，解读大数据是时代任务，应用大数据是时代机遇；大数据作为一个时代、一项技术、一个挑战、一种文化，正在走进并深刻影响人们的生活（徐宗本，2017）[1]。大数据资源是以容量大、类型多、存取速度快、潜在应用价值高为主要特征的数据集合（郑大庆、黄丽华等，2017）[2]。大数据背景下，在业界有一个热门词汇很受推崇——"用户画像"。什么是"用户画像"呢？比较普遍易于理解的是：用户画像是通过数据建立描绘用户的标签，即通过分析用户的社会属性、生活习惯、消费行为等信息而抽象出用户需求偏好的一个标签化的过程

（王庆、赵发珍，2018）[3]。由于高校用户重点在于培养人才，借鉴业界的用户画像概念，本文提出人才画像的概念。

基于以上现状和背景知识，本文提出教学改革研究选题为：大数据驱动的交叉学科人才画像及培养研究。本文提出研究以下问题：（1）为什么需要构建人才画像？（2）交叉学科人才画像的目的和目标是什么？（3）如何构建交叉学科人才画像？有什么方法？（4）如何应用交叉学科人才画像？怎样培养交叉学科卓越人才？

二、解决问题的方法及目标

（一）构建人才画像的缘由

本文首先举一个例子：大学新生招生计划前，高校都要进行培养方案和招生计划的制定。不少高校培养方案修订工作耗时耗力，收效差异很大。这里面有两种典型做法。第一种方法是，结合高校自身特点、专业需求和人才定位，来做培养方案和招生计划。哪些省区、名额分配、流程应如何设计……这些判断做出之前，需要开会定计划，结合以往经验，展开讨论。大家七嘴八舌做一些判断，辅以碎片化的一些数据或个人观点，最后形成结论和行动计划。第二种方法是，先归纳总结，用数据说话。将过去的省区招生、考分情况、学习成绩、在校表现、毕业去向等，针对人才基本信息展开统计。看看这些人才来自哪些区域等，从个人信息背后发现更多特点，从而知道该做出哪些进一步的决策。合理分配招生资源，制定有效的招生计划。

第一种方法分析准确的话，也有可能和第二种方法得出的结论差不多。因为有时人的直觉往往也是准确的，但是用数据说话的好处在于，观点或结论更加鲜明和有说服力，制定策略时更为精准。本文把汇总后的人才背后的信息，称之为人才画像。因此，本文中提出的人才画像是指：通过数据建立描绘人才的标签，即通过分析人才的专业特点、社会属性、学习能力、学识水平、行为特征、社交网络、心理特征等信息而抽象出人才偏好的一个标签化的人才模型。

（二）交叉学科人才画像的目的和目标

从机器看世界、机器学习角度，认为：外物皆有灵（规律——分类）；万物皆有类（物以类聚，人以群分——聚类分析）；万物皆有缘（关系——关联关系和链接挖掘）；万物皆有道（推演，道可道，非常道——神经网络/深度学习/深度增强学习）。

在此，进行交叉学科人才画像的目的是：便于本文清晰了解交叉学科人才的具体要求和人才素质模型；便于本文培养具有交叉学科潜能的卓越人才；便于本文为交叉学科人才培养与人才发展提供参考依据；为用人单位选拔交叉学科人才和人才管理提供决策参考。

交叉学科人才画像的目标是定义和描绘交叉学科卓越人才。交叉学科作为重庆市"一流学科"之一，交叉学科人才培养就显得尤为重要。因此，交叉学科人才培养的目标就是参考交叉学科人才画像，培养交叉学科卓越人才。

三、构建交叉学科人才画像的研究方法

建立人才画像、标签化的问题，不仅需要从已有的人才数据进行定量分析，还需要以问卷、访谈等形式进行定性研究。定量和定性分析相结合，才有可能得出一个更为精准的人才画像。

1. 文献计量与知识图谱方法

从中英文文献库中，查阅交叉学科人才的经典文献，例如，罗伯特·卡茨（Robert L. Katz）认为高效管理者的三大技能：技术技能、人际技能和概念技能。利用文献计量学定律（洛特卡定律、普赖斯定律、布拉德福定律），从文献年代分布，文献著者、文献来源进行分析得出交叉学科人才研究现状，之后利用 SATI 制作交叉学科卓越人才高频关键词的共词矩阵，将共词矩阵导入 SPSS 软件进行聚类分析，绘制出交叉学科人才可视化的知识图谱。

2. 案例研究方法

分析交叉学科成功人士的才能。从上市公司或商界名流中，选择被普通大众认可的交叉学科成功人士，分析他们的交叉学科才能。例如，马云的成功特质：生性乐观幽默，面对困难敢于自嘲，勇于认错；口才，演讲能力；重情重义，懂得感恩；另眼看世界的别样思维；有恒心，永不放弃。又如社会评价：李开复是一个比较内敛、为人处世随和谦恭的创业导师形象。又如，任正非认同狼性文化——敏锐的嗅觉、不屈不挠、奋不顾身的进攻精神、群体奋斗。

3. 访谈方法

选择大学毕业在交叉学科领域工作并取得一定成就的个人进行访谈。了解交叉学科卓越人才的一些关键属性，例如：基本属性、生源背景、兴趣爱好、学习能力、学识水平、行为特征、社交网络、心理特征等信息。

4. 问卷调查方法

抽样调查交叉学科大类专业优秀学业成绩学生和大学毕业生从事交叉学科工作的学生。要选出高学习能力和卓越行为的交叉学科学生。在本校的交叉学科学生和知名高校中分别选择交叉学科学生样本。样本选择分类分层来总结，不能仅仅只用一两个样本就下结论，也不能用不同专业综合后的结果。交叉学科人才画像背后思维是分析过去和当下的高学习能力和交叉学科卓越行为的人才，结果仅供参考，不代表未来只要符合交叉学科人才画像的人就一定是卓越的。

四、交叉学科人才画像方法

1. 聚焦交叉学科人才背后的关键信息

将以上文献计量知识图谱方法、案例研究方法、访谈方法和问卷调查方法得到的交叉学科人才属性用于聚焦交叉学科人才背后的关键信息。这些关键信息可能包含基本属性、生源背景、兴趣爱好、学习能力、学识水平、行为特征、社交网络、心理特征等信息。可以从花名册或学生信息系统中去提炼样本数据。例如，本文也可以从 2 000 名交叉学科毕业生中，选择出薪资水平排名前 30% 的交叉学科毕业生，包括最近两三年的历史数据，从中提炼关键信息，这些信息都是刚性的，很容易判断，本文总结使得他们卓越的一些特质，就可以作为交叉学科人才画像来使用了。

2. 学习能力画像

做法就是通过学习成绩优秀的交叉学科学生的人才测评结果来进行画像。这背后首先需要建立有效的学习能力模型，然后展开有效的测评，并且最好结合 2~3 年的数据结果，总结学习成绩好的交叉学科学生的学习能力项目或学习能力排序。

3. 卓越行为事件画像

结合学习成绩好的人过往行为数据或行为信息，来进行交叉学科人才画像。具体的方法包括访谈、调研、信息追溯等方式，本文需要提取典型行为，并且通过归纳总结，来定义这些交叉学科卓越人才的属性。当然，交叉学科人才画像背后思维是分析过去和当下卓越交叉学科毕业生，结果可供参考。

五、交叉学科人才画像的数据获取、建模与分析

1. 人才画像的数据获取：从知名人力资源公司获得交叉学科人才数据

本文从重庆云日产业集团（重庆人力资本银行）获得人才数据，运用交叉学科人才可视化的知识图谱和案例分析方法，得出交叉学科卓越人才的关键数据。重庆云日产业集团是一家专注于人力资本储备与开发的公司，主要从事"重庆市紧缺人才储备基地""IT 人力银行""重庆人力资源云"的建设和运营，其业务内容涵盖人才测评、人员招聘、管理咨询、员工培训、劳务派遣、业务外包、劳动争议代理等业务模块。重庆云日产业集团旗下已有重庆云日人力资源管理咨询有限公司、重庆尚立企业管理咨询有限公司、重庆市同浩聚联人力资源有限公司、重庆市创业商务职业培训学校、重庆港汇物业管理有限公司等十几家分子公司，核心从业人员均具有十几年行业经历，并整合了国内外众多专家学者，帮助客户准确评估人力资源系统的有效性，并提供客观、科学、实用的人力资源管理整体解决方案。

2. 人才画像的数据建模：对人才行为数据建模

精准培养这个问题可以规约为预测学生对什么知识感兴趣。这个建模流程简单来说应该包含下面几个过程：（1）选取特征，从历史数据中选择、构造出一些特征，假设这些特征和要预测的值之间的一个关系。这一步是定性的过程。（2）确定模型中的未知系数，也就是定量的过程。（3）计算模型的置信度，根据测试集数据。来判断预测准确性，如果符合要求，就可以用这个模型来预测学生喜欢什么，进行精准培养。如果准确性不满足要求，那么就再重复上述过程，构造更复杂的特征，或者收集更多数据，尝试其他模型。

3. 人才画像的算法：推荐算法、回归方法和非参数算法

人才画像可以区分不同人才类别从而进行相应的精准培养的问题，推荐引擎利用特殊的信息过滤技术，将不同的学习内容推荐给可能感兴趣的人才。推荐引擎通用算法有：①基于关联规则的推荐算法；②基于内容的推荐算法；③协同过滤推荐

算法。协同过滤推荐的核心是找到和目标用户兴趣相似的用户群，技术上叫"最近邻居"。通过最近邻居对学习内容的加权评价来预测出目标人才对该学习内容的喜好，从而进行精准推荐。系统匹配与目标人才画像所相似的人才群，然后推荐这类人才群感兴趣的学习内容给目标人才。简单来说，物以类聚，人以群分。

人才画像的标签权重算法：基于 TF-IDF 算法的权重归类和基于相关系数矩阵的权重归类。回归方法：线性回归、二分类逻辑回归、多分类逻辑回归。非参数算法：随机决策树法和随机决策哈希算法。

六、应用人才画像方法培养交叉学科卓越人才

标签是表达人的基本属性、行为倾向、兴趣偏好等某一个维度的数据标识，它是一种相关性很强的关键字。标签的定义来源于培养目标，基于不同的应用场景，同样的标签名称可能代表了不同的含义，也决定了不同的模型设计和数据处理方式。

要支持以上这些标签的设计和计算，需要**多种维度的数据源：**

①从产生维度来看：可以包含 PC 端的数据、移动终端的数据、线下的数据。

②从数据拥有者来看：可以包含一方客户自己的数据、外部官方渠道的数据、市场采集的数据。

③从数据类型来看：有社交数据、交易数据、位置数据、运营商数据等。

使用这些不同来源数据，本文如何计算处理需要的标签呢？步骤如下：

①数据抽取：从不同数据源抽取要计算标签的数据原材料。

②数据标准化：针对抽取的数据将其清洗为标准格式，将其中的错误数据和无效数据剔除。

③数据打通：不同来源的数据有不同的主键和属性，如何将这些数据关联起来是数据打通的关键，比如有设备的 wifi 信息，又有设备的 poi 信息，就可以通过 wifi 将设备终端和 POI 建立起关联。

④模型设计：针对不同的数据内容和业务目标设计不同的规则和算法进行模型的构建，并使用小样本数据来验证模型的可靠性。

⑤标签计算：在模型可靠性验证的基础上，部署生产运营环境来进行标签计算。

根据交叉学科卓越人才的一些标签信息，如生源背景、兴趣爱好、学习能力、学识水平、行为特征、社交网络、心理特征等标签信息，采用多维度数据源分步骤精准培养交叉学科卓越人才。

七、预期效果

交叉学科人才画像就是基于交叉学科人才显性的专业描述和隐形的内在潜质共同组成。通过对大数据驱动的交叉学科人才画像及培养研究，预期有针对性地提高交叉学科卓越人才的培养能力，从而提高交叉学科师生的教学行为能力。具体

如下：

（1）大数据驱动预期帮助交叉学科师生整合交叉学科知识以应对充满复杂性、模糊性、不确定性和快变性的应变能力。

（2）大数据驱动的交叉学科人才画像预期帮助交叉学科学生提升个体学习行为能力。

（3）大数据驱动的交叉学科人才培养，预期帮助交叉学科学生提升构建能力、动态注意力、聚焦关键问题和整合知识的能力。

（4）通过大数据驱动的交叉学科人才画像，预期使得交叉学科师生更了解自己的教学动态，提升教学效率。

（5）大数据驱动的交叉学科人才培养方式，预期帮助提升对交叉学科师生的教学管理水平，提高决策优化能力。一方面，可以针对交叉学科学生个体需要，更方便进行个性化教育。另一方面，及时发现问题，对学习有困难的、或行为需要调整或帮助的交叉学科学生有针对性地进行预警、采取措施或帮助。

（6）交叉学科人才画像不仅仅是做出简单的专业说明，而是更精准地描述人才培养目标，其目的是绘制交叉学科人才地图，建立人才搜索渠道，为企业更快、更精准的输送适合的交叉学科人才。

参考文献：

［1］徐宗本. 用好大数据须有大智慧：准确把握、科学应对大数据带来的机遇和挑战［J］. 中国科技奖励，2016（4）：27-29.

［2］郑大庆，黄丽华，张成洪，张绍华. 大数据治理的概念及其参考架构［J］. 研究与发展管理，2017，29（4）：65-72.

［3］王庆，赵发珍. 基于"用户画像"的图书馆资源推荐模式设计与分析［J］. 现代情报，2018（3）：105-109，137.

以大数据为驱动，洞察专业人才需求，优化课程体系建设①

詹 川 刘四青

（重庆工商大学管理科学与工程学院，重庆，400067）

摘 要： 针对高校人才培养和社会需求供需矛盾，本文详细介绍重庆工商大学管理科学与工程学院重庆市高等教育教学改革研究重点项目"以大数据为驱动的专业课程体系设计与实践"整个实施过程，重点介绍如何利用招聘人才大数据洞察电子商务专业人才需求，开展电子商务专业定位以及如何以大数据为驱动优化电子商务课程体系，该教改项目取得满意的成果，得到国内同行的应用和好评，具有良好的教改推广价值。

关键词： 大数据；专业人才需求；课程体系；优化

一、研究背景

中国社会人才供需结构性矛盾一直是国家发展中面临的重大问题。我国每年有大量的高校毕业生面临就业问题的同时，大量公司招不到满足需求的人才。造成此困境最大原因之一是高校缺乏快速深入洞察当前人才市场需求能力，在专业课程体系设计中缺乏数据支撑，造成设置不合理，导致高校培养的专业人才与社会需求脱节。因此，在现代知识更迭加快节奏下，高校在专业建设中，要具有快速、准确、深入洞察社会对专业人才需求的能力，以数据为驱动，才能准确设计出合理专业课程体系，培养出符合社会需要的人才。

随着近年来大数据技术在传统领域的创新应用，越来越多的国内教育工作者探讨大数据技术对教育行业带来创新和变革。多位学者认为大数据技术是解决教育部门和高校对人才市场需求认识不清有效方法，有效缓解人才供需结构矛盾。西南大学的吴叶林、崔延强（2015）[1]明确指出要解决高职院校专业设置对口率低，岗位

① **基金项目：** 教育部人文社会科学研究专项任务项目（工程科技人才培养研究）一般项目资助"基于大数据的人工智能人才需求分析及培养战略研究"（项目号：19JDGC004）；重庆市高等教育教学改革研究重点项目"以大数据为驱动的专业课程体系设计与实践"（项目号：162026）。**作者简介：** 詹川（1973），男，四川人，重庆工商大学管理科学与工程学院副院长，教授，博士，从事电子商务教学，商务大数据研究，邮箱 zchuan@ctbu.edu.cn。

不匹配，校际同质化现象突出的问题，高职院校应该推进以大数据为基础的专业设置决策机制创新，增强专业需求数据预测能力。陶礼军（2014）[2]指出高校人才培养与社会需求间的结构性矛盾问题异常突出，其中原因之一就是信息不充分和不对称，行业数据繁杂众多，传统方法难以处理，而通过对大数据的数据挖掘技术，分析复杂海量的多源异构数据，能更准确预测就业需求的现状和变化态势。李鹏、蔡治廷（2015）[3]分析当前大学生就业困境原因，其中我国高校的专业设置不尽合理，学生的知识结构和工作技能与社会需求脱节是主要原因之一，提出依靠大数据技术，通过招聘网站形成的就业数据分析挖掘，预测社会需求，设立社会急需的专业与课程，调整缺乏社会需求的课程，改革陈旧的课本，实现学校与社会的良性互动的思路。上述研究中都指明了大数据技术可有效帮助高校更加清晰准确认识人才社会需求和变化趋势，建立更加符合社会需求的专业和课程体系，解决人才供需矛盾。但从来看收集信息，目前还没有具体如何利用大数据帮助高校深入洞察社会人才需求，合理设置专业课程体系，提升教学质量的研究。

而国外已经有使用大数据技术来优化专业课程体系，提升学生竞争力事迹的报道。德国 Leipzig 通讯学院是一家私立大学，主要专业为通信、电子和计算机，为了跟上不断变化的信息产业步伐，增强学生竞争力，提升就业率，采用大数据分析技术分析非结构化的招聘大数据，监控社会对人才需求变化，了解社会对专业学生需要哪些知识和技能，以此来调整课程体系，满足社会需求。在以大数据为驱动的过程中，发现社会对电子、通信工程师需求减弱，而对商业信息管理需求在增强，学校及时调整专业课程体系，最终提升学生竞争力，提高学生就业率。说明利用大数据为驱动提升专业课程体系质量是可行的，但是国内还没有这方面的实践。

二、借助大数据创新的教育改革实践过程

针对如何利用大数据促进教育教学改革，詹川教授利用前期在数据挖掘技术的积累以及对人才培养深入的认识，于 2016 年申报重庆市高等教育教学改革研究重点项目"以大数据为驱动的专业课程体系设计与实践"并得以立项。通过前期的文献阅读以及与项目成员的多次交流讨论，我们厘清了教改项目的解决思路，如图1 所示。我们认为要解决人才的供需矛盾问题，高校首要任务是要深度洞察社会人才需求，只有在摸清专业人才需求的基础上，才能精准地设计满足需求的课程体系，培养符合社会需求的专业人才。现代社会企业通过互联网发布岗位信息成为企业招聘人才主要方式，招聘信息包含企业具体真实的人才需求。随着大数据技术的出现，使得通过对大量的在线招聘信息挖掘专业人才需求成为可能。我们在 IBM Watson 智能平台上构建了人才市场分析系统，如图2 所示。本次教改项目中选择了作者自己所教专业——电子商务作为试点，从前程无忧、智联招聘等主流网站爬取全国 13 个大型城市发布的电子商务类岗位招聘信息共 22 万多条信息，进行了文本挖掘和统计分析。

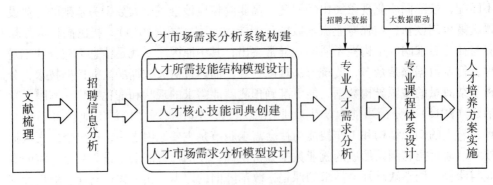

图1　教改的解决思路

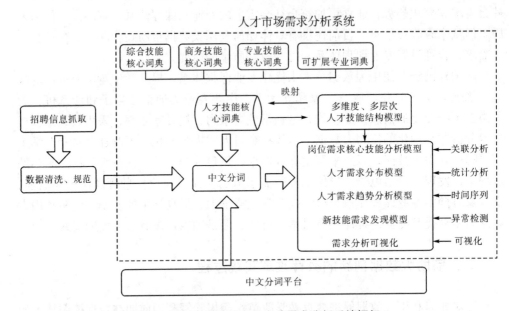

图2　基于大数据的专业人才需求分析系统框架

三、基于大数据的人才需求洞察和专业定位明确

电子商务人才是当前我国最紧缺的人才，但同时社会反映电商专业学生就业难的问题，造成这种两难问题的根源是国内很多高校一哄而上，争相开设电子商务专业，然而对电商专业人才需求认识不深，专业定位不精准，开设课程繁多，计算机、管理、市场营销的相关课程都有所涉及，但是广而不精，导致做电商技术开发没有计算机专业学生好用，做运营营销没有工商管理专业学生好使的困局。

我们对收集的22万条电子商务类招聘岗位类别进行梳理和统计分析，如图3所示。透过大数据我们清晰地看见市场对电商人才岗位类别的真实需求，市场与营销类需求最大，占比28%；其次是运营岗位，占到26%；排在第三的是开发岗位，需求占总体的22%。我们发现国内很多高校，特别是高职院校的电子商务专业方向一般为网络营销方向。为了避免我校电子商务专业定位与其同质化，结合我校的办学特色和办学历史，我们把原来笼统的专业方向划分为明确的电商运营和电商开发两个方向。选择此两个方向的原因：一是从我们大数据分析中可以看到电商运营岗位是电商企业当前十分紧缺的人才，而在这之前一直被高校忽略；二是我校是一所以财贸、经管为特色的高校，在经营管理这方面具有优势；三是我校电商办学历史上，电商专业由计算机学院的电商技术和我院的电商管理合并而成，并且电商开发技术社会需求量也巨大。

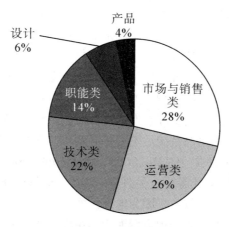

图3　2016年13个大型城市网上招聘电子商务岗位类别需求比例

四、大数据驱动的课程体系优化

在电商专业定位明确后，我们进一步采用文本挖掘技术分析相应电商岗位招聘中需求的知识和技能，帮助指导设计新的课程体系和课程内容。我们分析了各个电商岗位招聘中所提及的所需技能的频度。技能词出现频度越高，代表该技能是岗位最需要的基础技能，如表1，列出了电商运营和电商开发岗位招聘中所需技能出现频率最多前五个关键技能。电商运营岗位最需要的是微博、认真、天猫、淘宝和勤奋；电商开发岗位排名前五的需求技能是CSS、JavaScript、CSS3、Web和HTML。然后继续分析了技能与电商岗位相关关系，相关度越高，代表该技能是对应岗位所特需的技能，其需求比例远远高于其他岗位。在培训对应岗位人才时就应重视此类技能的培训。表2列出了电商运营和电商开发岗位中与其相关度高于2的专业技能。从表中可看出与电商运营岗位相关度高的是天猫、数据分析、淘宝、推广和微信。结合前面高频度的技能来看，大部分电商企业希望电商运营人才需要具有天猫、淘宝和京东大型电商平台上的运营实战经验。正好京东云西南总部落户重庆南岸区，在政府的牵头下，我校电商专业与京东云共建校企合作实验班，由京东大学的专家给我校专业学生讲授和实验京东电商平台运营管理，以此来提升专业学生的电商平台的运营能力。在高频度和高相关度里都出现了微信、微博和推广，可以看出现在电商运营越来越注重社交网络的运用，因为社交网络推广已成为当前主流推广方式。因此在电商运营方向的课程体系中增加了"社会化媒体营销"的课程，专门讲授社交网络环境下营销推广。在高相关度中出现的数据分析，现在是数据时

代，企业越来越重视运用数据分析的能力，因此为了顺应大数据趋势，我们在电商运营方向新增"电子商务数据运营"和"电子商务决策分析"两门课程，来提升学生的数据运用分析能力。在电商技术开发方向，由于我校电子商务专业以前是由商策学院的偏管理方向的电商专业和计算机学院的偏技术方向的电商专业合并而来，因此在现有电商专业一直保存有电商技术方面的课程，如"Java 程序设计""JSP Web 程序设计"课程。由于对电商技术认识需求不足，学生在校培训的电商开发技术离企业实际需要还有较大距离，学生毕业不能马上上岗，还需企业继续培训半年左右。后经过毕业生反馈以及企业走访，我们发现供需不匹配的问题。通过电商人才需求大数据分析，使我们对企业电商技术开发岗位的技能需求有了更深度的认识。在表 2 中列出与电商开发岗位相关度大于 2 的专业技能，列出的专业技能大都需求量大并与技术开发高度相关的。如 Spring、Hibernate、J2EE 都是 Java Web 企业级框架技术，在电商系统实际开发中广泛应用。SQL、MySQL 和 Oracle 是与数据库相关技术，数据库是电商系统后端的核心模块，在企业级电商系统中对大型数据库 Oracle 有着大量的需求。HTML、CSS、JavaScript、Ajax、XML 是 Web 前端技术，在电商开发中也有大量需要。另外 TCP/IP、Socket、HTTP 是互联网通信协议，是电子商务平台的底层技术。因为电商技术繁多而且专业，为了帮助我们厘清电商开发技术之间相互关系，合理设置课程体系以及课程前后关系，我们进一步挖掘不同技术开发岗与专业技术的相关关系图，如图 4 所示。深蓝色方块代表不同开发技术岗位，浅蓝色方块代表各种开发技术，方块的大小代表需求的多少。方块之间连线颜色和粗细代表两者之间的相关度。颜色越红、线条越粗，相关度越高。由于我们一直选用的 Java 技术系列，从相关关系图中让我们更加深刻理解作为一名电商系统 Java 技术开发人员所应具有的技术，以及技术与技术之间关联。帮助我们在设计课程体系时更加考虑到课程的关联性，避免在开设一门新课程时，缺乏相应知识技能的支撑，更加系统地设计课程内容、更加合理地安排课程顺序，形成一个有机专业课程体系。于是在我们电商技术开发方向新增了 Java Web 框架技术；在原有数据库原理的基础，新增大型数据库 Oracle 技术；对原有网页设计课程内容进行升级，要求讲授 HTML5 和 CSS3 最新协议，并新增 JavaScript 程序设计；新增互联网通信协议选修课程。

表 1　各具体岗位词频排名前五的关键技能

具体岗位	词频排名前五的关键技能				
开发	CSS	JavaScript	CSS3	Web	HTML
运营	微博	认真	淘宝	天猫	勤奋

表 2　与各具体岗位相关度高于 2 的技能

	天猫	数据分析	淘宝	推广	微信	
运营	2 795	4 515	4 150	8 686	3 132	
	3.3	3.2	2.8	2.6	2.3	

表2（续）

开发						
	Spring	Socket	Hibernate	XML	Ajax	J2EE
	3 995	2 198	2 495	4 129	3 916	3 172
	5.1	5.1	5.0	5.0	5.0	4.9
	.NET	JavaScript	HTTP	C#	Java	PHP
	3 177	7 933	2 655	3 143	13 965	6 617
	4.8	4.8	4.8	4.8	4.7	4.7
	C++	Oracle	TCP/IP	HTML	CSS	MySql
	5 119	4 265	2 295	7 212	8 253	3 655
	4.6	4.3	4.2	4.2	4.2	4.2
	SQL	Linux				
	6 214	6 179				
	4.0	3.9				

注：如具体岗位"运营岗"的"天猫"（2795，3.3）代表"天猫"技能关键词在运营岗招聘中有2795条招聘信息中出现"天猫"的技能关键词，"天猫"与"运营岗"岗位的相关程度为3.3。相关程度越大，说明该技能与对应岗位相关性越大。

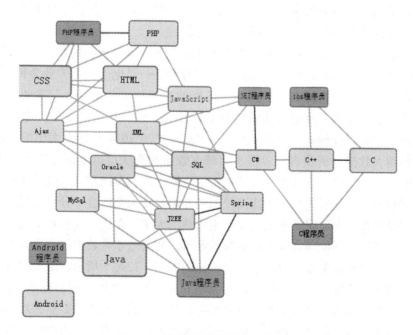

图4　程序开发岗与专业技能关联图

为了把电子商务相关核心理念知识学精学深，我们进一步对课程进行了优化，减少专业岗位不太需要的课程，加大核心技能课程的课时量。减少偏理论，应用性不强、内容空泛的课程，以及知识偏旧，未来逐渐会被淘汰的知识技能课程。比如电子商务安全技术在实际的电子商务岗位中需求较少，该课程内容大部分讲的是计算机加

密技术，对于电商学生来说偏难，而且本专业学生也很少从事数据安全的工作；还有就 EDI 技术，未来该技术将逐渐被 XML 规范所替代，应用范围越来越少，因此我们也取消了该课程。然而对于专业核心能力课程，由于课时量不够造成讲得不够细，不够深入的，我们加大课时量，争取给予充足的时间尽量把知识讲深入、讲到位，夯实关键核心技能。比如以前的 Web 程序设计，只是给学生讲个基础知识，离企业级应用还有差距，为了让学生真正掌握该技能，并且一到企业就能上手，我们把这门课拆分成三门课 "Web 程序设计" "Java Web 框架技术" 和 "JavaScript 程序设计"，并且均设置为 64 课时，让老师有充足时间讲透知识点，学生有足够时间学习核心技能。

五、教育改革实践取得的成果及应用

该教改项目从 2016 年启动，我们依托项目电子商务人才需求的大数据分析成果，对原来的电子商务专业培养方案进行了大的修订，制定了全新的 2016 级电子商务专业培养方案，在 2016 级电商学生进行教改试点。学生们在大二时根据自己的兴趣爱好和能力，选择电商运营或电商开发专业方向，在后期进行方向更加精准的专业培训。学生和老师普遍反映现在专业定位更加明确，学生也更加清楚努力的方向。同时在大二时，可以根据自身兴趣和能力选择合适的电商专业方向。同时学生反映所学知识和技能紧密结合社会需求，通过加大实训实践，自身实战能力大大提高，自己的获得感和自信心也得到大大提高。

在该教改项目过程中我们也获得很多成果。在 CSSCI 核心期刊《图书馆论坛》上发表 "基于文本挖掘的专业人才技能需求分析——以电子商务专业为例" [4]研究论文；向国家知识产权局申请 "基于大数据的岗位技能分析方法" 发明专利，经过初审后，获得受理，现进入实质审查期；先后连续三年分别发布 "电子商务行业招聘岗位大数据分析报告（北上广篇·2015）" "2016 年国内大中城市电子商务岗位招聘大数据分析报告" "基于招聘大数据的重庆市电子商务人才需求分析（2018 年）" 三个电子商务人才需求大数据分析报告。多次在重庆电子商务学会年会、中国管理学院院长论坛、重庆高校电商专业负责人交流会中分享了我们教改的成果，得到海南大学、重庆邮电大学、重庆理工大学、重庆财经职业学院、重庆工程学院、重庆城市学院等高校电商老师的好评，我们基于大数据的电商人才需求研究成果在他们电子商务专业建设中得到较好的应用，如图 5 所示，给他们专业建设提供了强有力的数据支持。该项目的成果也易于扩展到其他专业，在项目的后期，我们拓展了人才需求大数据分析的专业方向，选择了我院的物流专业，对当前我国物流岗位需求进行了深度挖掘，形成我国物流人才需求大数据分析报告，得到中国物流与采购联合会认可。后来在中国物流与采购联合会向国家申报供应链服务师新型职业时，也为其提供了快速，精确的该市场人才需求分析，帮助其更好地申报，得到对方的好评。我们希望项目能得到进一步的支持，拓展到更多的专业，帮助这些专业进行转型升级。

图5　成果应用展示

参考文献：

［1］吴叶林，崔延强. 基于大数据背景的高职院校专业设置机制创新探究
［J］. 中国高教研究，2015（5）：95-99.

［2］陶礼军. 用大数据助推大学生就业难题化解[N]. 光明日报，2014-06-15（7）.

［3］李鹏，蔡治廷. 大数据时代的大学生就业工作探析 [J]. 黑龙江高教研
究，2015（5）：86-88.

［4］詹川. 基于文本挖掘的专业人才技能需求分析：以电子商务专业为例
［J］. 图书馆论坛，2017，37（5）：116-123.

交叉学科建设与学科交叉融合路径研究

胡森森　黄钟仪

（重庆工商大学管理科学与工程学院，重庆，400067）

摘　要：随着以人工智能、大数据、物联网等为特征的第四次工业革命的到来，学科日益呈现出深度分化的趋势，单一学科越来越难以解决人类社会发展面临的重大问题，多学科交叉融合不仅能深度激发学科发展活力，更能高效加快学科知识体系的更迭和学科的与时俱进。适应新时代科技发展及其对学科交叉融合发展的客观要求，探寻有效的学科交叉和融合建设路径是当务之急。基于此，本文以大数据与人工智能发展战略和重庆市大数据智能化行动计划为背景，探讨在财经类高校双一流建设进程中，如何推动新文科、新工科学科交叉融合，实现学科创新发展。

关键词：交叉学科；学科建设；学科融合

一、国内外交叉学科建设现状和经验

根据教育部、财政部和国家发改委联合发布的《关于高等学校加快"双一流"建设指导意见》（以下简称《意见》）明确指出，"双一流"要打破传统学科之间的壁垒，在前沿和交叉学科领域培植新的学科生长点。学科交叉早已成为高校学科发展的重要着力点，《意见》再次强调了交叉学科发展对高校"双一流"建设，乃至高校整体未来发展的重要性。

（一）交叉与融合是学科创新发展的必然趋势与客观要求

随着科学的不断进步，人们产生了学科的概念，进而又对学科进行了细分。但伴随着学科的深入发展，其内部和边缘出现了越来越多依靠原有的单一学科无法解决的问题，而解决的唯一途径就是引入其他相关学科来共同开展研究，学科的交叉融合也就变得"顺理成章"。因此，学科的交叉融合是学科间内生、自发演变的结果，而且其最终实现往往是通过某项科学研究行为，逐步将本学科内的某个分支领域与其他分支或相邻学科连通起来，进而再扩展到更多的学科。

（二）学科交叉与融合在高校"双一流"建设中的重大意义

学科是大学的基本单元，是大学功能的基础载体，其建设水平反映了这所高校的综合实力、办学水平和社会影响力。2015年10月24日，国务院印发了《统筹推进世界一流大学和一流学科建设总体方案》，第一次将建设一流学科与建设一流大学放到了同等重要的地位，世界一流大学最重要的标志就是拥有世界一流的学科。

2017 年 1 月，在由教育部、财政部、国家发展改革委联合制定的《统筹推进世界一流大学和一流学科建设实施办法（暂行）》中也进一步明确指出，坚持以学科为基础，支持建设一百个左右学科，着力打造学科领域高峰。支持一批接近或达到世界先进水平的学科，加强建设关系国家安全和重大利益的学科，鼓励新兴学科、交叉学科，布局一批国家急需、支撑产业转型升级和区域发展的学科，积极建设具有中国特色、中国风格、中国气派的哲学社会科学体系，着力解决经济社会中的重大战略问题，提升国家自主创新能力和核心竞争力。这里所提到的新兴学科和交叉学科，其实正是传统学科经过交叉与融合发展所形成的新学科，这不但体现了国家层面对于学科交叉与融合的重视程度和支持力度，更是对我国发展新兴交叉学科提出了明确的目标要求。

（三）国内兄弟院系的经验

南开大学着力探索基于学科交叉的复合型人才培养模式和路径。这包括经管法、PPE（哲学、政治学和经济学）、通用+非通用（人文社科专业+小语种）、信息安全+法律、化学+化工（南开与天大优势学科互补）等。这些教改项目不仅实现了文科内部的交叉，而且实现了文理交叉、跨校交叉。其实质是本科人才培养的一场深刻的"供给侧结构性改革"。这些项目的特点是单独组建班级，单独制订培养计划，入门须遴选，退出有途径，有效地化解了双辅修过程中课程时间的冲突。

北京工业大学成立了 3D 打印中心，从事 3D 打印方面的研究工作。3D 打印是一个交叉学科，涉及材料学科、计算机的控制、软件编程等。3D 打印目前没有一个完整的学科体系，它是非常典型的交叉学科体系。学科交叉的研究领域对学生、教师的要求可能更高。中心对师资队伍和结构进行调整，针对 3D 打印整个领域进行一个全覆盖，将所涉及专业的教师集中起来共同探讨、研究，组建起跨学科的平台。

西南交通大学的昝月稳教授认为学科交叉需调整评价标准。高校对于科研项目的评价标准也会阻碍一些潜在且重要的学科交叉项目的研究和发展。现在的考核对于成果的参考很少，主要还是看项目数、项目中的排名和文章数量。定量的考核方式，使得成果的好坏和价值不能够被充分体现出来。具有学科交叉融合的科研项目要想进一步发展，迫切需要高校在人才支撑和评价标准上发力，做适当的调整，使学科交叉融合得更好。

西北大学通过建立无行政级别的实体性跨学科研究机构、创新学科建设资金分配模式、完善学术团队培育资助政策、优化教师职称评审办法等措施，大力推进学科交叉融合，取得了明显成效。抓住机制创新和政策调整这个"牛鼻子"，通过高等教育领域各个层面的深化改革和不断探索，从而更好地调动高校、院所、团队、个人参与学科交叉融合发展的积极性，推动学科交叉融合、促进协同创新。

山东大学在《山东大学世界一流大学建设方案》中学科规划章节就明确指出：要围绕国家和经济社会发展需求，积极发展战略新兴学科。基于学术本身的内在联系和知识技术集成的需要，推动相邻相近学科之间、基础学科和应用学科之间以及为解决某个问题或完成某项任务所需学科之间的交叉融合。提出将重点建设"大数据与可视计算""脑科学""海洋科学与工程""全球能源互联网""环境污染与

控制""健康风险管理与重大疾病防控""交叉法学""东北亚研究"等一批具有相当建设基础和巨大发展潜力的新兴、交叉学科，形成山东大学新的学科优势和学科特色，在未来的学科竞争中占据先机。

上海工程技术大学始终致力于提高学科交叉融合的能级，打破学科壁垒，打通学科通道，打造优势学科群。在成为教育部新工科建设地方高校牵头单位之后，学校系统梳理学科布局，对科研资源进行科学规划，寻求科研重点领域新突破。与此同时，对传统学科进行升级再造，打造机械工程、交通运输工程、材料科学与工程、纺织科学等9个学科生态群，构筑起独具特色的应用型学科交叉融合生态系统。

二、学科交叉融合的思路和路径

多学科交叉融合已成为当今世界一流大学的共识和特征。交叉学科的建设要求高校有较强的组织管理能力，要有承接重大科研课题的能力。通过学科整合交叉发展，进一步抓住学科发展机遇，挖掘新的学科增长点，从而提升高校自身的核心竞争力，完善学校和学科结构，提高办学水平和办学层次。

（一）财经类高校多学科交叉融合建设的总体思路

立足本校的主体学科和优势学科、考虑西部科学城项目的需要、满足学科平台建设的需要。破除机制的制约，合理配置资源，改进进绩效评价方式。明确培养目标，以目标为导向，设置课程、设置交叉、设置融合；建立新文科、新工科交叉融合的师生队伍，破解招生难题，调整师资队伍和结构；组建跨学科的平台，以科研带动学科融合。

（二）财经类高校多学科交叉融合建设的具体措施

在学科交叉过程中，财经类高校更应重视本校的主体学科和优势特色学科，在此基础之上选择相关学科进行交叉才能更好地发展一流学科。交叉学科的建设势必要打破现有的学科架构和学科间的壁垒，其相关资源与产出（教师、学生、平台、成果等）急需创新资源配置方式、评价指标。发展交叉学科最终应体现在教学和科研上，归根结底，是培养出经济社会发展所需要的人才。

1. 完善交叉学科建设的体制机制

建立适宜于多学科交叉融合的学科机制，包括人员机制、科研合作机制、资金投入机制以及奖惩机制等，调动科研人员进行学科交叉研究的积极性，为交叉学科建设营造良好的生长环境。习近平总书记强调，要改革科技评价制度，建立以科技创新质量、贡献、绩效为导向的分类评价体系，正确评价科技创新成果的科学价值、技术价值、经济价值、社会价值、文化价值。由于不同学科的知识构成、发展范式、学术特性不同，其在学术成果、人才团队、科研能力方面都有着各自的评价体系、程序和模式。长期以来，各学科采用同行评价，按照各自的评价标准进行评价，因而，跨学科研究成果往往得不到认同，甚至难以进入学科体系。这个问题如果不解决，学科交叉就难以深化。因此，亟须完善现有同行评价的程序、方法，确立学科交叉研究评价的原则与标准。评价程序要考虑评价人员的多学科性，评价方法要考察学科参与度、学科关联性、研究者合作程度、研究成果的综合性和创新性等。

2. 弱化或拆除现有的学科壁垒

交叉学科的建设势必要打破现有的学科架构和学科间的壁垒。在学科规划、学科评价、资源配置等方面，破除以现有的学科划分为基准，给予人才、平台、成果等淡化学科归属。

3. 搭建学科平台

一流学科建设还需要高水平的学科平台。学科平台是指为学科建设提供技术支持和信息支持的各种技术设施、仪器工具、信息资源以及相关人员的制度性组合。学科平台建设的特征突出体现为以下几点。一是创新主体的多元性。创新活动需要多学科交叉，需要政府、企业、研究机构、大学、市场、金融机构等多重主体共同参与。二是集聚要素的关联性。每一个创新平台有其特定的方向、目标、重点，有特定的服务对象，因而所选择的学科、平台要素要有关联性。三是基础条件的规模性。大项目的承接、实施需要雄厚的基础设施条件、优质的创新资源，只有建立共建、共享机制，方能优化资源配置。四是平台功能的复合性。

4. 扶持交叉学科群建设

顺应知识综合化、学科交叉融合发展的趋势，立足本校优势特色学科，以问题导向、应用导向的学科集群发展模式来促进传统学科与新兴学科、基础学科的交叉与融合，产生新的学科增长点。一方面，利用学科群的模式来推进学科结构优化、促进学科间的交叉融合，以此来完善学科生态体系，优化学科治理模式，实现人才培养和科学研究的突破；另一方面，根据我校现有优势学科和建设实际情况确定交叉学科建设的口径和方向。如，针对"商+工"融合的特点，可以建设智能商务交叉学科（管理科学与工程、计算机科学与技术、工商管理）、金融科技工程交叉学科（应用经济学、计算机科学、管理科学与工程）、绿色产业与管理交叉学科（应用经济学、管理科学与工程、工商管理、环境科学与工程）等交叉学科群。

三、财经类高校多学科交叉融合建设的内容

1. 全面深化学科交叉融合的发展理念

虽然"交叉融合是创新的源泉"这一理念早已得到了社会的普遍认同，但交叉学科的特殊性致使其一直以来处境尴尬，最主要的表现就是对学校资源的分配方面，比如招生计划的分配、基金项目的申报、科研经费的申请、人才培养、成果鉴定、职称评定等，因为没有法定认同的学科位置，就常常意味着处于边缘化、业余化的不利地位，进而教师从事交叉学科研究的兴趣也就随之降低。在 2020 年全国研究生教育会议上，决定新增交叉学科作为我国第 14 个学科门类。此举在为交叉学科正名的同时，无疑也为高校的学科交叉融合打开了一扇广阔的大门。学校应抓住这一大好契机，结合自身学科发展现状和优势特色，对现有学科进行有效的交叉融合、汇聚创新，并加强政策和制度建设，为交叉学科的持续发展提供保障。

2. 培育建设虚实结合的学科交叉融合建设平台

学科的交叉融合现已成为高校"双一流"学科建设的主要推动力，各高校都在不遗余力地开展相关交叉学科的布局和建设。然而，基于高校现阶段软硬件条件所限，其交叉融合平台的建设往往严重滞后于学科发展需求，培育建设符合自身发展实际的学科交叉融合平台迫在眉睫。

学科交叉平台载体的搭建既需要考虑交叉学科的学科属性，还应当兼顾交叉学科的发展阶段，力求建立和培育虚实结合的多元化学科交叉融合平台。对于已经拥有了明确的较为长远的前沿交叉科学研究方向，且已形成相对规模研究团队的学科，学校可以成立相对固定的发展实体，按照实体组织对其进行支持和管理，譬如山东大学刚刚成立的威海前沿交叉科学研究院，其下设蓝绿发展研究院、潘承洞数学研究所、计算社会科学研究所等3个研究机构。

3. 构建支撑学科交叉融合的运行体系

虚实结合的交叉学科平台仅仅是学科交叉融合发展的载体，而保障其快速成长还需要构建起一整套有针对性的完善的运行体系，这包括完备的发展规划、目标定位、组织架构、运行机制、管理规章以及资金、人力保障等诸多方面。在组织架构方面成立战略咨询委员会、协调委员会、院务委员会、学术（教授）委员会，各委员会职能明确、各负其责，另单独设立行政服务中心，为前沿院的日常运行管理提供全方位的协调服务工作；在运行机制方面，开展了建立以 PI 制为核心的用人机制和科研组织体系、推行聘用合同制、实行岗位流动制度、人员分类管理制、构建多元评价考核体系及建立内部经费使用制度等6大举措；在制度建设方面，通过进一步推行和完善《PI 管理办法》《同行专家评议制度》《PI 学术评价体系》《PI 课题组多元考核制度》《PI 课题组专兼职教师聘用办法》《前沿院专兼职科研人员管理办法》《前沿院研究生奖励资助管理办法》等一系列规章制度和管理办法，探索建立前沿院理事会制度和协同开放运行机制，为全校从事相关学科研究的人才团队提供一个更广阔的交叉科学协作平台，同时也为课题组所需的校外专家开辟一条更为畅通高效的加盟路径；学校层面在经费保障和人员编制等方面也给予最大力度的支撑保障。

四、结语

财经类高校在进行学科交叉探索时，应注重凝练学科优势，实现特色化发展。依据自身优势组建特色学科群作为突破口，创新性地将多个不同领域的学科集聚在一起，充分发挥不同学科之间的协同优势，打造基于信息技术的"商+工"融合的交叉学科，为重庆市重大战略的发展提供助力。同时，注重优势学科辐射带动作用，完善学科生态体系。注重学科原有优势的传承，以及不同学科之间的交叉融合。通过优势学科与基础学科、支撑学科、新型学科的科学搭配，巩固并增强原有学科的建设，辐射带动学科群中弱势学科的发展，全面提升高校在人才培养、科学研究和社会服务等方面的能力，实现高校学科建设的内涵式发展。在探索学科群的灵活组织形式方面，交叉学科主要通过交叉与协同促进创新，产生新的知识。在具体的实施过程中，可以立足于教与学、研究与创新、知识交换等主题内容探索兼具灵活性与临时性的学科群组织形式。通过"合作研究计划""跨院校发展计划""研究主题计划"等专项项目促进校内各学院以及各学科之间的合作。以此为基础，通过不同学科之间信息流、知识流和能量流的持续交换与联结，形成互相依赖的学科系统。